一圈二线三岸地域体育发展模式研究

侯令忠　王全昌　著

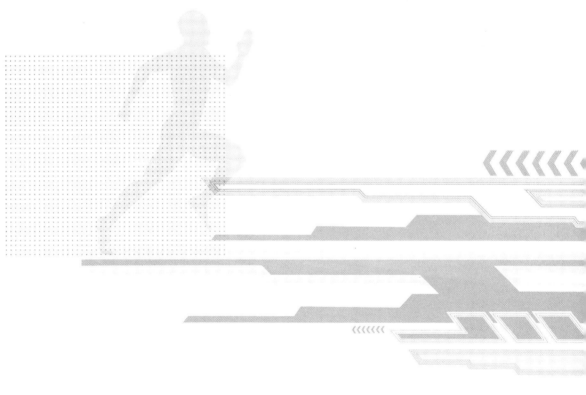

中国社会科学出版社

图书在版编目（CIP）数据

一圈二线三岸地域体育发展模式研究／侯令忠，王全昌著.—北京：中国社会科学出版社，2017.4

ISBN 978 - 7 - 5161 - 8856 - 9

Ⅰ.①一⋯　Ⅱ.①侯⋯②王⋯　Ⅲ.①体育事业—发展模式—研究—陕西　Ⅳ.①G812.741

中国版本图书馆 CIP 数据核字（2016）第 213325 号

出 版 人　赵剑英
选题策划　刘　艳
责任编辑　刘　艳
责任校对　陈　晨
责任印制　戴　宽

出　　　版　中国社会科学出版社
社　　　址　北京鼓楼西大街甲 158 号
邮　　　编　100720
网　　　址　http://www.csspw.cn
发 行 部　010 - 84083685
门 市 部　010 - 84029450
经　　　销　新华书店及其他书店

印　　　刷　北京明恒达印务有限公司
装　　　订　廊坊市广阳区广增装订厂
版　　　次　2017 年 4 月第 1 版
印　　　次　2017 年 4 月第 1 次印刷

开　　　本　710×1000　1/16
印　　　张　22.75
插　　　页　2
字　　　数　332 千字
定　　　价　82.00 元

前　言

　　陕西作为西部大开发的"龙头"，在新的历史时期，探索陕西地域体育如何以一种更好、更快、可持续的方式发展，并通过实践形成区域体育发展新模式，促进地域体育事业的发展。从西部大开发的角度与陕西政治、经济和社会发展的需要出发，陕西地域体育发展模式研究具有重要的理论与实践意义。由于陕西特殊的地理空间结构和社会特征决定了陕西地域体育发展模式特殊性、层次性和发展模式的多样性，地域体育发展问题不可能用一个单一的规律来阐述，也不可能用一个绝对统一的模式去实施。在现阶段，"一圈二线三岸"体育发展模式是陕西体育发展模式最佳的必然选择。

　　陕西地域体育发展模式是一个复杂而又庞大的系统工程。以点·轴开发、单向辐射、双核联动辐射、三核联动区域合作为基础而形成的"一圈二线三岸"地域体育发展模式是陕西地域体育发展适时的、最佳的选择。因此，以"西·咸一体化"都市体育圈为中心，"二线"（西安至榆林，西安至安康）快速交通干道形成辐射南北纵轴为纽带，"三岸"（渭河沿岸、汉江沿岸、延河沿岸）与相应中心城市及山水自然资源融合的三大核心区域联动发展构成"一圈二线三岸"地域体育发展的空间布局，是推动陕西地域体育发展的原动力，是迈向西部体育强省的加速器。

　　陕西地域体育发展涉及多方的内容。三大地域（关中、陕南、陕北）结构复杂、类型多样、地域特点各不相同。"一圈二线三岸"地域体育发展空间布局如何推进，正确选择合理的发展时序是陕西体育事业稳步推进和可持续发展的关键。从空间布局发展而言。首先，以"西·咸一体化"都市体育圈为核心重点发展，辐射宝鸡、渭南、铜川等关中地区。然后依托南北快速的交通干道纵轴辐射陕南、陕北。其次，以三条河流形成横轴发展。总之，以圈为主、轴为辅，一级轴线优先发展，然后是二级轴线，再由轴线上的中心城市向外辐射。从发展内容而言，体育旅游优先发展，从而带动体育产业大发展，全民健身稳步推进，继续发掘地域传统体育项目，大力宣传地域体育文化。充分体现体育资本、资源、信息等在圈内与点轴上的集中和动态流动。通过"一圈二线三岸"地域体育发展布局与合理的发展时序构建，促进陕西地域体育可持续发展。

坚持以科学发展观为指导，充分发挥陕西地域体育资源优势，以"一圈"为中心，"二线三岸"为辐射。把提高全省人民的身体健康素质放在首要位置，努力形成比较完善的全民健身服务体系，促进全民健身工作实现新的突破与提高。以亲民、便民、利民为宗旨，坚持开展全民健身活动与全民健身工程建设并举的原则，积极构建多元化的全民健身服务体系；加快体育产业发展进程，积极培育体育市场，扩大体育消费，制定体育产业发展的政策与措施，按照资源配置与地域优先发展的原则大力扶持体育旅游业的发展；弘扬和推广地域传统体育项目，积极促进地域体育文化交流与合作；坚持依靠科技，重视人才，切实加强体育法制建设，逐步健全和完善体育法规体系；切实推进"一圈二线三岸"地域体育发展模式的建设进程，努力把陕西建设成为西部体育强省。

在统筹考虑"一圈二线三岸"发展模式空间布局的基础上，结合当前陕西地域体育发展机遇与战略目标，要形成突出"一圈"、打造"二线"、强化"三岸"、构建"四大主题"的战略布局。

依据实施西部体育强省的战略目标，从空间布局与发展时序角度，科学、合理地规划"西·咸一体化"都市体育圈发展；大力发展体育产业与体育旅游；积极推广地域传统体育项目，促进地域体育文化交流；全面构建多元化的全民健身服务体系，全面推进陕西

"一圈二线三岸"地域体育发展模式。

本书是国家社科基金项目研究的主要成果内容，参与本课题研究及撰写的主要成员有王全昌、李寿邦、张涛、李俊亭、关睿等。

本书出版获得"西安石油大学优秀学术著作出版基金资助"。

目　　录

第一章 "一圈二线三岸"地域体育发展模式构建

第一节 基本理论及研究方法

陕西是中华民族文明的重要发祥地。早在六七十万年前的远古时代，蓝田猿人就生活在关中平原的霸河上游。公元前28世纪左右，中华民族的始祖——炎帝、黄帝就在黄河和渭河流域顽强生息。公元10世纪前，陕西是中国的政治、经济、文化中心，先后有西周、秦、西汉、新莽、西晋、前赵、前秦、后秦、西魏、北周、隋、唐等13个王朝在这里建都，加上建都在榆林市靖边县统万城的大夏王国，共有14个，历时1100多年。曾经出现过西汉的"文景之治"、唐初的"贞观之治"及稍后的"开元盛世"等社会稳定、经济繁荣、人民安居乐业的历史时期，创造了举世闻名的"汉唐文化"①。在中国近现代史上，延安是中国革命的"摇篮"，从1935年10月到1948年3月，党中央和毛主席在这里生活和战斗了13个春秋，领导全国人民进行了艰苦卓绝的抗日战争和解放战争，孕育了光照千秋的延安精神。

今天的陕西取得了举世瞩目的发展成就，发生了历史性变化，整个社会的政治、经济、文化得到了快速发展。30多年来，陕西大力发展社会主义市场经济，调整经济结构，突破单一的经济发展模

---

① 资料来源：陕西省人民政府网，http://www.shaanxi.gov.cn/0/1/6/27/845/72030.htm。

式，经济规模、速度、结构和质量实现了历史性跨越，经济总量从不足 100 亿元到突破 5000 亿元，实现了三次大跨越。2009 年陕西全省生产总值 8186.65 亿元，比上年增长 13.6%。其中，第一产业增加值为 789.63 亿元，增长 4.9%，占生产总值的比重为 9.6%；第二产业增加值为 4312.11 亿元，增长 14.7%，占 52.7%；第三产业增加值为 3084.91 亿元，增长 14.1%，占 37.7%。人均生产总值为 21732 元，比上年增长 13.3%。①

在经济快速增长和企业效益不断趋好等因素的带动下，全省财政收入快速增长，年均增长 14%。在岗职工年平均工资从 600 多元到突破 20000 元，城镇居民人均可支配收入从 300 多元到突破万元大关。农村面貌发生历史性变化，社会主义新农村建设稳步推进，农业生产出现了突破性发展，形成了多元化的农业结构，增长方式由数量增长型向质量效益型转变，农民人均纯收入从刚过百元到突破 2600 元，年均递增速度均实现两位数增长。2009 年全省城镇居民人均可支配收入 14129 元，比上年增加 1271 元，增长 9.9%；人均消费支出 10706 元，增长 9.6%。农村居民人均纯收入 3438 元，比上年增加 302 元，增长 9.6%；人均生活消费支出 3349 元，比上年增长 12.4%。全省实现社会消费品零售总额 2699.67 亿元，比上年增长 19.7%。城市市场消费品零售额 1802.07 亿元，增长 19.8%；县及县以下市场消费品零售额 897.60 亿元，增长 19.4%。②

陕西省社会与经济发展正处在重要的战略机遇期，由于陕西经济稳步、快速、可持续发展，经济发展实力增强，人民物质和文化生活水平提高，因此人民群众对精神文化生活需求不断加强，经济发展和社会进步对陕西体育事业发展提出了更高的要求。

改革开放以来，陕西省体育事业也得到了快速发展，体育实力与综合发展水平稳居西部前列，群众体育健身设施得到明显改善，

---

① 资料来源：领导干部网，http://www.ldgb.com.cn/news-show-21577.html。
② 资料来源：陕西省人民政府网，http://www.shaanxi.gov.cn/0/1/65/365/369/79324.htm。

竞技体育走在了西部省区前列,在第 27 届奥运会上实现了金牌"零"的突破,陕西运动员所获金牌数列全国各省(市、自治区)第 14 位,西部省区第 2 位,西北省区第 1 位。在第 11 届全运会上取得了 9 金、6 银、5 铜共 20 枚奖牌的好成绩,在全国排名第 18 位,西部排名第 2 位。

2008 年,陕西以全民健身与奥运同行为主题,加快构建全民健身体系。社会体育指导员的数量稳步增加,全年新增社会体育指导员 2012 名。全年共举办各种群众性体育活动 230 余次,参与人数达百万人。农民体育健身工程得到了快速发展,由国家与陕西省共同投资 2400 万元,在 800 个行政村实施了农民体育健身工程,进一步改善了城乡群众健身设施和条件。由国家体育总局与省体育局共同资助 300 万元建设的西安环城公园全民健身示范基地已经建成并投入使用。"雪炭工程"建设稳步推进,宜君、蒲城体育馆已经建成,并投入使用,永寿、凤县、太白、甘泉、靖边体育馆正在抓紧建设中。继续在以实施"农民体育健身工程"和"城市社区健身器材配送工程"为重点,努力改善城乡群众健身设施和条件,建设完成"农民体育健身工程"1200 个,为全省 234 个社区均配送安装一套健身器材。

深化体育产业管理体制和运行机制改革,大力发展体育产业。2007 年进一步加强朱雀广场、陕西奥体中心、省射击射箭中心、杨凌水上运动中心、省航空运动管理中心 5 个园区及有关单位的综合开发和经营管理工作。职业联赛、体育竞赛表演市场也得到了进一步发展,举办了全国场地越野摩托车锦标赛、全国公路摩托车锦标赛、F1 摩托艇世界锦标赛。体育彩票销售快速增长,2007 年体育彩票销售 8.7 亿元,比上年增长 49%,创历史新高;2008 年,体育产业发展继续保持良好的发展势头,基础设施建设取得新进展。体育彩票发行增长迅速,销售量首次突破 10 亿元,达 11.85 亿元,创历史最高。① 基础设施建设进一步完善,朱雀广场、陕西

---

① 资料来源:中国体彩网,http://www.lottery.gov.cn/news/10000042.shtml。

奥体中心、省射击射箭中心、杨凌水上运动中心、省航空运动管理中心5个产业园区的综合开发和经营管理迈上了一个新台阶。职业联赛、体育竞赛表演市场、体育用品业不断发育壮大。成功举办了2008年西部国际体育用品博览会。

为了贯彻落实《全民健身计划纲要》，陕西从1997年到2008年底全民健身工程建设采用多样化的形式，极大地满足了不同层次、不同人群的健身需求。截至2008年底，全民健身工程共投入资金1.7亿。基本形成了以全民健身路径工程（235个）、全民健身活动中心（2个）、雪炭工程（14个）、全民健身活动基地（1个）、全国优秀体育公园（1个）、农民体育健身工程（300个）的全民健身工程的基本模式。经常参加体育锻炼的人数已达1400万，每天早晨和傍晚，在古城西安的护城河畔，在宝鸡、咸阳城的渭河岸边，在汉中、安康城区的汉江两岸，在延安的宝塔山下，数以万计的人民群众打着太极拳，扭着健身秧歌，跑步做操，锻炼身体，追求健康已成为一种时尚。在关中地区大中城市社区，构建了比较完善的全民健身服务体系，依托全民健身积极普及推广太极拳、健美操、球类运动等；在陕北城市社区和农村，推广普及健身秧歌、安塞腰鼓等项目；在陕南城市社区和农村，推广登山、游泳、龙舟竞渡等项目，极大地促进了陕西全民健身事业发展。

西部大开发为陕西省体育事业发展带来了难得的发展机遇，以较快的速度发展。但是陕西省体育事业在发展的过程中还存在一些不足：部分政府部门领导对体育在经济社会发展中的重要作用认识不够；农村体育健身设施滞后、体育经费投入严重不足；城乡之间全民健身工程建设与服务体系建设差距较大，青少年体育和农村体育相对薄弱；竞技体育发展不均衡，优势项目较少，后备人才缺乏；体育法制建设步伐缓慢。[①]

另外，体育实践与理论研究方面同沿海开放省份，以及西部的

---

① 资料来源：国家体育总局，http://www.sport.gov.cn/n16/n1092/n16909/n852801/n859970/860005.html。

兄弟省份相比还有一定差距，这种滞后既有经济因素，也有理论研究缺乏等因素。如青海实施的"环青海湖民族体育圈"地域体育发展模式极大地促进了青海体育事业的发展，通过体育平台带动环青海湖的体育旅游，拉动地区的经济增长等已经取得了一定的成效。从陕西地域体育发展而言，地域体育发展模式研究比较滞后，"西·咸一体化"未从体育角度和"都市体育圈"的角度做过全面系统的研究；"二线三岸"也只是在2006年陕西的农民体育健身工程的建设过程中，仅从场地建设的角度出发提出来的，并未做更深入细致的研究和论证。

陕西省作为西部大开发的"龙头"，在新的历史时期，探索陕西体育事业如何以一种更好、更快、可持续的方式发展，并通过实践形成区域体育发展新模式，促进体育事业发展，推动全民健身更上一层楼，并能够为其他西部省份体育事业发展提供借鉴依据，为西部大开发的体育事业做出应有的贡献。因此，从西部大开发的角度与陕西政治、经济文化和社会发展的需要出发，陕西地域体育发展模式研究具有重要的理论与实践意义。

陕西地域体育发展模式是陕西社会、政治、经济、文化发展中的一个重大战略问题，陕西特殊的地域空间结构和社会特征决定了陕西地域体育发展模式的特殊性、层次性和发展模式的多样性，地域体育发展问题不可能用一个单一的规律来阐述，也不可能用一个绝对统一的模式去实施。但是在现阶段，"一圈二线三岸"体育发展模式是陕西体育发展模式最佳的必然选择。

一 研究方法

（一）文献资料法

通过陕西省图书馆及各高校图书馆，利用各种网络资源，特别是CNKI期刊网以及陕西省体育局群众体育处与经济处资料室查阅相关资料与图书，大量搜集整理学术期刊、统计年鉴、电子资料及相关政府文件，获得了比较全面、可靠的研究所需的文献资料，为后期研究打下了坚实的基础。

（二）问卷调查法

通过对调查问卷的效度和信度检验后形成正式调查问卷。本次研究调查问卷包括两部分内容，第一部分是与本课题的前期研究内容相关的调查问卷，主要涉及陕西全民健身服务体系构建与现状，调查问卷（见附件1）的具体内容在后面章节的研究方法中详细叙述；第二部分调查问卷（见附件2）是本次研究所设计的调查问卷，调查对象为陕西省16—70周岁人群，采用随机抽样方法选取调查对象。共发放问卷6000份，其中关中3000份，回收2338份；陕北1300份，回收1221份；陕南1500份，回收1209份。总体回收问卷5492份，回收率91.5%，有效问卷4768份，有效率86.8%。样本具体分布情况见表1-1。

表1-1　　　　　　　　调查问卷发放数量分布表

地域	市（区）										合计
	延安	榆林	安康	汉中	商洛	西安	咸阳	宝鸡	渭南	铜川	
关中	0	0	0	0	0	673	472	451	517	225	2338
陕北	597	624	0	0	0	0	0	0	0	0	1221
陕南	0	0	482	509	218	0	0	0	0	0	1209
合计	597	624	482	509	218	673	472	451	517	122	4768

1. 调查问卷设计与检验

课题组根据课题研究的需要，经查阅大量文献资料以及走访相关专家学者、领导与管理干部，经多次修改设计出调查问卷初稿，并对本次研究的调查问卷进行效度与信度检验。

2. 问卷的效度（Validity）检验

问卷的效度分为表面效度（Face Validity）（也称为内容效度）、效标效度（Criterion Validity）和结构效度（Construct Validity）。其中结构效度是核心。[①] 对于问卷的结构效度，我们采用了

[①] 袁方：《社会研究方法教程》，北京大学出版社2000年版，第192页。

探索性因素分析，我们先考察变量间的相关性，即用 KMO 系数和 Bartlett 球形检验。根据 Kaiser 的判断标准，一般认为 KMO 值越接近 1 越好，当 KMO 值等于或者大于 0.9 时表示非常适合做探索性因素分析，当 KMO 值在 0.8—0.9 之间时表示比较适合做探索性因素分析，当 KMO 值在 0.7—0.8 之间时表示适合做探索性因素分析，当 KMO 值在 0.6—0.7 之间时表示基本适合做探索性因素分析，而当 KMO 值小于 0.6 时则表示不可以做探索性因素分析。Bartlett 球形检验用来检验变量间的相关特征，当检验达到显著则表示可以进行探索性因素分析。本研究问卷的 KMO 系数和 Bartlett 球形检验的结果显示：Bartlett 球形检验的 χ^2 = 2143.132（Df = 357），P < 0.001，变量间的相关显著；KMO 系数 = 0.826，在 0.8—0.9 之间，因此，该问卷比较适合采用探索性因素分析做问卷的结构检验。

主成分因素分析也是因素分析中最常用的方法。根据 Kaiser 的观点，保留特征值大于 1 的因素，因此共提取 4 个因素，形成 4 个维度，即体育健身基础、体育健身情况、体育消费情况、体育旅游情况，其特征值分别是 4.58、4.32、2.46、1.38。它们解释了总变异的 45.812%。然后用最大方差法进行正交因子旋转，得到旋转后的因子负荷值。因素的个数确定有以下标准：第一，因素的特征根大于 1；第二，因素必须符合陡阶检验；第三，因素在旋转前至少能解释 3% 的总变异；第四，每个因素至少包含 3 个项目。

结构效度是指态度量表能测量理论的概念或特质的程度，即一个量表各个项目之间的相关程度。如果各个项目之间具有中等程度的相关，那么该量表具有良好的结构效度。心理学家 Tuker 认为，一个良好的问卷结构要求维度与测验的相关在 0.3—0.8 之间，各维度的相关在 0.1—0.6 之间。本问卷用各个维度间的相关来验证量表的内部一致性，检验结构表明，问卷的 4 个维度（体育健身基础、体育健身情况、体育消费情况、体育旅游情况）之间的相关在 0.132—0.478 之间，相关显著。因此，问卷具有良好的结构效度，整个问卷结构良好。

在问卷结构检验的基础上，我们还采用了如下的客观检验法和主观评定法对问卷的效度进行检验。

（1）客观检验法。

正式调查前，在西安市随机进行了 100 个样本的试调查，并从回收率、有效回收率、未回答问题、填答错误等方面进行了检验，在检验的基础上，对问卷进行了修改。

（2）主观评定法。

问卷初稿经有关专家、学者、管理者、典型被调查者等的经验评价，对问卷进行了修订。

3. 问卷的信度（Reliability）

问卷的信度（Reliability）检验——小样本再测法（Test – retest reliability）。抽取总样本量的大约 2%（120 人）进行再测，间隔时间为 10—15 天。

所谓的信度即量表的可靠性或稳定性，它是测量反映被测特征真实程度的指标。常用检验信度的方法是 L. J. Cronbach 所创的 α 系数。

根据 Log 的研究标准可知，对于一般的研究而言，α 系数值普遍可接受的数值为 0.80。而学者 DeVellis（1991）认为，当总量表的 α 系数值在 0.9 以上是信度最佳；α 系数值在 0.80 以上，算是非常高的信度了；α 系数值界于 0.70—0.80 之间，算是相当好的；如果低于 0.70，则要考虑重新修订量表。而如果是分量表，α 系数值应该在 0.70 以上，如果在 0.65—0.70 之间，也算是最一般可以接受的，如果在 0.65 以下，应考虑重新修订问卷。[①]

本问卷各维度的 α 系数值为 0.784、0.752、0.812、0.836，总量表的内部一致性系数为 0.809。而且 4 个维度分量表的重测信度范围是在 0.524—0.668 之间，总量表的重测信度是 0.731，在 0.7 以上。由此，可以认为调查问卷具有较高信度。

---

① 吴明隆：《统计应用实务》，中国铁道出版社 2001 年版，第 8 页。

（三）专家访谈法与小型座谈会

采用提纲与面对面的访谈方式对相关专家学者及管理干部进行访谈。特别是在 2009 年 3 月 12 日走访了陕西省体育局吴昌龄副局长，在长达一个半小时的时间里，他以独到的见解对课题研究提出了很多宝贵的意见和建议。除了专家学者访谈外，我们还对陕西省体育局群体处、经济处、器材装备管理中心与体育彩票管理中心等的领导与管理干部，以及陕西省统计局、西安市体育局与其他 6 个市的相关管理者进行了访谈、信息咨询与数据搜集。2009 年 5 月 18 日，在陕西省体育局二楼会议室组织了由相关领导、群体处干部、经济处干部、课题组主要参与人等 11 人参加的小型座谈会。

（四）数理统计法

一门学科是否采用数学是这门学科成熟程度的标志。从近几十年的发展来看，甚至社会学的理论创新，也在很大程度上依赖于新的统计技术的发展。研究综合运用了描述性统计、方差分析、相关分析、因素分析、聚类分析、线形回归分析等统计学方法，力求在定量数据的基础上结合相关基本理论进行逻辑分析，从而得出定性的结论。数据资料采用 SPSS 16.0 统计软件与 Excel 2003 进行统计分析。

（五）社会工程学方法

社会工程学就是将不可观察的社会现象通过一系列手段而转化为可观察、可计量的过程，从而对未来进行预测、规划、设计、评估等。[①]

社会工程学的方法论特征就在于强调发现问题、解决问题的综合性、整体性、协调性的思想。社会工程学所建立的思维模式是由步骤（When，Where，What）、人（Who）、技术要素（How）构成的三维空间。[②]

运用社会工程学方法的思想内涵，建立"一圈二线三岸"地域体育发展模式的理论体系，最大限度地调动各种体育社会资源，充

---

① 王洪波：《社会工程研究引论》，中国社会科学出版社 2007 年版，第 25 页。
② 同上书，第 28 页。

分发挥地域体育发展之间的不同优势、特色。从而形成立体的、综合的、整体的、协调的应对机制，促进陕西地域体育协调、全面、可持续发展。

（六）田野工作法

田野工作法又称"现场研究"或"实地研究"。是指深入调查现场，运用观察、访问、座谈等方法收集各方面信息，以便对调查对象作深入解剖分析的调查研究方式。

该研究方法主要是针对陕西传统体育项目的发掘整理研究工作展开的，关中、陕南、陕北分别都是在 2009 年暑假期间进行的。课题中的研究人员深入实地进行调查与收集资料，尤其对部分少数民族居住区和有独特的文化历史内涵的区域，从它们的历史文化、传统风俗及传统体育项目等进行了较为详细的了解，取得第一手研究资料。

二 地域体育发展模式基本理论概述

地域体育发展模式研究涉及面广，从研究层面而言，既有宏观层面的问题，也有中观、微观层面的问题；从研究的不同角度而言，既有经济运行问题，也有政策、体制和制度安排的问题；从研究的学科而言，又涉及系统论、规划学、政治学、经济学、文化学、旅游学、社会学、体育学等多方面的学科。需要进行大量的理论求证，从基本概念的界定、现有理论的应用和地域体育发展模式的基本理论等多方面进行研究以作为支撑。

由于陕西独特的地域结构所形成的"一圈二线三岸"地域体育发展模式是一个复杂而又庞大的体系。研究涉及方方面面的相关理论及相关概念界定，主要包括以下方面。

（一）"模式"界定及发展模式基本理论

模式（Pattern）就是解决某一类问题的方法论，事物的标准样式。把解决这类问题的方法总结归纳到理论高度，就是模式。①模式

---

① 温佐惠等：《西部民族传统体育发展的地域体育文化理论探微》，《成都体育学院学报》2008 年第 1 期。

是一种指导，是解决问题的最佳办法，在一个良好的指导下，有助于完成任务，并作出一个优良的设计方案，达到事半功倍的效果。

模式一词涉及的范围比较广泛，它标志事件之间隐藏的规律关系，而这些事件并不必然是图像、图案，也可以是数字、抽象的关系，甚至思维的方式。模式强调的是形式上的规律，而非实质上的规律，是经验的积累、抽象和升华。简单地说，就是从不断重复出现的事件中发现和抽象出的规律，解决问题的经验的总结。

Alexander 给出的经典定义是：每个模式都描述了一个在我们的环境中不断出现的问题，然后描述了该问题的解决方案的核心（Christopher Alexander，《模式语言》，1977）。曾飞在 Alexander 的基础上，对模式做了进一步阐释，他认为"所谓模式方法，就是解决某一类问题的方法论，是把解决某类问题的方法归结到理论高度而成为一种模式"。通过这种方式，你可以无数次地使用那些已有的解决方案，无须重复相同的工作。模式有不同的领域，建筑领域有建筑模式，软件设计领域也有设计模式。当一个领域逐渐成熟的时候，自然会出现很多模式。

"发展模式"是对人类社会历史进步所遵循的方式的抽象概括；是对人类社会从现实状态向未来状态进化所遵循的方式的设计和规划；是发展理论的实践形式。包括发展的目标，发展的方式，发展的途径，发展的程序，发展的政策、战略和策略，发展的结果等。发展模式，还可以分为经济发展模式、社会发展模式、政治发展模式、文化发展模式等。①

（二）"地域体育"概念界定及地域体育发展模式

《简明不列颠百科全书》中说："地域是指有内聚力的一个整体的地理范畴。根据一定标准，地域本身具有同类性或联系性，而在地域间则构成差异性。"地域通常是指一定的地域空间，也叫区域，是自然要素与人文因素作用形成的综合体，其内涵主要有：

---

① 刘春良：《内蒙古国有林区发展模式研究》，博士学位论文，北京林业大学，2003 年，第 46 页。

（1）地域具有一定的界线；（2）地域内部表现出明显的相似性和连续性，地域之间则具有明显的差异性；（3）地域具有一定的优势、特色和功能；（4）地域之间是相互联系的，一个地域的变化会影响到周边地区。

体育是增强体质、促进身体健康的一种手段。它是社会文化教育的重要组成部分。一定社会的体育是一定社会政治、经济的反映（《辞海》，1977）。体育是社会发展的产物，并随时代和社会的发展而发展，它既有因时代不同而变化的异质内容，也有超越时代和社会而存在的同质内容，不同的社会需要决定了体育本质内涵和外延的大小。[①] 体育成为人类交流沟通的重要途径，"平台效应"日益加大。推动体育发展的主体趋于多元化。[②] 随着社会经济的发展，体育的内涵和外延在不断扩大，延伸的领域增多，体育的经济作用与社会意义随着时代的发展而发展。

从体育的本质内涵及时代发展要求，结合地域空间概念。地域体育是指在一定地域空间内的社会、政治、经济、文化与制度政策等多因素综合作用下，体育资源优化配置，以增强人民体质、促进身体健康，带动社会经济发展，维护社会稳定和谐，从而所表现出来的地域体育实力。

一个地域可指一个国家或国家内的地区（省、市或跨行政区的地理区域）。参考国内外学者对地域、发展模式的界定和诠释，结合体育领域自身发展特性，我们将地域体育发展模式探讨性地界定为：为实现地域体育事业持续发展，依托本地域社会、政治、经济、文化与政策法规等多因素综合作用，实现地域体育资源优化配置，以增强人民体质、促进身体健康，带动社会经济发展，维护社会稳定和谐为目的的一套适合本地区可持续发展的优化设计方案，从而指导地域体育发展实践。

地域体育发展模式不应该只是一个简单的概念，而必须有它的

---

① 黄德春：《我国体育概念发展的哲学思考》，《体育文化导刊》2005 年第 2 期。
② 陈榫：《体育概念演进与体育发展趋势》，《体育文化导刊》2009 年第 12 期。

地域特性和深刻的内涵。本研究的"地域"特指陕西省区域内所组成的地域空间,它是由关中、陕南、陕北形成的陕西独特的南北狭长的地域空间结构。因此,陕西"一圈二线三岸"地域体育发展模式从整体上看,涵盖了地域体育文化、全民健身、体育产业、体育旅游及陕西的社会经济等不同方面。对这一模式简单地概括就是在陕西社会、政治、经济、文化发展的大背景下逐步形成的以体育旅游带动体育产业快速发展,构建比较完善的全民健身服务体系,推进地域体育文化进一步地交流与融合,实现陕西体育强省的发展战略。

(三)地域空间结构理论

空间是人们进行各种活动的场所,地域体育发展是由一定的地域空间构成的,组成地域体育发展的各要素在空间上以点、轴、域三种空间形式表现出来。

"点"是空间结构的最基本构成要素。在一定区域范围内,由经济活动内聚力的作用而产生的极化作用,这些"点"或"结点"指的是区域中各级中心城市,它们都有各自的吸引范围和凝聚力。点的特征有明确的自然地理位置;点有大小,并有圆状、带状等不同的形状;点的内部存在明确的功能分区;点的数量和质量对地域体育的发展具有很大影响。

"轴线"在一定地域范围内,连接结点之间的线状束,如交通干线、山水自然线路等均被称为"轴线"。轴线的实质是依托沿轴各级城镇开发带。轴线一般不能脱离结点而单独存在。轴线是一个地域内体育发展的基本条件,它强调通达性。轴线的特征是轴线有固定的不同结点的起点和终点。轴线的长度是由轴线联结的结点之间的空间距离决定的。当一条轴线上聚集众多的结点时,普通的轴线就成为"发展轴"。

"域面"即地域或城市,是结点和轴线存在的空间基础,一般作为地域体育发展的"平台"而存在,它强调结构性、等级性、有序互补和立体网络性。域面的特征,即一般区域的特征,具有面状和体状的表征。域面的范围就是地域体育发展区域或行政区域的范围。[1]

空间结构理论是区位理论的发展，是陕西地域体育发展模式的重要理论依据。空间结构理论所追求的是各客体在空间中的相互作用及相互关系，以及反映这些关系的客体、现象的空间集聚规模及集聚程度。所以，空间结构理论特别强调社会解决客体之间的相对位置及相互关系。由奥托伦巴、艾萨德、贝里等提出的"空间系统"及"都市圈"等理论正是这种思想的高度概括。[2]

陕西地域体育发展模式是区域内的均衡与非均衡系统协调发展模式，是"增长极理论"、"点·轴开发理论"、"都市圈"模式的择优搭配与选择。

（四）系统论理论

系统思想源远流长，但系统论作为一门科学，被人们公认为是由美籍奥地利理论生物学家 L. V. 贝塔朗菲（L. V. Bertalanffy）创立的。他在 1952 年提出了系统论的思想；1973 年提出的一般系统论原理，奠定了这门科学的理论基础。而确立这门科学学术地位的则是 1968 年贝塔朗菲发表的专著——《一般系统理论——基础、发展和应用》，该书被公认为是这门学科的代表作。[3]

系统论认为，关联性、整体性、动态平衡性、等级结构性、时序性等是所有系统的共同基本特征。这些基本特征，既是系统所具有的基本思想观点，也是系统方法的基本原则，表现了系统论不仅反映客观规律的科学理论，还具有科学方法论的含义。[4]

系统论的核心思想是系统的整体观念。所有系统都是一个有机

---

① 梁雪松：《区域旅游合作开发战略研究》，科学出版社 2009 年版，第 5 页。
② 刘春良：《内蒙古国有林区发展模式研究》，博士学位论文，北京林业大学，2003 年，第 46 页。
③ 陈振华：《浙江省检验检测能力现状分析及提升研究》，博士学位论文，河北工业大学，2007 年，第 21 页。
④ 王欢：《职业教育课程综合化的研究》，博士学位论文，北京师范大学，2006年，第 13 页。

的整体，它不是各个部分的简单相加或机械组合。① 系统中各要素不是孤立地存在，每个要素在系统中都处于一定的位置上，起着特定的作用。要素之间相互联系，构成一个不可分割的整体。

系统论的基本方法就是把所研究的对象，看作一个系统，全面分析这个系统的结构和功能，研究系统、要素、环境三者之间的相互关系和变动的规律，并用系统观点看问题。系统是普遍存在的，世界上任何事物都可以看成是一个系统。②

地域体育发展是一个庞大的系统，把地域体育发展看作一个系统，就是运用系统论思想来研究地域体育的发展问题。地域体育发展从外部来看，它涉及一个地域的社会、政治、经济、文化等方方面面；从内部来看，它涉及地域体育文化、体育旅游、体育产业、全民健身等方面。因此地域体育发展问题，包含的内容多、影响广、要素多、变化大、牵动全局。面对这样一个纷繁复杂的问题，用传统的研究方法和手段难以把握和驾驭，非常有必要借助系统论这样的方法和思路加以研究和分析。地域体育发展观要求研究者把地域体育发展作为一个相互依赖又相互作用的平衡推进、协调发展的系统集合体，通过构建最佳的地域体育发展模式使各组成要素相互联系、相互作用而构成一个有机整体。系统论的观点不仅为地域体育资源的开发和地域体育发展模式规划提供了认识论基础，同时也为我们正确认识地域体育发展这一庞大的系统提供了科学的理论和方法论基础。

（五）社会工程理论

社会工程学的核心概念是社会分析、模式设计、模式分析，其具体对象是各种社会政策和社会法规。社会蓝图和社会过程设计的统一就是社会模式研究。它的任务是通过建构新的社会结构模式去解决社会问题，促进社会发展。③

---

① 杨国华：《可持续发展指标体系及广东可持续发展实验区建设研究》，博士学位论文，中山大学，2006年，第36页。

② 梁雪松：《区域旅游合作开发战略研究》，科学出版社2009年版，第1页。

③ 王洪波：《社会工程研究引论》，中国社会科学出版社2007年版，第3—27页。

　　社会工程学的方法论特征就在于发现问题、解决问题的综合性、整体性、协调性思想。由于各种社会问题的复杂性、独特性，其解决问题的方法有所区别，形成不同的发展模式。图 1-1 所展示的是陕西地域体育发展模式社会工程学思想，充分揭示了社会工程学的方法论在地域体育发展模式中的应用。

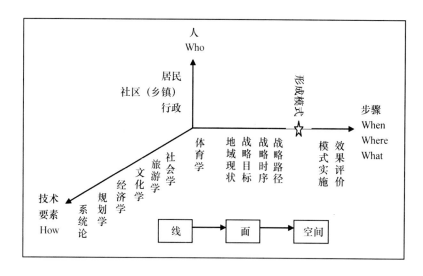

图 1-1　社会工程学方法论在地域体育发展模式中的应用图

注：参考王洪波《社会工程研究引论》，第 27 页。

　　从图 1-1 中可以看出，社会工程学的思维方式与传统思维方式的最大区别就在于，从线性思维向平面思维的转变，从平面思维向立体空间思维的转变。[①] 充分地展示了社会工程学方法论中的综合性思想内涵在"一圈二线三岸"地域体育发展模式中的运用。因此，在解决地域体育发展模式这一问题上，更加强调模式构建的综合性、整体性、协调性和立体性。从而形成步骤、人、技术要素构成的三维空间要素。其主要特点就在于方法上的综合性，真正做到定量分析与定性分析相结合、静态分析与动态分析相结合、结构分

———————

　　[①]　王洪波：《社会工程研究引论》，中国社会科学出版社 2007 年版，第 28 页。

析与过程分析相结合、微观分析与客观分析相结合。运用社会工程学的思想，全面建立"一圈二线三岸"地域体育发展模式的理论体系，最大限度地调动各种体育社会资源，发挥各个群体与地域的功能，发挥地域体育发展之间的不同优势、特色。从而形成相互联系的整体，建立一个立体的、综合的、协调的应对机制，促进陕西地域体育协调、全面、可持续发展。

第二节　发展模式构建的现实意义及原则

一　"一圈二线三岸"地域体育发展模式构建的现实意义

陕西体育事业是现代化建设水平的重要组成部分，是关系人民健康的大事。大力发展体育事业，对于提高国民身体素质和健康水平，促进陕西经济发展和社会进步，具有十分重要的意义。改革开放以来，在陕西省委省政府的领导下，陕西的政治、经济、文化稳步、快速、可持续发展，经济实力逐步增强，人民物质和文化生活水平得到了很大改善。因此，人民群众对精神文化生活需求不断提高，健康观念及体育健身意识增强，但是人民群众对体育健身的需求不断增长同陕西体育事业发展水平的矛盾日益凸显，经济发展和社会进步对陕西体育事业发展提出了更高的要求。陕西地域体育发展模式的正确选择对推动陕西体育事业发展，缓解人民需求矛盾，构建西部体育强省具有重大的现实意义。依据陕西目前的经济和体育事业的发展水平，结合陕西体育事业发展的三大地域结构、空间布局和发展时序，"一圈二线三岸"地域体育发展模式是陕西现阶段地域发展的最佳选择。通过"一圈二线三岸"地域体育发展模式促进陕西体育旅游大发展、体育产业形成规模、全民健身稳步推进、地域体育传统优势项目不断传承与发展、地域体育文化交流与融合等方面都具有重要的现实意义。

二 "一圈二线三岸"地域体育发展模式构建原则

(一) 系统发展原则

系统论的核心思想是系统的整体观,它的基本方法就是把所要研究和处理的对象,当作一个系统来研究。系统是普遍存在的,是一个有机的整体,不是各个部分的简单叠加与机械组合,系统的各个要素也不是孤立存在的,每个要素在系统中都处于一定的位置,起着特定的作用,要素之间相互联系,构成了一个不可分割的整体。在陕西地域体育发展模式中,陕西地域体育文化、体育产业、全民健身等要素构成了发展的基本内容;关中、陕南、陕北不同地域独特的空间地理环境所形成的"西·咸一体化"都市体育圈与通过交通建立的"二线"体育发展大通道,以及以自然山水为依托的"三岸"绿色时尚体育健身环境构成了陕西体育发展的庞大的体系。涉及内容多,空间结构复杂,发展时序有先后,因此陕西体育大发展与建立西部体育强省必须遵循系统的发展原则。

在发展内容上要遵循全民健身先行,体育产业做支撑,体育文化为导向的系统发展原则;在发展的空间结构上要遵循以"西·咸一体化"都市体育圈为中心,"二线三岸"向外辐射的发展方式;在发展的时序上要遵循关中优先,陕南、陕北同时发展的顺序。

(二) 集中优势原则

西安是陕西省的省会,具有人才、科技、信息等明显优势,蕴含了丰富的历史文化内涵,形成了独特的以历史文化为主体的体育文化与体育旅游资源,随着"西·咸一体化"都市体育圈的建立与"关中—天水"经济带的建设,体育产业将得到快速发展;陕南山水自然资源丰富,山清水秀,环境优美,由于20世纪工业化进展速度较慢,良好的生态环境得到了极大的保护,可持续化的良好的自然生态为未来的陕南地域社会经济发展奠定了坚实的基础,形成了独具特色的以自然山水为主的绿色体育健身与体育旅游环境;陕北蕴藏了大量的能源资源,经济发展水平很高,对体育事业的快速发展提供了强大的经济支持,并拥有陕北秧歌、安塞腰鼓等地域传统体育项目与独特的体育文化,已经形成品牌,延安的红色体育文化与红色体育旅游具有独特的优势。因此关中、陕南、陕北要充分发挥自身优势,结合本地域特点,汇聚力量,注重整体效应促进本地域体育事业稳步快速发展。

(三) 联动互动原则

"一圈二线三岸"地域体育发展从发展内容上包含"西·咸一体化"都市体育圈的建设、全民健身、地域体育文化、体育旅游与体育产业等,涉及面广,内容多,内容之间相互联系、相互影响,具有一定的互动性;从地域空间而言,整体既有发展中心,又有以发展中心向外辐射的"二线三岸"空间体系,关中、陕南、陕北三地局部又有中心与外延,形成各自的空间布局,大地域包含小地域,小地域与小地域之间相互作用,形成联动,三地协作,共同发展是陕西地域体育发展的必然选择。在"一圈二线三岸"地域体育发展总体规划与战略目标的统领下,充分发挥不同地域特色、功能、作用与各级政府的积极性,实行对口合作,多层面、全方位联动发展,力争双赢多赢,逐步打破地域束缚,构建多维度、全方位的西部体育强省发展战略,全力推动"一圈二线三岸"体育发展模式规划与实施。

(四) 重点突破原则

关中、陕南、陕北三大地域既要注重全面合作、整体联动,又要根据本地实际情况与地域特点选好切入点,重点突破,带动整体。陕西在近几年的发展中,关中依托雄厚的科教实力,形成了竞争力较强的产业集群;陕北依托石油、煤炭和天然气等资源,实现了财力的快速增长;而陕南虽然资源和科技都不占优势,却拥有丰富的山水自然资源,形成了绿色"小江南",逐步成为西安乃至关中的"后花园",由于交通的快速发展,南北交通快速干线的贯通,陕南已经成为以山水为依托的绿色、健康、时尚的旅游产业集群,促进地方经济发展。由于经济水平发展差异,结合陕西三大地域特色,关中重点突破体育产业,特别是体育产业园区的建设,另外以"西·咸一体化"都市体育圈的中央商务区为主,依托丰富的体育场馆设施，打造体育健身娱乐业和体育观光旅游业，近郊区不同休闲板块打造体育休闲业，以丰富的地热资源打造体育康体娱乐游，以"一河两山"及圈内遍布的历史遗迹和自然景观打造体育旅游业，以西安城墙国际马拉松赛和足球、篮球职业联赛市场打造体育圈品牌赛事；陕南依托山水自然资源形成绿色、健康、时尚的体育旅游产业，促进全民健身，带动地域经济发展；陕北依托现有较好的经济实力，结合地域传统体育项目与红色旅游，加大投入与宣传，形成以陕北秧歌与安塞腰鼓等品牌为主导的旅游健身产业。因此，三地各有重点，各有突破，为陕西地域体育发展形成不同支撑点，搭建良好的发展平台。

（五）协调发展原则

地域重点突破是整体协调发展的基础，是实现"一圈二线三岸"地域体育发展的动力，是全省体育均衡发展的保障，为陕西成为西部体育强省奠定坚实的基础。

在重点突破的基础上，全省三大地域（关中、陕南、陕北）在发展内容上形成非均衡发展方式，整体布局上形成均衡发展方式，把非均衡发展与均衡发展有机地结合起来。通过体育行政手段，全省在全民健身、体育产业、地域体育文化交流等方面统筹规划，避免和减少相互冲突、相互制约，突破体制性障碍，运用政策制度等手段实现体育资源共享与区域体育协调发展。

（六）可持续发展原则

我国政府高度重视可持续发展问题，做出了"必须把贯彻实施可持续发展战略作为一件大事来抓"的庄严承诺。[①] 体育是社会发展的重要组成部分，体育发展必然要同步于社会走上可持续发展的道路，体育发展不仅要注重自身的可持续发展，也要为整个经济、社会的可持续发展作贡献。陕西地域体育发展模式在"一圈二线三岸"的构架下首先从内容上要遵循可持续发展原则，注重体育产

---

① 江泽民：《在第四次全国环保会议上的讲话》，《中国环境报》1996 年 7 月 20 日。

业、全民健身发展的持续性，把握地域体育文化发展的传承性，在合理发展时序的基础上逐步拓展陕西地域体育发展的空间结构，使陕西体育事业发展走上可持续发展的道路。其次体育发展过程中的共同性与公平性是可持续发展的重要组成部分，是建立陕西地域体育可持续、和谐发展的条件保证。

第三节　陕西地域体育发展模式现实条件与实践基础

一　陕西社会经济发展强劲的后发优势是地域体育发展的基础

改革开放以来，陕西经济快速发展，人民生活水平稳步提高，但是陕西整体经济发展水平在全国还处于较后的位置，属经济欠发达省份，但是具有后发优势。

一是区位优势明显。虽地处内陆腹地，但承东启西、连接南北，省会西安的战略地位非常重要。

二是能源资源丰富。全省探明煤炭储量 1663 亿吨，石油储量 11 亿吨，天然气储量 5858 亿立方米。陕西正在成为我国 21 世纪现代化建设的一个重要能源接续地和支撑点。优势能源资源与良好的工业发展水平提升了经济发展水平，为陕西地域体育发展提供了物质条件。

三是科教实力较强。全省有专业技术人员 107 万人，各类科研机构 1061 家（含国防科研院所 33 家），普通高等院校 72 所，民办高等教育实体 55 个（其中万人以上的 5 所），全国唯一的专业有 17 个，处于领先地位的专业有 50 个，各类高等教育在校生 90 多万人。西安交通大学、西北工业大学、西北农林科技大学 3 所高校进入国家"985"工程。全省有西安经济技术开发区、西安高新技术产业开发区、宝鸡高新技术产业开发区和杨凌农业高新技术产业区 4 个国家级开发区。为体育产业园区的建设提供了科技支撑。

四是文物旅游资源得天独厚。以文物为特色的旅游资源品位高、存量大、种类多，全省馆藏文物 60 多万件，其中国家级文物

123 件（组），秦兵马俑、法门寺、西安古城墙等驰名中外。还有奇险无比的华山、雄浑壮观的黄河壶口瀑布、佛坪自然保护区等自然景观，大熊猫、金丝猴、金毛扭角羚和朱鹮等为世界所独有。为体育旅游的开发提供了资源保证。

五是工业基础比较好。陕西是我国的老工业基地之一。"一五"和"三线"建设时期，国家在这里上了 120 个大中型项目，经过几十年的建设，形成了以机械、电子、纺织、能源为主，门类比较齐全、基础比较雄厚的工业体系。全省共有国有及国有控股企业 1325 家（其中大中型企业 362 家），总资产 2931 亿元。装备工业具有一定优势，军工规模居全国第一，在航天动力、军民用飞机、卫星、精确制导武器及弹药、海陆空火炮的研制、生产、试验方面具有综合优势。为体育产业的发展提供了良好的平台。

六是文化资源丰富。既有丰厚悠久的历史文化、光辉灿烂的革命文化，又有特色鲜明的民俗文化和有一定实力的现代文化。改革开放以来，相继出现了"长安画派"、"文学陕军"和"西部影视"等一批知名文化品牌，先后有 50 部作品在国家"五个一工程"历届评选中获奖，有 123 家影视制作机构，影视生产综合实力进入全国四强，具备发展文化事业和做大做强文化产业的优势。为体育文化交流奠定了坚实基础。

改革开放以来，陕西经济快速发展，人民生活水平持续提高，对体育需求不断增强，体育事业快速发展使广大人民群众的精神文化生活内容更加丰富，体育产业稳步发展，为陕西的经济发展、文化繁荣、社会和谐做出了应有的贡献，为进一步推进陕西"一圈二线三岸"地域体育发展提供了现实条件与实践基础。

二 开阔差异性的地域空间与丰富的体育资源为地域体育发展提供了发展平台

陕西地处我国内陆腹地，总面积 20.56 万平方千米，占全国土地面积的 2.1%。地域南北长，东西窄：南北长约 880 千米，东西宽 160—490 千米。北靠内蒙古，南接四川、重庆和湖北，西连甘肃和宁夏，东临山西和河南，是通往大西北的门户。全省辖西安、咸阳、宝鸡、铜川、渭南、榆林、延安、安康、汉中、商洛 10 个市和杨凌农业高新技术产业示范区，共有 107 个县（市、区），2008 年底全省总人口 3705 万。

陕西地域差异较大，资源丰富，境内山垣起伏，河川纵横，地形复杂，南北高，中间低。以北山和秦岭为界，全省可分为陕北高原、关中平原和陕南秦巴山地三大地貌区：北部（陕北）是黄土高原丘陵沟壑区，属黄河流域，海拔 800—1300 米，约占全省总面积的 45%，畜牧业较为发达，煤、石油、天然气储量丰富；中部（关中）是渭河冲积形成的关中平原，西起宝鸡，东至临潼，平均海拔 520 米，东西长 380 千米，面积约占全省土地总面积的 19%，号称"八百里秦川"，也属黄河流域，地势平坦，土壤肥沃，交通便利，农业生产条件比较好，集中了全省绝大多数高等院校、科研机构和军工企业，是西陇海沿线经济带相对发达的区域；南部（陕南）是秦巴山区，包括秦岭、巴山和汉江谷地，约占全省土地总面积的 36%，属长江流域，山多地少，水资源丰富。陕西南北气候差异显著，由南向北构成了亚热带温润气候、温暖带半湿润气候、温带半干旱气候 3 种不同类型的气候区（见图 1-2）。

独特的地理结构，3 种不同自然环境与不同类型的气候条件，充分体现了陕西地域空间的差异性、体育文化特色性与多样性。关中拥有丰富的历史文化与旅游资源，体育产业强势发展；陕北特殊的地理环境与历史事件，形成了独特的地域体育文化和民间传统体育活动形式；陕南青山绿水等自然资源成为现代绿色时尚体育健身的依托。地域空间差异与丰富多样的体育资源为陕西地域体育发展模式选择提供了较好的发展空间，搭建了"一圈二线三岸"地域体育发展模式平台。

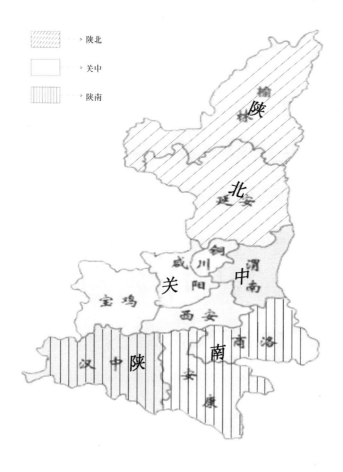

图1-2 陕西区域结构图

三 快速交通网络体系及区位交通优势为地域体育发展提供了便利的条件

陕西省交通四通八达，高速公路网由原来的"三纵四横五辐射"主骨架，调整为"两环六辐射三纵七横"高速公路网，即：2条环形线（西安绕城高速和西安高速大环线）；6条以西安为中心的辐射线，即西安—禹门口线、西安—商州线、西安—漫川关线（去武汉、福州）、西安—汉中线（去成都）、西安—长武线（去银川）和西安—旬邑线（陕甘界）；3条南北纵向线包括榆商线、榆康线和定汉线；7条东西横向线由吴定线、延吴线、宜富线、合凤线、大凤线、潼宝线和白略线组成（见图 1-3）。路网总规模 8080

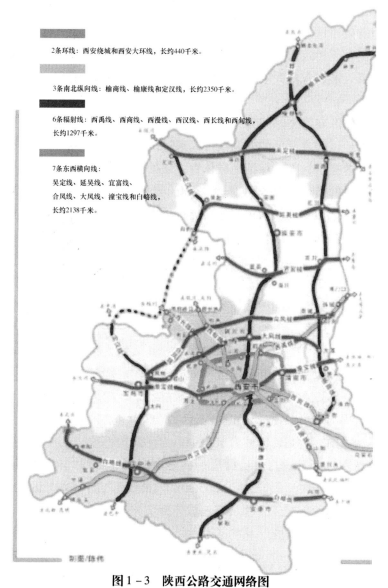

2条环线：西安绕城和西安大环线，长约440千米。

3条南北纵向线：榆商线、榆康线和定汉线，长约2350千米。

6条辐射线：西禹线、西商线、西漫线、西汉线、西长线和西旬线，长约1297千米。

7条东西横向线：吴定线、延吴线、宜富线、合凤线、大凤线、潼宝线和白略线，长约2138千米。

图 1-3 陕西公路交通网络图
注：图片源于中国交通新闻网（略有改动）。

千米，其中国家高速公路 3888 千米，省级高速公路 4192 千米。陕西高速公路网将使关中与陕北形成 2 条高速通道，与陕南形成 6 条高速通道，高速公路覆盖全省所有的县（市、区）。另外，11 条国网高速交会于西安，西安可通过高速公路，有效对接周边省份，形成跨省高速通道，实现西安到所有周边相邻省（区、市）当日到达。同时，构筑西安对外辐射各市的高速通道，实现省会到各市当日往返，形成省内大中城市间的高速通道，实现西安与各市间的快捷联系。[①]

陕西以高速公路网为主体形成了省内全覆盖的快速通道，提供了陕西地域体育发展的便利条件；通过国网高速对接周边省份构成跨省高速通道，充分保证地域体育发展的区位优势。[②]

交通网络体系是地域体育发展的大通道，通过快速的交通保障，实现地域互动，增加交流，促进体育旅游、休闲、娱乐一体化以及体育文化交流等。"一圈二线三岸"地域体育发展模式的"二线"就是通过 2 条高速公路构成了陕西体育发展的南北大通道。

四 独具特色的传统体育项目与体育文化资源提升了发展内涵

陕西拥有丰富的地域传统体育项目，这些项目独具特色，因地域不同而不同，地域之间相互联系，相互影响，它们有共性，又有差异。文化在其形成和发展过程中，无不受到地域环境的影响和制约，传统体育在其漫长的产生及发展过程中，随着人类对自身以及自身与周围环境关系的认识的深入，不断地将这种认识物化于各种物质制品中，它是传统体育文化中最为活跃的部分，是传统体育文化的橱窗与标志。关中从西周始，先后有秦、西汉、隋、唐等 10 个王朝建都于关中平原，历时千余年，由于悠久的历史文化，孕育了得天独厚的传统体育项目与地域体育文化；陕南山川秀丽、民风淳朴，陕南体育文化，作为一种地域文化，是在陕南这种特殊的地

---

① 王非：《打造陕西高速公路网》，《西部大开发》2009 年第 2 期。
② 资料来源：中国交通新闻网，http://www.zgjtb.com/101179/101183/41151.html。

域环境中形成和发展起来的。武术这一民族传统体育项目在陕南开展甚为广泛，它与赛龙舟、游泳、登山、舞龙、社火等具有典型的地域特色体育活动共同构成了陕南地区传统体育项目的主体。独特的地域文化滋润了陕南传统体育项目的兼容并蓄、博采众长的文化包容性特点；陕北人民在长期的生产斗争和生活实践中经过不断地发展与提炼，形成了一大批极具地方特色的传统体育项目，最具代表性的有延安三鼓（安塞腰鼓、洛川蹩鼓、宜川胸鼓）、陕北秧歌等，另外中国共产党在延安 13 年期间传统体育项目得到了极大的扶持和推广，群众喜闻乐见的武术、摔跤、舞蹈、跳绳、踢毽子、爬山、游泳和滑冰等活动，在各级政府和团体、部队都得到了积极开展。陕北传统体育文化广泛汲取了相邻地域民族文化的养料和成分，从而形成了陕北多元化、开放性的文化特征。

陕西的区域空间体育资源以及独具特色的体育传统项目与地域体育文化为"一圈二线三岸"地域体育发展奠定了坚实的实践基础，提升了地域体育发展内涵。

五 全民健身事业快速发展，全民健身服务体系进一步完善成为地域体育发展的最佳契机

在国家体育总局和省委省政府的领导下，陕西体育事业得到了较快发展，全民健身红红火火，全省经常参加体育锻炼的人口已达 1400 万，广大群众参与锻炼已成为大中型城市构建和谐社会、建设社会主义精神文明的一道亮丽的风景线。全民健身工程的实施有效地促进了陕西对《全民健身计划纲要》的实施，按照国家体育总局的要求，陕西省体育局从 1997 年至今全民健身工程建设采用多样化和多种形式，极大地满足了不同层次、不同人群的健身需求。全民健身路径工程、全民健身活动中心、雪炭工程、全民健身活动基地、全国优秀体育公园，已经形成了陕西省全民健身工程发展的基本模式。

全民健身的发展状况已经成为地域体育发展的"晴雨表"，全民健身服务体系的建立是全民健身发展的高级阶段，它是实施《全民健身计划》的根本保证，没有完善的全民健身服务体系，全民健身将缺少一翼。陕西结合本省的实际情况，从现代服务新概念出发，以服务为核心，总结其他省份的经验，本着"亲民、便民、利民"的原则，为满足广大人民群众的健身需求，全面构建了适合陕西省多元化的全民健身服务体系。因此，陕西省地域体育发展应以"西·咸一体化"都市体育圈与"二线三岸"全民健身服务体系的构建为重点，充分把握全民健身快速发展的最佳契机，促进陕西地域体育大发展。

六　体育与旅游资源整合主导可持续发展的体育旅游业，带动体育产业快速发展是地域体育发展的依托

改革开放 30 多年来，特别是西部大开发战略的实施，陕西地域经济发展取得显著成就，进入了快速发展阶段，这为陕西省体育旅游与体育产业发展注入了新的活力。新时期，随着国务院相继批准建立"西·咸一体化"、"关中—天水经济区"所带来的发展战略机遇，要树立体育旅游助推陕西体育产业大发展的理念。而陕西的体育旅游主要依托陕北黄土风情与红色旅游资源、陕南青山绿水、关中人文历史资源，充分利用陕西优越的区位交通优势，淡化行政区域，整合体育旅游资源，依据全省各个区域的不同地理特征和环境承载能力，培育陕西独具特色的体育旅游产业一体化环境，构建以体育旅游与文化旅游、生态旅游、城市旅游、景区旅游相结合的多地域联动的地域体育旅游发展模式。最终实现体育旅游业在关中、陕北、陕南不同地域各尽其力、各具特色、各有生机、各具特色的整体、协调、跨地域发展，推动陕西体育产业转型和结构优化。

从陕西地域体育产业发展的整体布局来看，陕北由于资源丰富，城市发展水平较快，形成以榆林、延安为代表的陕西北部地域发展区；陕南自然环境优越，但经济发展速度较慢，近年来由于西汉高速、西康高速相继建成，中心城市"西安"对其产生较强的辐射作用，形成以安康、汉中为代表的发展区。因此，陕西省体育产业发展形成"成长三角发展"格局。

针对陕西地域体育产业发展实际情况，体育产业发展应把握重

点，充分发挥各地区的人力、物力、财力和自然资源优势。在较短时间内使体育产业在"点"上得到快速发展，以"轴"形成辐射，对其他地域产生拉动作用。根据各地特点和优势，发挥互补作用，形成辐射、竞争、合作的非均衡协调发展模式。

总之，近年来，陕西省顺应大众体育消费的需求，认真贯彻落实国家《体育产业发展纲要》，开拓创新，进一步树立全民大体育产业发展观，体育产业在水平、结构和规模等方面都获得良好的发展。陕西不同地域体育产业发展对当地经济发展起到了一定的带动示范作用，加速了地域体育的发展进程。因此，进一步规划陕西地域体育产业布局，以及构建适合本地域发展新模式是地域体育健康、可持续发展的依托。

第四节 陕西地域体育发展模式
规划及构成类型

一 "一圈二线三岸"地域体育发展模式发展规划基本思路

以科学发展观统领陕西体育事业发展全局，以实施西部体育强省战略为主线，以体育文化为基点，地域特色传统体育项目发掘整理为线索，体育旅游促进体育产业大发展为依托，全民健身为契机（见图1-4）。抓住"西·咸一体化"与"关中—天水经济区"所带来的发展战略机遇，形成以西安为中心，借助"西·咸一体化"都市体育圈与"二线三岸"为辐射的陕西地域体育发展整体布局，全面、系统构建"一圈二线三岸"地域体育发展模式，推动陕西体育可持续、快速发展，努力建设西部体育强省。

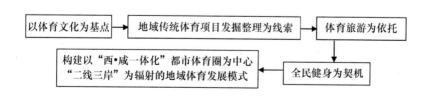

图1-4 陕西地域体育发展模式基本思路图

"西·咸一体化"发展规划基本思路：以体育文化为基础，全民健身为契机，体育休闲、娱乐、旅游为纽带，精品赛事为品牌构筑"西·咸一体化"的都市体育圈。

"二线三岸"发展规划基本思路：以西安为中心，文化为基础，交通为枢纽，山水与"红色"体育旅游资源为依托的绿色健康辐射式的地域体育发展模式。

二 "一圈二线三岸"地域体育发展模式空间结构及模式构成类型

陕西地域狭长，地势南北高、中间低，由西向东倾斜，由高原、山地、平原和盆地等多种地形构成。南北长约 870 千米，东西宽 200—500 千米。北山和秦岭从北到南把陕西分为陕北高原、关中平原、秦巴山地 3 个地貌区。其中高原 926 万公顷，山地面积为 741 万公顷，平原面积 391 万公顷。主要山脉有秦岭、大巴山等，秦岭在陕西境内有许多全国著名的峰岭，如华山、太白山、终南山、骊山。①

陕西独特的地理环境，造就了不同的地形地貌，形成了不同的雄浑壮美的自然景观，三地差异较大。关中平原，南依秦岭，北连黄土高原，渭河横贯其中，西起宝鸡峡，东迄潼关港口，东西长约 360 千米，西窄东宽，地势平坦，土质肥沃，水源丰富，交通便利；陕南秦巴山地由陇山余脉、秦岭和巴山组成，以中山地貌为主体，高峰林立，断陷盆地星散于群山之中，汉江谷地贯穿于秦岭、巴山之间；陕北由沙漠高原与黄土高原两部分组成，沙漠高原区主要分布在最北部长城以北地区，是毛乌素沙漠的南缘，地势平坦，以活动沙丘、沙垄及片沙为主。黄土高原沟壑纵横，地面破碎，水土流失严重，生态环境较差。

陕西地域体育发展模式是一个复杂而又庞大的系统工程，由于陕西这种特殊的地域空间结构，根据地域经济学和地理学空间视野提出"一圈二线三岸"地域体育发展整体模式，它具体包括：点·

---

① 资料来源：人民网，http://unn.people.com.cn/GB/22220/5156867.html。

轴开发模式、单辐射模式、双核联动辐射模式、三核联动区域合作模式。

（一）点·轴开发模式

点是地域空间结构的最基本要素。在陕西的三大区域内，由于经济、文化、体育等在各级城市内聚集力的作用，形成不同级别的"点"，这些点主要是指三大地域中各级中心城市，这些城市层次结构依据自然地理状况将陕西省分为关中、陕北、陕南三大地域，形成一级地域，三大地域内又以行政区划为研究单元，形成二级和三级地域，三级地域的所在城市就构成了研究的每个"点"（见表1-2）。

表1-2 三级地域构成及所在城市构成点

一级地域	二级地域	三级地域
关中	西安	蓝田县、周至县、户县、高陵县、杨凌
	铜川	宜君县
	宝鸡	凤翔县、岐山县、扶风县、眉县、陇县、千阳县、麟游县、凤县、太白县
	咸阳	三原县、泾阳县、乾县、礼泉县、永寿县、彬县、长武县、旬邑县、淳化县、武功县、兴平市
	渭南	华县、潼关县、大荔县、合阳县、澄城县、浦城县、白水县、富平县、韩城市、华阴市
陕南	汉中	南郑县、城固县、洋县、西乡县、勉县、宁强县、略阳县、镇巴县、留坝县、佛平县
	安康	汉阴县、石泉县、宁陕县、紫阳县、岚皋县、平利县、镇平县、旬阳县、白河县
	商洛	洛南县、丹凤县、商南县、山阳县、镇安县、柞水县
陕北	延安	延长县、延川县、子长县、安塞县、志丹县、吴旗县、甘泉县、富县、洛川县、宜川县、黄龙县、黄陵县
	榆林	神木县、府谷县、横山县、靖边县、定边县、绥德县、米脂县、佳县、吴堡县、清涧县、子洲县

注：行政区划分依据《陕西2009年统计年鉴》。

这些"点"也就是"二线三岸"辐射轴线的具体连接点，这些点有明确的自然地理位置，在以西榆高速与西康高速"二线"形成的南北纵轴上分别分布以下各"点"：西安、三原县、泾阳县、铜川市（耀州区、王益区、印台区）、宜川县、黄陵县、洛川县、富县、甘泉县、延安市、安塞县、靖边县、横山县、榆林市；柞水县、镇安县、旬阳县、安康市区、紫阳县。

以渭河、延河、汉江"三岸"形成的东西三条横轴上分别分布以下各"点"：宝鸡市区、眉县、杨凌区、武功县、咸阳市区、泾阳县、高陵县、渭南市区、华县、华阴市、潼关县；志丹县、安塞县、延安市区、延长县；汉中市区、城固县、洋县、石泉县、紫阳县、安康市区、旬阳县、白河县。

以上"二线三岸"所形成的各点有不断聚集效应，形成"增长极"的作用；点的内部存在不同的特点和功能；点的社会经济发展水平对地域体育发展有着直接的影响。

在一定区域范围内，连接点与点的线称为"轴线"，轴线一般不能脱离结点而单独存在，轴线是点的连接通道，是点与点联系的纽带。发展轴线形成以后，位于轴线上的点会因为发展通道的打通使各点的全民健身事业、体育产业、地域体育文化和体育信息等发展条件的改善而加速发展，发展点的规模不断增大，轴线规模随之扩大，最后形成分布有序、不同层次结构而又相互联系的陕西地域体育点·轴发展空间布局，带动陕西地域体育发展网络可持续发展。

轴线是一个地域内体育发展相互影响、相互促进、相互交流的通道，也是体育活动发展空间的基本条件。以西安—榆林、西安—安康两条高速公路形成的南北快速交通纵轴线是陕西地域体育发展过程中全民健身均衡发展、体育产业重点突破、地域体育文化传播、体育信息交流的大通道；以渭河、延河、汉江为轴心形成的三条依托自然山水的绿色横轴线是开展地域传统体育项目与绿色时尚体育健身的平台。

通过"点"的聚集效应与轴线的连接形成"二线三岸"点·轴系统，可以科学地处理好陕西地域体育资源集中与分散、公平与效益、从不平衡发展到较均衡发展之间的关系。充分发挥"合力"

和整体优势，促进陕西地域体育快速、可持续发展。

（二）单辐射模式

单辐射模式是"一圈二线三岸"地域体育发展模式的有效补充，一些地域或轴线上的城市体育资源单项优势明显，具有较大的辐射效能，成为一个地区的核心，形成"单核"辐射模式。①"一圈二线三岸"地域体育发展模式单辐射模式主要包括：关中以"西·咸一体化"都市体育圈为核心向外辐射；陕南以安康、汉中为核心向外辐射；陕北以延安、榆林为核心向外辐射。

单辐射模式发展的主要思路与布局如下：

（1）关中以"西·咸一体化"都市体育圈为中心融合交通、人文与山水自然资源向外辐射（见图1-5）。

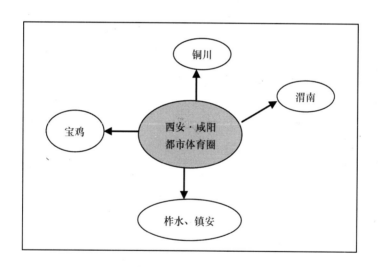

图1-5 西·咸一体化都市体育圈单辐射模式图

（2）陕南依托中心城市（汉中、安康），结合交通、山水自然体育旅游资源向外辐射（见图1-6）。

---

① 杨荣斌：《区域旅游合作结构模式研究》，《地理与地理信息科学》2005年第5期。

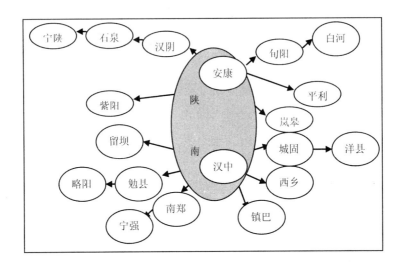

图1-6 陕南单辐射模式图

（3）陕北依托中心城市（延安、榆林），结合交通、黄土风情与红色体育资源向外辐射（见图1-7）。

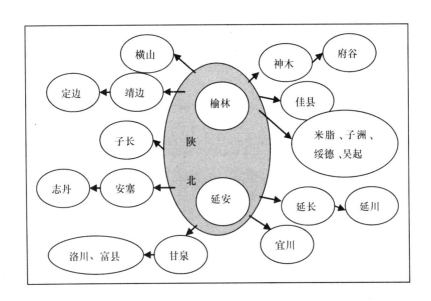

图1-7 陕北单辐射模式图

（三）双核联动辐射模式

在"2009 中国西安城市发展高层论坛"上，中国社会科学院发布的《加速转型 科学发展——以城市新中心建设为突破口促进西安又好又快发展》主题报告。指出西安在"双中心"格局形成后，在未来的空间拓展上还应该树立"一体化"的布局思路。报告提出，应当注重培育以西安为中心的规模作用，迅速提升城市化水平。西安以往的城市发展模式基本属于"单中心"（以古城为中心）城市格局，在古城墙以内聚集了大量的政治和经济资源，要素高度聚集特征十分明显。在功能区域布局上，西安城北地区缺乏优势要素聚集，一直属于发展空间里的"弱势群体"，南强北弱的格局长期得不到改善，这种格局严重制约了西安城市化水平和城市规模经济的发挥。随着国家级西安经济技术开发区的崛起及城北各大经济板块的共同作用，城北地区快速发展。特别是西安市行政中心的北迁，将为西安城市新中心的形成起到引领作用，西安的城市中心也将从"单中心"发展成为"双中心"格局（古城和新城市中心）。[1]

两个地位和等级相当的区域，可以形成市场共轭或资源互补或两者兼而有之的合作关系，形成双核联动模式。[2] 随着西安城市发展"双中心"形成，为"西·咸一体化"都市体育圈的建设与发展途径指引了方向。因此，"西·咸一体化"都市体育圈在体育资源配置、体育产业发展、全民健身推进、体育文化交流应以双核（古城、新城）中心圈层联动、互补与合作向西安周边地区第二圈层辐射，再由第二圈层和咸阳对接形成"西·咸一体化"都市体育圈的第三圈层（见图 1-8），从而形成"一圈二线三岸"陕西地域体育发展模式的中心圈层，即"一圈"。

---

[1] 资料来源：《中国社科院发布主题报告——打造城市双中心，构建大西安格局》，《西安晚报》2009 年 6 月 22 日。

[2] 梁雪松：《区域旅游合作开发战略研究》，科学出版社 2009 年版，第 159 页。

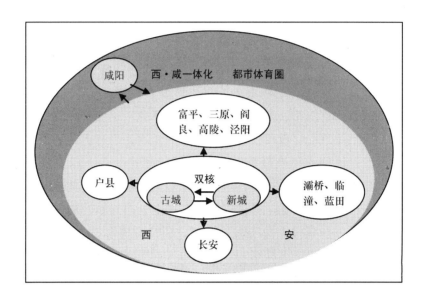

图 1 - 8　双核联动辐射模式图

（四）三核联动区域合作模式

陕西地理结构分为三大地域，这三大地域是关中、陕南、陕北，从而形成三个不同的核心地域。

地域合作是"一圈二线三岸"地域体育发展模式的重要组成部分。根据系统论的基本思想，可以把陕西地域体育发展的三大地域合作视为一个系统的、有机的整体，运用系统论的理论研究陕西地域体育地域发展合作模式、地域体育资源配置与开发利用、地域体育可持续发展、地域体育发展规划及管理以及相关政策等问题，目的在于揭示陕西地域体育发展区域合作的内在联系与外部环境之间的规律性。从整体上总揽全局，把握陕西地域体育区域合作的发展方向，进行合理空间布局和各要素配置，协调三大区域体育发展的各种关系，实现陕西地域体育可持续发展。

地域合作是地域空间内各种资源相互作用的系统工程，是运用社会工程学将不可观察的社会现象通过一系列手段转化为可观察、可计量的过程，通过设计与规划形成合理的体育地域合作发展模式。在陕西地域体育发展过程中，如图 1 - 9 所示，各级政府是合作的主体，关中、陕南、陕北三大地域是合作的具体实施者，政府通过政策引导建立协调机制与合作机制使三大地域的体育资源合理、有序地交流，体育合作资源主要包括体育旅游、体育产业、全民健身、地域传统体育项目开发及体育文化交流。

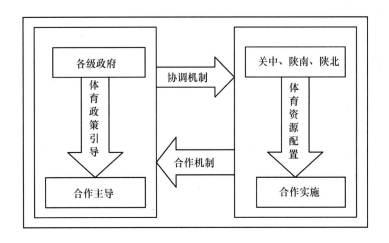

图 1-9　区域合作模式图

随着西安—安康、西安—榆林两条高速公路的相继开通，到陕南与陕北旅游人数逐年递增。尤其以关中为中心向陕南辐射，陕南自然山水形成了绿色、健康、时尚的体育休闲娱乐的旅游发展模式；陕北依托红色旅游与沙漠和湖泊自然旅游资源的体育旅游开发，形成延安以红色体育旅游为重点，生态体育旅游为辅，榆林以生态体育旅游为重点，历史、革命遗址为辅的区域体育旅游产业发展模式的基本结构。总之，依托快速的交通干线和地域体育文化交流，充分发挥本地域的优势资源，实现三地体育旅游资源共享、共同开发、相互合作的发展方式是陕西地域体育旅游产业发展模式的最佳选择，使体育旅游成为体育产业的助推器，从而带动陕西体育产业快速发展。

全民健身是一项公益性事业，开展地域合作是全民健身事业可持续发展的主要途径之一，陕西省全民健身要在省体育局的统一领导下促进公平，保证公益性，通过地域合作使关中、陕南、陕北三地的全民健身均衡发展，保证广大人民群众人人都能享受到全民健身事业的发展成果，提高健康水平，促进陕西社会经济快速和谐发展。各地政府要加强政策引导，促进陕西地域之间在全民健身工程建设、全民健身活动组织实施与宣传、全民健身组织体系建设等方面进行全面合作与交流。全民健身的发展状况已经成为地域体育发展的"晴雨表"，全民健身服务体系的建立是全民健身发展的高级阶段，也是全民健身顺利实施的根本保证，没有完善的全民健身服务体系，全民健身将缺少一翼。在保证全民健身公益性的基础上，通过地域合作，全面系统地构建陕西省全民健身服务体系，促进陕西实施西部体育强省战略的整体推进与稳步实施。

陕西三地体育发展条件与传统体育项目具有一定的共性，相互借鉴，相互影响，发掘共性，促进合作。根据地域传统体育项目的特点和传统体育项目开展条件实施跨地域合作，开展传统体育项目交流大会，把传统体育项目的民俗性、娱乐性、竞技性融为一体。以地域传统体育项目为载体，实现地域体育文化合作与交流，建立地域体育文化合作区，定期组织关中、陕南、陕北地域体育文化交流。

（五）"一圈二线三岸"地域体育发展模式空间结构

以点·轴开发、单向辐射、双核联动辐射模式、三核联动的区域合作为基础而形成的"一圈二线三岸"地域体育发展模式是陕西地域体育发展适时的、最佳的选择。因此，以"西·咸一体化"都市体育圈为中心，"二线"（西安至榆林，西安至安康）快速交通干道形成辐射南北纵轴为纽带，"三岸"（渭河沿岸、汉江沿岸、延河沿岸）与相应中心城市及山水自然资源融合的三大核心地域联动发展构成"一圈二线三岸"地域体育发展的空间结构与布局（见图1-10），是推动陕西地域体育发展的原动力，是迈向西部体育强省的加速器。

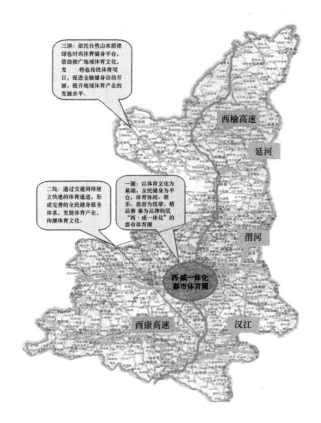

三岸：依托自然山水搭建绿色时尚体育健身平台，借助推广地域体育文化，发展特色传统体育项目，促进全民健身活动开展，提升地域体育产业的发展水平。

西榆高速

延河

二线：通过交通网络建立快速的体育通道，形成完善的全民健身服务体系，发展体育产业，传播体育文化。

一圈：以体育文化为基础，全民健身为平台，体育休闲、娱乐、旅游为纽带，精品赛事为品牌构筑"西·咸一体化"的都市体育圈。

渭河

西·咸一体化
都市体育圈

西康高速

汉江

图 1-10 "一圈二线三岸"地域体育发展模式空间结构与布局图

第五节 陕西地域体育发展模式时序特征及目标

一 "一圈二线三岸"地域体育发展模式时序及特征

陕西地域体育发展涉及多方面的内容，三大不同地域结构复杂，类型多样，不同地域特点也各不相同。"一圈二线三岸"地域体育发展空间布局如何开展，正确选择合理的发展时序是陕西体育事业稳步推进和可持续发展的关键。从空间布局发展而言，首先以"西·咸一体化"都市体育圈为核心重点发展，辐射宝鸡、渭南、铜川等关中地区。然后依托南北快速的交通干道纵轴辐射陕南、陕北，其次是以3条河流形成的横轴。总之，以圈为主、轴为辅，一级轴线优先发展，然后是二级轴线，再由轴线上的中心城市向外辐射；从发展内容而言，体育旅游优先发展，从而带动体育产业大发展，全民健身稳步推进，继续发掘地域传统体育项目，大力宣传地域体育文化（见表1-3）。充分体现体育资本、资源、信息等在圈内与点轴上的集中和动态流动。通过"一圈二线三岸"地域体育发展布局与合理的发展时序构建，促进陕西地域体育可持续发展，实现陕西西部体育强省战略。

表1-3　　"一圈二线三岸"地域体育发展时序及特征概要表

分类	类型	时序	特征
一圈	西·咸一体化都市体育圈	全民健身场地建设及活动开展、地域体育文化传播与交流以及体育旅游与体育产业发展都应借助西安由单中心向双中心城市（古城和新城两个中心）拓展路径，逐步向西·咸一体化推进。以此加快西·咸一体化都市体育圈的发展进程与核心地位，对陕西地域体育发展起到带动和辐射作用	依托西安古城和新城两个中心辐射进一步促进了西·咸一体化的发展，提高了城市的承载力，加速工业化和城市化进程，充分发挥大西安经济社会中心功能，为西·咸一体化都市体育圈发展奠定了坚实的基础，带来了难得的发展机遇，进而辐射带动全省地域体育大发展。为此"一圈"具有中心特征，圈内形成聚集效应
交通轴线（二线）	1. 西安—榆林高速公路轴线 2. 西安—安康高速公路轴线	全民健身工程建设在2006年农民工程"二线"建设的基础上以西安为中心分别沿着两条高速公路纵轴线逐步向陕西南北推进，轴线优先发展，其次以轴线上的中心城市向外辐射。依托交通快速干道形成全民健身活动，地域体育文化相互交流，促进体育产业与体育旅游由内向外辐射	以圈为中心，纵轴辐射，高效畅通，建立快速的地域体育通道，加强地域互动，增加交流，促进体育旅游、休闲、娱乐一体化，实现地域体育文化与全民健身的交流与融合

分类	类型	时序	特征
河流轴线（三岸）	1. 渭河轴线 2. 延河轴线 3. 汉江轴线	依山傍水，山水相互依托，河流山川横轴同时、同级发展，其次形成轴线上的中心城市向外辐射。依托山水资源开发有特色的体育旅游项目，形成绿色时尚的体育健身方式，带动体育旅游健身产业发展	"三河"具有丰富的水资源，尤其是汉江水质很好，延伸跨度大，两岸依山傍水，有利于开展各种水上体育旅游健身娱乐项目

注：表中的部分内容参考了"西安城市空间拓展路径示意图"（《中国社科院发布主题报告——打造城市双中心，构建大西安格局》，《西安晚报》2009 年 6 月 22 日）；方创琳：《区域发展战略论》，科学出版社 2002 年版，第 61—63 页。

二 "一圈二线三岸"地域体育发展模式总体目标

坚持以科学发展观为指导，以改革促发展，积极推行陕西体育体制改革和运行机制转变。充分发挥陕西地域体育资源优势，以"一圈"为中心，"二线三岸"为辐射。把提高全省人民的身体健康素质放在首要位置，努力形成比较完善的全民健身体系，促进全民健身工作实现新的突破与提高。以亲民、便民、利民为宗旨，坚持开展全民健身活动与全民健身工程建设并举的原则，积极构建多元化的全民健身服务体系；加快体育产业发展进程，积极培育体育市场，扩大体育消费，制定体育产业发展的政策与措施，按照资源配置与地域优先发展的原则大力扶持体育旅游业的发展；弘扬和推广地域传统体育项目，积极促进地域体育文化交流与合作；坚持依靠科技，重视人才，切实加强体育法制建设，逐步健全和完善体育法规体系；切实推进"一圈二线三岸"地域体育发展模式的建设进程，努力把陕西建设成为西部体育强省。

三 "一圈二线三岸"地域体育发展模式阶段目标

（一）第一阶段（近期目标 2012—2014）

——地域体育旅游与体育产业"点·轴"要素初步形成，首先，"西·咸一体化"都市体育圈要成为关中地区体育旅游与体育产业发展的集化区；其次，陕北、陕南采取"以点沿轴"推进体育旅游与体育产业发展。重点构建关中、陕北、陕南地区核心体育产业项目。

——发掘整理传统体育项目，使关中、陕南、陕北三地地域体育文化各自独立规划，突出特色，齐头并进，保持各地区之间平衡发展。

——继续沿"二线三岸"建设农民体育健身工程，初步形成全民健身服务体系的基本框架。

——抓住"西·咸一体化"发展的战略机遇，迅速启动"一圈二线三岸"地域体育发展模式相关的建设内容，继续保持西部地域体育竞争力的优势，依托政府主导，资金支持，社会配合，加大建设力度，努力改变影响陕西地域体育竞争力的不利因素。

（二）第二阶段（中期目标 2015—2017）

——地域体育旅游与体育产业发展进入点·轴扩散化阶段，采取"点轴结合、带动全面"的战略，"二线三岸"形成点轴结合，带动体育产业快速发展。同时，优势地域形成体育旅游与体育产业品牌，各地形成特色，带动地域经济发展。

——各地推广本地传统体育项目，促进地域体育文化以"线"聚"点"，以"点"带"面"发展布局，依托西康高速、西榆高速，汉江、渭河、延河沿岸轴线进行全省覆盖，地域间相互学习与促进，加强省内地域间体育文化交流。

——全民健身工程在加大政府投入的同时，要充分利用体育彩票公益金增强全民健身工程建设的力度，进一步完善全民健身服务体系。

——稳步推进"一圈二线三岸"发展模式的建设进程，形成全方位的竞争优势，主导西部地域体育发展方向，向西部体育强省迈进。

（三）第三阶段（远期目标 2018—2020）

——体育旅游与体育产业步入成熟期，区域发展一体化，体育消费需求旺盛，体育市场成熟，体育旅游与体育产业对当地经济具有强劲的拉动作用，各地域体育产业相互协作，发展均衡。

——传统体育项目全面推广，相互融合。三地地域体育文化形成和谐统一、合作与交流范围进一步扩大，"一圈二线三岸"陕西地域体育文化稳步推进与全面发展。

——在陕西地域体育发展过程中，认真贯彻落实《陕西省全民健身条例》，依法推进全民健身服务体系建设，形成完善的、多元化的全民健身服务体系。

——进一步巩固"一圈二线三岸"地域体育发展模式的建设成果，以西部体育强省的姿态主导西部地域体育发展进程，形成优势竞争力，带动西部地域体育发展，为缩短东、西部地域体育发展差距作出应有贡献。

四 "一圈二线三岸"发展模式战略布局及内涵

在统筹考虑"一圈二线三岸"发展模式空间布局的基础上，结合当前陕西地域体育发展机遇与战略目标，要形成突出"一圈"、打造"二线"、强化"三岸"、构建"四大主题"的战略布局。

——"一圈"战略内涵（西·咸一体化都市体育圈）：以体育文化为基础，全民健身为平台，体育休闲、娱乐、旅游为纽带，精品赛事（如 F1 摩托艇世锦赛、西安城墙国际马拉松赛、中国两岸三地华山绝壁攀岩挑战赛等）为品牌构筑"西·咸一体化"都市体育圈的发展战略布局。在人文与自然旅游资源的基础上结合体育项目的开发，促进体育旅游的发展，拉动圈内体育经济，带动体育产业发展，打造西安、咸阳体育旅游一体化的地域体育经济发展模式。

——"二线三岸"战略内涵：以"一圈"为核心，"二线三岸"向外辐射，通过"二线"建立快速的体育通道，依托"三岸"山水自然资源形成绿色时尚的体育健身项目，借助发掘推广地域特色的传统体育项目，促进"二线三岸"地域体育文化交流。由此形成各具特点的辐射陕南、陕北的陕西地域体育发展模式。

——四大主题内涵：（1）加快"西·咸一体化"都市体育圈建设进程。（2）大力发展体育旅游，促进体育产业快速发展。（3）努力构建比较完善的、多元化的全民健身服务体系。（4）依托传统体育项目，积极开展地域体育文化交流。

第六节　陕西地域体育发展模式
战略目标实施对策

依据实施西部体育强省的战略目标与"一圈二线三岸"发展模式，从空间布局与发展战略布局角度，科学、合理地规划"西·咸一体化"都市体育圈；体育产业与体育旅游发展，发掘地域传统体育项目，促进地域体育文化发展；全面构建全民健身服务体系，提出相应的战略规划应对策略。

一　依托西安、咸阳的中心地理位置与优越的经济条件，把握发展战略机遇，全面、系统构建"西·咸一体化"都市体育圈

西·咸经济一体化、关中—天水经济区相继批准与建立是"西·咸一体化"都市体育圈建设与发展的重大战略机遇。"西·咸一体化"都市体育圈是"一圈二线三岸"地域体育发展模式的中心，对陕西地域体育发展具有带动辐射作用，促进陕西地域体育快速发展。因此，对"西·咸一体化"都市体育圈的发展要统一规划，合理布局，形成有效、可行的战略规划及对策：第一，成立"西·咸一体化"都市体育圈相应的工作机构，加强沟通衔接，建立健全高效、务实、顺畅的协调推进机制、规划落实机制和共建合作机制，积极探索利益共享、共赢的体育发展新模式。第二，建立完整的、科学的"西·咸一体化"都市体育圈体育产业发展规划体系。落实体育产业发展规划以及全民健身、体育旅游、体育赛事及体育健身休闲业发展规划。把构建"西·咸一体化"都市体育圈纳入"西·咸经济一体化"的建设内容当中，并作为"十二五"体育事业发展规划的重要内容。第三，优化空间布局和体育资源配置，全面提高一体化都市体育圈的建设质量和发展速度及效率。促进优势互补，实现两地体育资源共享。两市在体育产业合作和体育基础设施建设与管理上协调和进行深层次合作，形成利益共享的合作共建机制。第四，建立体育健身娱乐业统一的行业管理规范。加快体育文化旅游资源整合，做到优势互补，资源共享、客源互动，共同开发体育旅游市场与体育旅游产品。两地共同运营和策划，降低体育赛事运营成本，承办高水平的国际国内体育赛事。第五，政府引导，形成多元化投资格局和体育经营模式。整合、优化现有体育资源，集聚体育产业要素，积极引进、打造一批从事高端体育用品研发、生产和体育服务的龙头企业。第六，系统构建"西·咸一体化"都市体育圈全民健身服务体系，积极推进"一圈二线三岸"陕西地域体育发展模式的建设进程。

二 政府主导，政策引导，充分发掘地域传统体育项目的价值，加强地域体育文化宣传、交流与合作，促进地域体育文化活动蓬勃开展。构建符合陕西地域体育文化生存与可持续发展的、有效的长远性战略规划及模式

陕西地域传统体育项目内容丰富，地域体育文化原始积淀厚重，它涵盖了竞技、娱乐、民族、地域等方面内容，具有较强的艺术观赏性、趣味性与健身性，反映了各地域不同的历史文化特点。地域传统体育项目的传承与保护以及地域体育文化交流对促进地域体育发展起到巨大的推动作用。因此，对地域传统体育项目与地域体育文化传承与发展必须做到科学布局，形成有效的战略规划对策：第一，地方政府应根据本区域传统体育发展需要，将富有地域特色的传统体育项目列入地方性文化法律保护范畴或政府规章的保护范围之内，使陕西传统体育项目的传承、发展有法可依、有规可循。第二，全面开展对传统体育项目传承人的保护及培养、培训工作。第三，加强体育文化设施建设，构建地域体育文化发展体系，促进地域体育文化活动开展与交流。第四，加大资金投入的力度，建立民间传统体育组织体系。第五，传统体育项目进校园，以学校为重点培育传统体育项目后备人才。第六，充分利用现代通信技术，依托电视、网络等媒体大力宣传传统体育项目的健身娱乐功能，促进地域体育文化交流与融合。

三 完善全民健身服务体系，形成多元化的体系结构，促进全民健身事业持续、稳步、快速发展

全民健身服务体系构建是实施《全民健身计划纲要》创新措施，适应时代和社会发展的客观要求，是推动城市社区与农村乡（镇）全民健身建设的有效载体。全民健身的发展状况已经成为地域体育发展的"晴雨表"，全民健身服务体系的建立是全民健身发展的高级阶段，也是全民健身顺利实施的根本保证，没有完善的全民健身服务体系，全民健身将缺少一翼。依托全民健身，构建以"西·咸一体化"都市体育圈为中心，"二线三岸"形成辐射的全民健身服务体系是陕西地域体育发展的重点。在西部体育强省战略目标的指引下，要形成健全、完善、多元化的全民健身服务体系，就必须准确把握全民健身服务体系的基本内容与发展对策：第一，继续加大全民健身工程与农民体育工程的建设力度。第二，通过政策引导，积极拓宽各种渠道，吸引更多的社会资金投入到全民健身中来。第三，加强体育法治建设，进一步完善《陕西省全民健身条例》。第四，面向基层，开展形式多样的全民健身活动与体育文化交流，提高广大人民群众的健身、健康意识。第五，整合乡（镇）文化体育资源，将全省乡（镇）一级"文化工作站"更名为"文体工作站"，并赋予指导当地农民群众开展全民健身的工作职能，为下一步建立村级体育指导站或文体站奠定基础。第六，依托国民体质监测体系，加大监测人群的数量。第七，逐步实现社会体育指导员队伍科学化、规范化管理。

四 抓住机遇，制定体育产业发展战略规划，形成地域体育产业发展模式，完善发展策略，进一步促使体育产业在西部大开发的进程中加速发展

陕西社会经济快速发展，相继实施的"西·咸经济一体化"大

都市圈发展战略、"关中—天水"经济开发区、西安国际化大都市发展战略,为体育产业新一轮规划提供了诸多契机。为此充分利用优越的产业发展禀赋,陕西新一轮经济发展机遇,构建体育产业规划发展对策:第一,理顺体育产业监管对象或主体,划清体育事业单位与体育产业单位的界限,强化体育产业化管理、促进体育管理体制的改革。第二,积极鼓励体育产业投资主体多元化,以财政税收等政策杠杆,推动体育产业发展;鼓励发展得较好的企业进入资本市场,获取更多的资金,为产业发展打下更坚实的基础。第三,改善体育场馆建设理念,加大居民设区配套场馆和场地建设。第四,培育体育中介,规范体育中介,盘活体育市场。第五,完善和培育体育要素市场,为体育产业持续稳定发展夯实和奠定后备基础。第六,培养以大学生为主体的人才要素参与者和宣传者。第七,多管齐下,做大做强体育制造业,发展体育竞技表演业,开展体育旅游休闲业,普推体育健身业,继续开展体育彩票业。第八,加强体育人才培养,培养既懂体育又懂经营管理的体育高层人才。第九,广泛培养体育从业人员,形成金字塔式,泛中取精的人才选拔机制。第十,重视体育社会科学研究。

五 充分发挥科教优势,培育高水平的体育科研项目,是实施西部体育强省的战略举措

科学研究是形成理论的先导,理论又是实践的基础,研究成果是科学研究的最终形式,陕西的高等教育与科技实力在全国名列前茅,充分发挥科教资源的现实优势与潜在优势,依托科技实施西部体育强省战略的重要举措:第一,借助现实与潜在的科研人力资源,加大体育科研的投入力度,提高体育科学研究水平与研究质量。第二,着力引进和培养高水平的体育科研人才,提升体育科研的能力与水平,力争更多高水平的科研课题。第三,要充分发挥西安体育学院与陕西师范大学体育学院等高等院校的研究条件与人才优势,体育行政主管部门要主动出击,通过政策引导,调动体育科学研究的积极性。第四,体育行政管理部门要高度关注体育科研成果，把研究成果同体育发展实践结合起来，促进陕西体育西部强省战略实施。

六　全面分析，准确把握竞争实力，大力推进"一圈二线三岸"地域体育发展模式的建设进程，积极寻求实现西部体育强省切实可行的战略途径，提升陕西地域体育竞争力综合发展水平

通过对西部地域体育竞争力综合发展水平进行全面研究与系统分析，结果表明：陕西省体育事业及全民健身取得了较快的发展，但是体育实践创新与体育综合竞争力发展水平同沿海开放省份以及西部的兄弟省份相比还有一定差距，这种滞后既有经济因素，也有理论研究与实践创新缺乏等因素。在新时期，从西部大开发的角度与陕西省政治、经济和社会发展的需要出发，对陕西地域体育发展要采用系统规划、逐步实施、分阶段推进陕西"一圈二线三岸"地域体育发展模式的建设进程。通过陕西地域体育发展模式的创新与实践，为其他西部省份地域体育发展提供借鉴，为西部大开发的体育事业做出应有的贡献，促进陕西体育事业可持续快速发展，实现西部体育强省战略。

小结

陕西是中华民族文明的重要发祥地，历史悠久，文化底蕴厚重。改革开放以来，陕西整个社会的政治、经济、文化快速发展。陕西省体育事业也得到了快速发展，体育实力与综合发展水平稳居西部前列，群众的体育健身设施得到明显改善。但是人民群众精神文化生活需求不断增强，经济发展和社会进步对陕西体育事业发展提出了更高的要求。

陕西作为西部大开发的"龙头"，在新的历史时期，探索陕西体育事业如何以一种更好、更快、可持续的方式发展，并通过实践形成地域体育发展新模式，促进体育事业发展，推动全民健身更上一层楼，为西部大开发的体育事业做出应有的贡献。因此，从西部大开发的角度与陕西政治、经济和社会发展的需要出发，陕西地域

体育发展模式研究具有重要的理论与实践意义。

陕西地域体育发展模式是陕西社会、政治、经济、文化发展中的一个重大战略问题，陕西地域内部特殊的空间结构和社会特征决定了陕西地域体育发展模式特殊性、层次性和发展模式的多样性，地域体育发展问题不可能用一个单一的规律来阐述，也不可能用一个绝对统一的模式去实施。在现阶段，"一圈二线三岸"体育发展模式是陕西体育发展模式最佳的必然选择。

"一圈二线三岸"地域体育发展模式是以科学发展观统领陕西地域体育发展全局，以实施西部体育强省战略为主线，以体育文化为基点，地域特色传统体育项目发掘整理为线索，体育旅游促进体育产业大发展为依托，全民健身为契机，抓住"西·咸经济一体化"与"关中—天水经济区"所带来的发展战略机遇。依据地域空间结构特征，遵循系统发展、集中优势、重点突破、联动互动的基本原则。结合陕西政治、经济、文化和社会发展的实际，首先分析了"一圈二线三岸"地域体育发展模式构建机遇与实践基础。在地域体育发展模式构建基本理论指导下，探讨了"一圈二线三岸"地域体育发展模式空间结构，发展时序及特征；依据科学发展的指导思想，提出依托"一圈二线三岸"地域体育发展模式，建设西部体育强省总的战略目标；围绕实现总的战略目标，对"一圈二线三岸"地域体育发展模式战略布局及内涵进行了全面的剖析；最后就"一圈二线三岸"地域体育发展模式战略目标实施提出了完整的战略规划对策。

总之，研究从多角度、全方位、系统地构建了陕西"一圈二线三岸"地域体育发展模式，形成了较为完整的理论体系，对推动陕西地域体育可持续、快速发展，努力建设西部体育强省具有一定的参考价值。

第二章 发展模式中心点：西·咸一体化都市体育圈的构建

第一节 "西·咸一体化"都市体育圈构建理论及意义

陕西省是连接中国东、中部地区和西北、西南的交通枢纽，在国家实施西部大开发中具有举足轻重的战略地位。随着中国城市化率接近50%，城市群之间的竞争必然成为21世纪的竞争焦点。在国家西部大开发和陕西省"一线两带"建设的大背景下，为增强地域竞争力，实现优势互补和共同发展，2002年12月，西安和咸阳两市市长签订了《西安·咸阳经济一体化协议书》，从规划同筹、交通同网、信息同享、市场同体、产业同步、科教同兴、旅游同线、环境同治8个方面全方位立体化融合。2004年9月，两市共同制定了《西安·咸阳经济一体化战略规划纲要》，2008年，经国务院审议通过的《陕西省城镇规划》中对于西安都市圈的范围进行了界定，其范围包括西安市9区4县和杨凌示范区，以及咸阳市秦都渭城两区、兴平市和乾县、礼泉、泾阳、三原、武功5县。2009年6月，国务院发布了《关中—天水经济区发展规划》，提出加快推进"西·咸一体化"建设，着力打造西安国际化大都市。未来的西安，将形成南融北跨、东拓西接、山水城塬一体、渭河横贯城中的西安大都市发展新格局。并将成为国家重要的科技研发中心、地域性商贸物流会展中心、地域性金融中心、国际一流旅游目的地以及全国重要的高新技术产业和先进制造业基地。这些千载难逢的机遇为陕西打造西部体育强省、促进地域城市群的体育竞争力、带动陕西体育事业的发展搭建了良好的平台。

近年来，随着全民健身活动的蓬勃发展，城乡群众体育健身设施进一步改善，经常参加体育锻炼的人口已达1400万，占到总人口的38%。[①]"全民健身日"万人健步行活动、"万人千村"农民篮球赛、国民体质监测三秦行等大型群众体育活动直接参与群众达数十万人。2009年，中国足球、篮球联赛西安赛区主场全年共有二十多万人次现场观赛，创下西安"金牌球市"的美誉。但是陕南、陕北、关中地区由于各方面原因，形成了地域体育发展不均衡、项目单一、市场不完善、体育产业薄弱、对外没有形成一定的地域竞争力。西安是陕西的省会城市，作为陕西科技、文化、政治和经济中心，没有发挥出应有的带动和辐射作用。所以，在国家实施西部大开发和《关中—天水经济区发展规划》的历史机遇下，结合陕西政治、经济和社会发展的需要，提出了"一圈二线三岸"地域体育发展模式的理论框架。一圈是指"西·咸一体化"都市体育圈；二线是指西安到榆林的高速公路与西安到安康的高速公路沿线；三岸是指汉江沿岸、渭河沿岸、延河沿岸。

"西·咸一体化"都市体育圈是在《关中—天水经济区发展规划》和"西·咸经济一体化"实施的大背景下，以及"一圈二线三岸"地域体育发展模式的理论框架指导下，通过对西安和咸阳两市的社会经济状况、区位优势、交通网络状况，以及体育产业发展现状、全民健身活动的开展状况进行细致而全面分析的基础上，提出"西·咸一体化"都市体育圈构建的指导思想、总体框架、圈层结构和发展途径。"西·咸一体化"都市体育圈的构建是"一圈二线三岸"地域体育发展模式的重要组成部分，对于陕西地域体育事业的发展具有重要的推动作用，对于西部其他具有相似地域特征的

---

① 王戈华：贯彻落实《全民健身条例》座谈会在西安召开，《陕西日报》2010年7月8日。

省市具有一定的理论借鉴作用。

一 "西·咸一体化" 都市体育圈的理论界定

都市体育圈是指在都市圈范围内，以体育为载体，依托环境资源建立的具有休闲、健身、娱乐、知识、参与等功能的体育场所、设施、条件等所组成的圈层结构，及其体育功能扩散和影响所及的体育范围。[①]

"西·咸一体化" 都市体育圈，是指借助 "西·咸一体化" 的发展机遇，依托西安和咸阳城市体育文化，整合两市的体育基础设施和布局，以及历史文化资源、旅游、健身、休闲、娱乐等人文和自然资源，共同发展都市圈的体育事业。形成以建设沣渭、泾渭体育产业园为龙头，以体育赛事和体育旅游业为两翼，以体育信息网络一体化、学校体育一体化、全民健身一体化为辅助的发展格局。使体育产业成为推动西安国际化大都市建设的重要支柱。"西·咸一体化" 都市体育圈的独特优势在于优越的地理位置、雄厚的科技力量、相对较好的经济基础和相当深厚的历史文化积淀。

2010 年，陕西省政府颁布了《关于加快西部体育强省建设的意见》（陕政发〔2010〕56 号）、《关于加快发展体育产业的意见》（陕政办发〔2010〕116 号），对加快发展体育事业和体育产业做出了重要战略部署。意见要求进一步深入推进西部大开发，加快关中—天水经济区建设步伐，打造西安国际化大都市，实现建设西部体育强省的战略目标。"西·咸一体化" 则是关中城市群建设的重要内容，是推进陕西省区域协调发展的一项重要举措。"西·咸一体化" 都市体育圈的构建对于提升两市的体育基础设施建设，增强竞技体育综合实力，满足两市城镇、农村居民的健身、休闲、旅游和娱乐等需求，推进全民健身服务体系的形成，具有重要的促进作用。同时也是满足人民群众日益增长的体育、文化、休闲、娱乐等

---

① 任平等：《都市体育圈：概念、类型和特征》，《武汉体育学院学报》2006 年第 4 期。

方面的精神需求的必然趋向。通过构建"西·咸一体化"都市体育圈优先使关中地区率先发展，起到辐射陕南、陕北的作用。使陕西的体育事业向更高水平、更深层次发展，推进陕西地域体育竞争实力，实现群众体育、学校体育、竞技体育及相关体育产业跨越式发展，形成陕西地域体育发展的中心，充分发挥核心带动作用，具有重要的现实意义和深远的历史意义。

二　"西·咸一体化"都市体育圈构建意义

21世纪，城市之间的竞争是不同地域之间的竞争，也就是城市之间根据地域、环境、文化等因素的融会贯通聚集成立大都市圈，来增加城市的综合发展水平和竞争力，推动城市现代化建设进程和城市品牌影响力。都市圈，有人称为"都市经济圈"或"都市连绵区"，通常是指由若干城市集聚而成的高密度经济区域，在空间上表现为由大运量的高速通道联结的、庞大的、多核心、多层次的城市群。[①] 1950年，法国地理学家戈特曼提出"大都市圈"的概念，国内学者在90年代初开始研究都市经济圈的理论。2006年，上海交通大学中国都市圈发展与管理研究中心选取了国内非农业人口200万人以上的20个城市作为中心城市，最终确定为18个都市圈。西安都市圈名列其中，经过23项具体指标的评定，上海、广州和北京位列前三甲，西安仅排在第17位。随着关天城市群的建设，国家的政策和资金流动将会继续向西部倾斜，陕西应该抓住这千载难逢的历史机遇，把建设西安国际化大都市置于重要的战略地位，西安都市群的综合竞争力将会进一步增强，从而在西部大开发中发挥重要的桥头堡和示范作用。

随着都市圈的不断发展，越来越多的体育届人士已经把构建体育圈作为促进城市经济发展的一个新的增长点。21世纪初，我国体育界开始关注具有中国地域特色体育圈的发展，并在一定程度上

---

① 王一鸣：《关注我国都市圈发展中的规划与战略问题》，《宏观经济管理》2005年第5期。

从理论和实践上都有了质的飞跃。从当前的理论研究特点看，主要分为两类：一类是对某一城市群发展基础上体育圈的研究，如珠三角体育产业圈、长三角体育圈、武汉城市群体育圈、辽宁中部城市体育圈；另一类是以某一大型自然景观为核心，其相邻城市所构建体育圈的研究，如环青海湖民族体育圈、环太湖体育圈、环东湖体育圈、龙潭湖体育产业园、西湖体育圈等。2008 年北京奥运会的巨大成功，使我国一跃成为体育大国，当前在由体育大国向体育强国迈进的进程中，如何使竞技体育、群众体育和学校体育和谐发展有许多切入点。但是从经济学的角度来看，体育资源配置仍是其核心问题。[①] 城市体育圈的构建应该根据城市远景规划，依据市场机制，按照经济发展的规律对城市体育资源从时间、空间上进行立体化布局。构建体育圈可以整合多方资源，避免重复建设，发挥各方面的合力，从而促进体育事业的发展，应该说不失为有效的发展模式之一。在我国行政区域划分严格的制度下，如何打破地域堡垒，跨地域、多部门联动协调形成城市体育圈，对于发展体育事业，构建体育与文化、体育与休闲、体育与人文、体育与旅游一体化的发展模式，提高全民健身服务水平、加大体育产业能力、提升地域体育事业的竞争力，具有重要的促进作用。

第二节 "西·咸一体化"都市体育圈构建的可行性分析

一 西安和咸阳历史同源、民俗相近、人缘相亲、地缘相近

咸阳、西安均为中国的历史文化名城，具有共同的历史发展渊源，咸阳在历史上曾是西安的"门户锁钥"，自古以来两个城市有着千丝万缕的联系。有 13 个王朝建都的古长安，就包含着西安和咸阳的共同历史。北魏孝文帝太和二十一年至民国时期，西安、咸

---

① 任海等：《论体育资源配置模式——社会经济条件变革下的中国体育改革》，《天津体育学院学报》2001 年第 2 期。

阳始终属于一个行政区域。在新中国成立后的历史中，有13年时间咸阳是纳入西安的。①　二者同处关中平原腹地，自然条件、社会事业、民风民俗均有相似之处。两市中心仅相距20余千米，在两市的衔接地带建成的世纪大道和奥林匹克花园等住宅群把两市居民紧密地联系在一起。这些相似之处为两市人民在社会心理与思想观念方面奠定了一体化融合的基础。

二　旅游业发展迅猛，社会经济基础雄厚，人们生活水平稳步提高，国民生产总量占据陕西总量的一半以上

近年来，两市旅游业发展迅猛，2009年西安市共接待海外旅游者672909人次，创汇3.9亿美元；接待国内游客3862万人次，国内旅游收入266.35亿元。咸阳2009年共接待国内外游客1256.8万人次，实现综合收入60.2亿元。2009年，陕西国内生产总值为8186.65亿元，人均生产总值21732元，按汇率折算超过3000美元（3005美元），西安和咸阳占陕西生产总值的53%，在陕西省各地市排名分列第1位和第2位。②　两市的电子信息业、光电子产业、机电一体化产业、装备制造业、现代生物与新医药产业、纺织业以及旅游业在全省都具有很高的产业聚集度和较强的市场优势，其中电子工业产值占全省的90%以上，已经形成全国最大的彩色显像管和偏转线圈生产基地及西北地区重要的软件研发基地，医药、纺织工业总产值占全省的72.1%。近年来，两市在产业发展中的合作日益紧密，特别是电子、医药、食品等产业领域，正在形成总部和研发基地在西安、生产制造基地在咸阳的格局，为两市经济一体化构建了产业基础。③　全年城镇居民人均可支配收入达18963元，农民人均纯收入6275元，西安市人均GDP为4737美元，意味着居

---

①　资料来源：网易，http：//huaweimei333.blog.163.com/。

②　资料来源：陕西省人民政府网，http：//www.shaanxi.gov.cn/0/1/65/365/369/79324.htm。

③　杨震：《西·咸经济一体化中合作型政府的建设》，博士学位论文，天津大学，2006年，第32页。

民消费已经从温饱型向小康型逐渐升级，步入享受型、发展型阶段。集休闲、娱乐、健身等功能为一体的体育越来越受到人们的青睐。2009 年，西安市人口总量 843.46 万人，咸阳市人口总量 500 万人，占陕西省人口总量的 35.6%。两市拥有众多的高等院校和科研院所，科教实力雄厚，各类人才聚集，经济技术合作广泛而密切。不少大中型企业跨市发展，互设总部，互建企业。一些高校的教学基地在西安，科技园区在咸阳，这种格局为两市发挥比较优势，合理配置资源有着很强的导向和推动作用。

三　西安和咸阳区位优势明显

西安与咸阳构成了新欧亚大陆桥陇海兰新经济带的复合经济中心，具有承东启西的区位优势，是西部地区极具发展潜力的城市。两市在地缘上有着全国其他城市无可比拟的优势。西安是陕西的政治、经济、文化中心，地处中国中西部的前沿，是西北地区最大的科技中心、金融中心和商贸中心。咸阳是国家立体交通的新枢纽，拥有国内六大航空港之一（西北最大的航空港和内陆港）——西安咸阳国际机场。建设"西·咸一体化"都市圈，是陕西省实施"一线两带"战略，带动全省经济跨越式发展的关键。随着西部大开发高潮的到来，西安、咸阳必然成为西北地区客商、资金和物资的集散地，"西·咸一体化"都市圈也将以其强大的经济实力与地位，成为西部地区的经济发展的集散地和辐射源，对西北 5 省的经济发展起到带动和辐射作用。西安、咸阳较强的区位优势为"西·咸一体化"都市体育圈的建设提供了良好的发展契机。

四　立体化交通网络体系使二者融为一体，并为辐射陕南、陕北提供了便利的条件

咸阳国际机场、贯穿两市的陇海铁路和密集畅通的国道、省道、市政道路及未来的地铁 1 号线和 2 号线向咸阳延伸等便利条件，把两市紧紧地连为一体。未来的"西·咸一体化"都市圈将建成面向国际的中国西部航空枢纽、国内重要的公路和铁路交通枢

纽、西部最大的物流中心。构筑以航空、铁路、高速公路为骨架的综合交通运输网络。同时西宝高速、西铜高速、西榆高速及沟通陕南的西康高速和西汉高速为辐射陕南和陕北奠定了基础。

五　逐步提升的竞技体育水平、良好的体育基础设施，优良的比赛环境、城乡居民全民健身热潮为都市体育圈的构建奠定了坚实的基础

2008年北京奥运会上，西安市在射击、跳水、赛艇和武术比赛中取得了三金一铜，在全国15个副省级城市中与广州、南京市并列第一。西安拥有省级高水平体育后备人才基地6所、国家级体育传统院校4所、国家级青少年体育俱乐部12所，咸阳市射击射箭学校成为国家高水平体育后备人才基地。西北工业大学篮球队、西安交通大学篮球队、西安财经学院足球队等高校高水平运动队多次在全国比赛中夺得较好名次。

西安市全民健身活动蓬勃开展，公共体育服务水平不断提高，全民健身的热潮进一步高涨，市区两级体育部门、各类体育协会和社会团体年组织体育活动达到700项次以上，连续四次被国家体育总局命名为全国群众体育先进城市。体育产业发展取得历史性突破，体育场地日益增多，全民健身已经成为广大人民群众日常生活中的一个重要组成部分。2008年举办各类群众体育展示表演和竞赛活动250项次，参与群众200万人次。全年建成4个免费开放的全民健身广场。全市拥有体育场（馆、所）4830个，面积1664.37万平方米，人均占有体育场地面积1.8平方米。社会体育指导员6200名，全民健身路径440套，晨练、晚练点1600个，健身气功站点92个。① 自1998年实施"全民健身工程"以来，西安市利用体育彩票公益金先后建成西安环城公园全民健身长廊、兴庆宫公园、曲江池遗址公园全民健身园区等近10个示范性体育健身园区，在全市建成全民健身路径520个、乡镇体育示范站127个，在78

---

① 资料来源：《2008年陕西省统计年鉴》，中国统计出版社2008年版，第128页。

个城市社区实施了"全民健身器材配送工程"，在 500 个行政村实施了"农民健身工程"，10 所学校体育场馆面向社会开放，较好地为广大群众健身提供了服务。2008 年建成环城公园健身长廊，作为奥运会的献礼，被原体育总局书记李志坚称为"全民健身与奥运同行行动的有力诠释"。咸阳市共有体育场地 2626 个，晨练、晚练指导站 253 处，社会体育指导员 1502 人。据 2008 年底调查数据，体育人口平均水平为 39%。建立了市、县、乡镇（街道）三级全民健身指导网络。全市先后有 4 个县跨入全国体育先进县行列，2个乡镇被评为全国亿万农民健身活动先进乡镇。

随着城乡居民健身意识的提高，参与体育活动的热情日益高涨，也为体育竞赛市场注入了活力。从中甲联赛的八一足球队、陕西国力队以及现在中超联赛的队伍陕西中新浐灞足球队，几乎每场球赛都出现观众爆满的场面。2007 年西安浐灞 F1 摩托艇大赛吸引了全国各地约十万观众，体育赛事的经营水平和巨大的市场潜力将会为"西·咸一体化"都市体育圈赛事的运营起到巨大的推动作用。

六　雄厚的历史文化底蕴与丰富的自然资源为构建都市体育圈提供了物质保障

西安，古称长安，是著名的古丝绸之路的起点。周、秦、汉、唐等 13 个王朝在此建都，历时 1100 多年。罗马哲人奥古斯都说过"一座城市的历史就是一个民族的历史"。西安，这座永恒的城市，就像一部活的史书，一幕幕，一页页记录着中华民族的沧桑巨变。深厚的历史文化积淀和浩瀚的文物古迹遗存使西安享有"天然历史博物馆"的美称。市内有重点文物保护单位 554 处，其中陕西省国家级重点文物保护单位 89 处，陵墓 8822 处，古遗址 5700 余处，文物点 21100 余个。秦始皇兵马俑被誉为"世界第八大奇迹"，明代古城墙是至今世界上保存最完整、规模最宏大的古城墙遗址。市内有 6000 多年历史的半坡遗址；明代建立的藏石碑 3000 多块、被誉为石质历史书库的碑林博物馆；文物储藏量全国之最的陕西历史博物馆；唐代著名高僧玄奘法师译经之地大雁塔；西北历史最长的清真寺化觉巷清真大寺，以及西安周边的华夏始祖轩辕黄帝之陵黄帝陵；汉武帝刘彻之墓汉茂陵；唐女皇武则天与唐高宗李治的合葬墓唐乾陵；释迦牟尼佛指舍利存放之处法门寺等驰名中外的景点。

　　咸阳历史文化悠久，是我国周、秦、汉、隋、唐等 13 个王朝的都城或京畿重地，被誉为"中国第一帝都"。咸阳作为周、秦、汉、唐等 13 个王朝的都城或京畿重地，被众多封建统治者视为风水宝地，帝王将相的陵墓多达近千座，全市共有各类文物旅游景点 4951 处，其中国家和省级重点文物保护单位 85 处，咸阳是中国文化之都，地域文化积淀深厚。三原城隍庙、咸阳博物馆都是保存完整的明清古建筑。咸阳也是国家首批优秀旅游城市，中国魅力城市。它依托深远的历史文化和独特的民俗资源，大力发展旅游业，目前已初步形成了以历史文化为主体，养生保健和休闲娱乐为支撑，其他旅游项目协调发展的旅游产业格局。咸阳的民俗文化丰富多彩，民间剪纸、刺绣以及踩高跷、牛拉鼓等民间艺术历史悠久，技艺精湛，为开发文化旅游奠定了良好的基础。咸阳依托丰富的传统医学资源和丰富的地热温泉资源，开发出了药膳、药浴、足疗、按摩等独具特色的康复、养生、保健等特色休闲旅游项目。秦岭北麓地区自然景观峭拔险峻，独具特色，境内及附近有西岳华山、终南山、太白山、骊山、楼观台、辋川溶洞等风景名胜区，周边森林公园十余个。以自然景观为主体的秦岭北麓绿色旅游带与以人文景观、历史文化遗产为主体的关中平原旅游带优势互补，交相辉映，共同构成西安、咸阳都市圈旅游资源开发的基本框架。为"西·咸一体化"都市体育圈的建设提供了坚实的物质保障。

七　西安与咸阳体育合作协议书的签署是构建"西·咸一体化"都市体育圈的依据

　　2002 年，西安和咸阳两市签订体育合作意向书，确定两市每年要进行一次体育交流与合作研讨，每年咸阳都要派运动员参加西安城墙马拉松赛，从 2003 年起定期举行田径、游泳、摔跤、柔道等项目对抗赛，举行教练员培训观摩活动、互相输送人才，进行广泛的群众体育交流和体育产业交流等。协议书的签订为两市体育事业的发展起到了良好的推动作用，为"西·咸一体化"都市体育圈的构建提供了理论依据与实践平台。

第三节　"西·咸一体化"都市体育圈的构建

一　"西·咸一体化"都市体育圈构建的基本思路

以实施西部体育强省战略为目标，推进"一圈二线三岸"地域体育发展模式建设为主线，抓住"西·咸一体化"、"关中—天水经济区"与申办第十三届全运会所带来的发展战略机遇，把握科学发展的指导思想，坚持4个原则（集中优势原则、联动互补原则、重点突破原则、可持续发展原则），全面构建7个一体化（体育产业一体化、学校体育一体化、体育信息一体化、体育竞赛一体化、体育旅游一体化、全民健身一体化、体育科技攻关一体化），形成"点圈层"的整体空间布局的发展思路（见图2-1）。

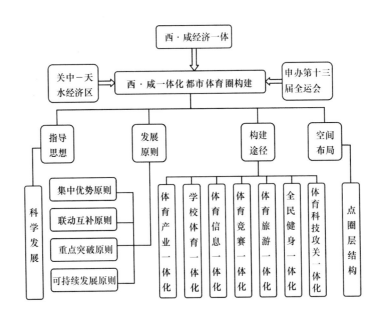

图2-1　西·咸一体化都市体育圈构建框架图

60

二 "西·咸一体化"都市体育圈构建的指导思想

随着人们生活水平的提高和体育意识、体育需求的不断增强，健身旅游等休闲活动作为人们追求的新兴生活方式，已不再仅局限于利用都市内部的零散化、点集式短期化等体育资源，而是越来越多地选择自然特色与体育健身项目相结合，环绕都市形成空间一体化、跨地区、综合性的都市圈体育形态和体育结构的出现。[①]"西·咸一体化"都市体育圈构建的指导思想是以科学发展观为指导，坚持可持续发展原则，以申办第十三届全运会为载体，紧紧抓住西部大开发和关中—天水经济区建设的契机，牢固树立"科学健身、大赛争光、产业兴利、体育惠民"的理念，大力改造、新建体育场馆基础设施，提高体育赛事承办水平，全面建设沣渭奥林匹克体育产业园，大力发展体育产业。[②] 全面构建多元化的全民健身服务体系，切实提高体育公共服务水平，利用西安、咸阳两市的历史文化古迹、自然景观促进体育旅游业的壮大与快速发展。

三 "西·咸一体化"都市体育圈构建原则
（一）集中优势原则

西安和咸阳两市高校和科研院所众多，人才优势和信息网络优势明显，构建体育圈首先要集中这些人才、资金等生产要素优势，发挥整体效应。如在体育赛事的举办上，体育旅游的同线和对接上，以及体育政策、法规的制定等方面要集中优势，做大规模。

（二）联动互动原则

要发挥和引导西安和咸阳两市的积极性和主动性，在构建

---

① 王家宏等：《都市体育圈：背景、条件、意义和原则》，《北京体育大学学报》2006 年第 8 期。

② 刑巍：《陕西省体育局局长王建军：体育惠民是体育之魂》，《中国体育报》2011 年 12 月 2 日。

"西·咸一体化"都市体育圈总体目标的引导下多方联动。这种联动可以是政府层面上的，也可以是民间和各项目协会上的联动；可以是市级层面上的，也可以是县区之间的联系，甚至是各个社区或行政村之间的联系与互动。

（三）重点突破原则

选择好切入点，集中各个优势，重点突破，取得重点战果，在此基础上起到示范带头作用，从而带动全局，促进体育圈整体体育事业的发展。

（四）可持续性发展原则

在构建"西·咸一体化"都市体育圈的进程中，要坚持生态优先的原则，妥善处理好城市建设与生态环境保护的关系，提高生态环境质量，把西安建设成为山、水、城、田、塬协调共生，人与自然和谐共处的生态城市。同时不要为眼前利益所驱动，要长远规划；要坚持先治理、先保护、后开发的原则，从而达到体育旅游资源的合理利用和可持续发展。

四 "西·咸一体化"都市体育圈的空间布局

（一）理论依据

1. 【理论依据1】（增长核理论）

在城市发展过程中，形成了单核心、双核心及多个核心的发展理论。也就是中心城区和非中心城区之间先通过集聚效应，后产生扩散效应，从而使城市得到总体和谐的发展。1995年由法国经济学家佛朗索瓦·佩鲁提出，又称为增长核理论。其基本原理是在城市发展过程中，增长极并非出现在全部地方，它通常以不同的强度出现在一个或数个增长点或增长极上，也就是经济增长速度首先是在一些条件比较优越的部门、企业或地区优先发展，通过高级的人力、物力、资金等生产要素向中心区集聚，产生"集聚效应"逐步发展成为此区域的经济发展中心，即增长核。当集聚效应达到一定程度的时候，又会向非中心城区扩散，产生扩散效应，从而带动周围区域的经济发展。① 增长极是一种具有推动性的经济单位，它自身的增长和创新将促使其他单位增长。② 西安市是西部地区的经济核心，因而其现代化进程和经济发展水平相对较高，技术、人才、资金等生产要素相对比较充足。城乡居民的体育消费观念和生活方式也优于周边城市和地区，所以资本边际效益较高，因而体育的各种资本优势会向中心流动，产生极化效应，随着体育资源的不断集中，效益会逐步下降，产生向周边流动的趋势，从而促进整体体育事业的发展。

2.【理论依据 2】（杜能环理论）

城市地域是由市中心、市区和郊区组成的，同时城市又是由不同功能区构成的地带组合。经济地理学家们重点研究了城市的功能区分布，认为城市主要功能区的分布遵循一定的地域经济规律，且在典型的情况下，其分布呈向心带状，形成"杜能环"③。"河湖山岭的分布、地下水的走向、风向等地方自然条件会打乱排列的严谨性，城市的历史基础和交通站、线、网的分布也会使布局变得十分复杂，但均无法从根本上改变城市土地利用的环状结构。"④

3.【理论依据 3】（都市旅游环状模式）

1972 年，以美国得克萨斯大学旅游学系教授盖恩为代表的少数旅游学家将郊区旅游带纳入城市旅游地域系统中。他提出了著名的都市旅游的理论模型，称之为"都市旅游环带模式"。这一模式是关于市区和郊区休闲和旅游功能区位的较早的研究成果。盖恩的旅游圈环带模式为关于市内和周围的休闲和旅游功能区位的模型提供了一个有用的观察路径。⑤

---

① 申亮等：《城市体育的新范式：都市体育圈——都市体育圈的发展规划及其空间布局模式的探讨》，《天津体育学院学报》2005 年第 2 期。
② 张立勇：《西（安）咸（阳）一体化发展研究》，博士毕业论文，西北农林科技大学，2007 年，第 65 页。
③ 吴承忠等：《国外大都市郊区旅游空间模型研究》，《城市问题》2003 年第 6 期。
④ 同上。
⑤ 邓清南等：《成都环城市旅游带建设探索》，《成都大学学报》（社会科学版）2005 年第 3 期。

（二）空间布局

依据都市圈增长核、都市旅游环状模式等理论，结合西·咸大都市圈城市规划格局、城市体育基础设施及各种体育配置和自然资源，从空间和时间上对体育资源进行重新布局与配置，全面构建"西·咸一体化"都市体育圈。"西·咸一体化"都市体育圈的空间结构分为四圈、两轴、多点向外辐射。所谓点就是城市及各周边区县的特色体育运动项目、社区健身中心，以及各个体育运动休闲板块、体育旅游点等。所谓轴是以西安钟楼南北线为轴贯穿西安、咸阳、铜川；以陇海线为东西轴贯穿渭南、华阴和西安、咸阳、杨凌、宝鸡。以轴串点，以圈串点，以点带面，以面扩圈，圈圈互应，以水浪波纹状依次向外进行传播，形成一种动态的、立体状的发展效应。按照西安国际化大都市的城市规划格局，我们把"西·咸一体化"都市体育圈主要分为以下4个圈层：体育生活圈、体育休闲圈、户外运动圈、体育辐射圈。

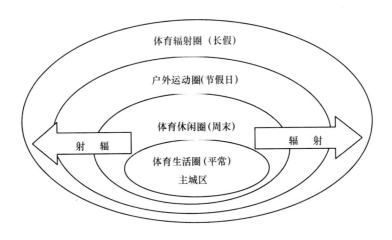

图 2-2　西·咸一体化圈层结构图

1. 第一圈层（体育生活圈）：以西安古城墙健身长廊为中心、三环沿线以内构成西安都市体育圈的核心层

第一圈层空间布局：第一圈层包括西安的碑林区、未央区、新城区、莲湖区和雁塔区，以及西安高新区、西安经济技术开发区和西安浐灞生态区3个国家级开发区。

第一圈层属于核心层，它拥有60%的城镇居民，众多的高、中、低档住宅小区，以及多个体育健身休闲会所。在对原有的体育设施进行重新规划布局时，主要考虑地域内的人口数量和体育设施的总量，以及地域内居住人群的社会阶层。因为随着城市转型的逐步推进，我国城市社区的阶层分布将成为必然。城市社区将从原有的社区内部居民阶层同质性低、异质性高的自然社区向同质性高、异质性低的阶层社区发展。① 西安的城市化推进过程也必然向此趋势发展。西安曲江新区由于紧邻国家级历史文物保护区大雁塔，居住环境优越，历史文化气息浓厚，形成了别墅群和高档住宅小区。西安高新区和北郊经济技术开发区主要是以白领为主的中档住宅小区，如紫薇田园都市、雅荷春天、锦都新世纪、白桦林居等。东西郊主要是以工人群体为主的居住群，西安浐灞生态区将会形成高档居住小区和由于城中村改造从而造成大量市民搬迁至此的低档居住群。所以我们在对原有体育设施布局时要充分考虑到不同社会阶层的体育需求状况，进行整合和改造。核心圈层主要战略布局内容如下：

（1）大力实施《全民健身计划纲要》，以社区体育为中心，挖掘体育场地设施，开展公益性的群众体育活动。

第一，紧紧抓住社区周边中小学校和高校，免费开放校园体育场馆设施。为了全面推动群众性的体育活动，充分整合和利用区内体育资源，充分发挥社区体育网络组织的作用，为广大市民提供良好的运动健身的条件和场所。国家教育部、体育总局于2006年8月公布了《全国学校体育场馆向社会开放试点工作方案》。相关部门应通过理论和实践上的创新，逐步拓展和增加学校体育场地开放的数量，希望学校场馆在满足学生体育教学和校内体育活动使用之

---

① 申亮等：《城市体育的新范式：都市体育圈——都市体育圈的发展规划及其空间布局模式的探讨》，《天津体育学院学报》2005年第2期。

外，有组织地向社区居民开放。2008 年，第二批全国学校体育场馆向公众开放试点学校日前正式公布，西安有 10 所学校作为全国第二批向公众开放体育场馆试点学校。这 10 所学校均为碑林区管辖内的学校：西铁一中、西安高级中学、西安市三中、西安市八中、西安市二十六中、西安市七十一中、西安市八十二中、省建二中、西铁五小、乐居厂小学。《实施意见》规定开放实行"三限制"，即向有限公众、在有限时间内、对有限项目免费开放。有限公众，针对的对象是开放学校附近的社区居民（有不良行为者除外）。原则上每个开放学校向社区居民发放健身卡不少于 500 张。有限时间，试点学校体育场馆的开放时间主要定为公休日、国家法定节假日和学校寒暑假时间，有条件开放的学校还应利用早晚向社区居民开放。有限项目，主要开放田径、篮球、足球、乒乓球、羽毛球等室外体育场地和设施。国家、省和市（区）体育局三级进行财政补贴、学校管理。同时市（区）财政在试点期内为开放学校公共体育设施购买责任保险，以减轻学校因体育设施开放带来的安全风险。创立社区—学校—家庭一体化体育资源服务网络，提高居民的参与意识和健身热情。

第二，开放中心地区的公园广场，提高全民健身路径设施的数量和质量。2002 年 1 月 24 日，西安市以环城公园为试点，相继开放城市运动公园，莲湖公园、革命公园、兴庆公园、儿童公园、丰庆公园、丰景公园、纺织公园等一批周围群众易于健身的场所。2006 年 6 月 23 日，占地 800 余亩，西北地区唯一一个绿色、开放、自由的运动型主题公园——西安城市运动公园免费向广大市民开放。该公园是一个以球类运动为主，兼具休闲、游憩功能的面向西安市民的生态型运动主题公园，既可承办大型体育赛事，也可举办一些群众喜爱的群体赛事。如西安市"白桦林居"杯羽毛球精英赛、西安市民间足球联赛、西安市第一届大学生三人篮球联赛、西安市业余乒乓球锦标赛等群体赛事，这些群众喜爱的赛事充分凸显出市民的参与性和融合性。截至 2007 年，除大唐芙蓉园、秦岭野生动物园外，西安市约 47 个公园已经全部免费开放，"公园"真正具备了"公共"的含义，同时公园内安装大批健身路径和相对投资少、市民比较喜爱的健身器械如乒乓球台、羽毛球场等，提高了市民参与体育健身的积极性。体现出政府以人为本，便民、利民，不断提高公共体育的服务质量和水平的举动和措施。在这些区域内应成立体育健身组织，使城市体育网络组织密集化，使市民的健身活动有组织，具有科学性和常规性，并经常性地组织一些小型多样的健身比赛，以增加娱乐趣味性。一般来说，城市中心区由于地价较高，处于城市的黄金地段，是商业集中区，所以应建造一些功能灵活的体育设施。但是，由于西安城区的原有风貌的格局，出现了西安古城墙和现代化都市风貌的完美结合。西安环城公园健身长廊是在环城公园全民健身示范区的基础上建设而成的。2007年4月28日开园并免费开放的西安环城公园全民健身示范区全长约1000米，从城墙西门到城墙西南角，占地约15000平方米，分别设有适合中青年健身的"搏力苑"、提高智力训练的"益智苑"、适合各类人群健身的"全民苑"、体现国球的"青少年乒乓苑"、保证残疾人健身的"和谐苑"、突出少年儿童健身的"童趣苑"、适合中老年健身的"康乐苑"，全面保证了各类人群的健身需求。西安城墙健身长廊是2006年由国家体育总局评选的全国20个著名的城市体育景观之一，每天吸引都市居民上万人，节假日甚至达到5万人左右。西安城墙健身长廊是现代城市历史文化、体现全民体育精神素养的一个展示，成为西安城市中心一道亮丽的健身风景线。大唐芙蓉园是西北地区最大的文化主题公园，占地面积1000亩，总投资13亿元，是中国第一个全方位展示盛唐风貌的大型皇家园林式文化主题公园。大唐芙蓉园把人文景观与自然景观，历史文化和现代休闲娱乐、旅游观光等有机地统一起来，再现大唐盛世的辉煌，体现了在打造旅游新景点上的新观念、大气魄。2009年9月26日，兴庆宫公园全民健身园区是继莲湖公园全民健身示范园区建成后西安市在市区公园内建设的第二个全民健身园区，由西安市体育局利用体育彩票公益金投资建设，共在公园分区域安装了140余件健身器材，适合不同人群进行体育锻炼。西安市体育局局长贺长生表示，今后西安市体育局将继续在其他公园建设全民健身园区，为市民建设更多的健身休闲场所，让更多的群众享受健身的乐趣，进一步扩大和普及全民健身活动的开展，为全市经济社会发展和构建和谐社会做出贡献。西安市曲江池遗址公园、唐城墙遗址公园、唐大慈恩寺遗址公园，从7月1日起将对市民免费开放。曲江池遗址公园是西北首个集历史文化保护、生态园林、山水景观、休闲旅游为一体的大型山水园林式遗址公园，总占地面积1500亩，恢复汉唐曲江池水系700亩，再现了曲江地区"青林重复，绿水弥漫"的山水人文格局。①

在这些区域活动的居民主要以中老年和少儿为重点，以家庭为主，所以在配备体育设施上一定要有针对性，在体育设施规划时应建造一些简单和锻炼效果明显，以适应不同人群的健身体育设施。同时加强管理工作，尤其是加强伤害事故法规建设，完善受伤补偿机制。成立体育健身组织，加强社会体育指导员的培训数量，使城市体育网络组织密集化，使市民的健身活动有组织，具有科学性和常规性，并经常性地组织一些小型多样健身比赛，增加全民健身的娱乐性和趣味性。

第三，加强绿地建设，打造绿色、生态体育观念。西安以开放式休闲广场的模式，加大了城市公共绿地的建设。仅2007年，西安就建成93个开放式绿地广场，让市民"不进公园门，就能逛公园"。这些广场有的以历史遗址为基础，充分展示了西安的历史文化内涵；有些以居民聚集区为中心，主要功能是便民和增加城市绿地面积。4年多来，市、区两级政府通过财政拨款、社会融资等方法，筹措63.65亿元资金，用于城市园林绿化建设。目前，西安建成区绿地率为31.89%、绿化覆盖率为40.33%、人均公共绿地面积为7.8平方米，城市中心区人均公共绿地面积5.16平方米。② 自

---

① 刘楠:《西安市城区遗址公园规划设计研究》，硕士学位论文，华中农业大学，2009年，第23页。

② 马烈:《西安制定绿地规划 努力建设最佳人居城市》，《中国日报》2009年8月25日。

2005 年以来，共建成街头绿地小广场 239 个，建成鲜花大道 65 条。目前，全市共有行道树 37.9 万株，道路绿化普及率 100%，达标率 96%，全市道路已形成"点成景、线成荫、片成林"的林荫路系统。市区现有园林式单位和园林式居住区 1012 个，占单位和居住区总数的 63.4% 和 61.39%，大大提升了市民的工作和生活环境质量。

《西安城市绿地系统规划》涉及全市 10108 平方千米，主城区面积为 490 平方千米。规划加强河湖水系周边的绿化带建设，结合"八水"，建设绿色廊道，形成城市绿色生态保护环。如在主城区绿地系统规划中，就初步提出了"三环九带十廊道"的绿化结构。按照规划，西安市将力争到 2020 年，绿化覆盖率达到 44%，人均公共绿地达到 12 平方米，力争达到最佳人居城市标准。

（2）利用体育场馆优势，积极发展体育健身休闲业，突破地域限制，建设规模较大的连锁健身场所。截至 2009 年末，各类体育经营场馆 400 余家，总投资约 15 亿。西安都市圈体育休闲健身娱乐服务业项目较为齐全，既有健身健美、羽毛球、游泳、乒乓球等深受群众喜爱的项目，也有当今最为流行的瑜伽、轮滑、肚皮舞等时尚项目。两市健身俱乐部在 3000 平方米以上的有真爱年华、天之健健身俱乐部、亚特体育俱乐部、沃尔菲健身俱乐、蓝积木健身中心、新概念体育运动中心、西部澳瑞特健身俱乐部等 11 家，投资规模在 2000 万元左右，这些俱乐部拥有国际先进的健身设施，经营多种健身项目，如器械健身、舞蹈、体操、瑜伽、乒乓球、羽毛球等，是集健身、休闲、娱乐为一体的综合性俱乐部，并有专业的指导教练，每所俱乐部的会员都在数千名。

（3）挖掘体育赛事的内涵和经营水平，培植一批国际知名的体育品牌赛事。第一，国际国内商业性品牌赛事。充分利用西安市体育场、陕西省朱雀体育广场、陕西省奥林匹克中心、西安市城市运动公园的场馆设施，对西安高校体育场馆进行改造，建成能接纳高水平赛事的运动场馆。同时，对于东郊和西郊缺乏大型体育场馆的劣势，进行调研、论证，由所属城区牵头，建设体育场馆和全民健身体育设施，以弥补体育场馆设施的不足，发展体育竞赛表演业。充分利用陕西中新浐灞足球队和陕西男篮的主场优势，使更多的市民参与到体育比赛当中，扩大消费群体，提高体育消费能力。加强体育休闲业和体育赛事的开发力度，发展城市景观体育。利用浐灞生态区的资源优势，引进国际国内高水平的水上赛事，2007年陕西浐灞摩托艇大赛的成功举办，为继续引进高水平赛事奠定了基础。

第二，群众性体育品牌赛事。随着群众性体育活动蓬勃发展，人们参与意识的增强，涌现出了一批具有较高知名度的群众品牌体育赛事。如西安城墙国际马拉松赛，白桦林居杯羽毛球赛、网球赛，西安业余足球联赛，西安市万人登翠华山比赛等。作为全国体育旅游金牌项目和陕西省十大魅力节庆活动之一的西安城墙国际马拉松赛，从1993年至今已成功举办了15届，已经成为西安人民体育文化生活中的一个重要组成部分。参赛人数超过3.5万人，其独特魅力吸引了来自海内外50多个国家和地区的5000多名外籍运动员和长跑爱好者参加比赛，还有多个国家和地区的政要、知名人士和著名运动员作为参赛嘉宾莅临赛场，进一步提升和扩大了这项精品赛事在国际、国内的影响力。西安城墙马拉松赛是现代城市进化过程中体育与文化的完美结晶。对于城墙马拉松赛的成功经验进行借鉴，培植出更多更好的、具有一定社会效益的民间赛事品牌。

2. 第二圈层（体育休闲圈）：建设现代化的体育场馆，开创城市体育景观新特色，建立体育康复健身区、体育高档休闲区、体育服装业和制造业聚集地

第二圈层空间布局：从三环线往北包括咸阳的泾阳县、秦都区、渭城区；往东到西安的灞桥区、临潼区；往南到长安；往西到户县、兴平市构成西·咸都市体育圈的中心层。

中心圈层主要战略布局如下：

（1）建设国家级体育产业基地。为推动陕西体育产业的快速发展，借鉴北京龙潭湖产业基地建设的成功经验，借助与西安、咸阳接壤的沣渭新区建设的陕西省奥林匹克中心的契机，把园区打造成一个在西部具有重要影响和知名品牌的体育产业基地。已成立的陕西省体育产业集团，全面负责基地的招商、建设和服务等工作。争取国家在政策上和通过不同形式，采取不同措施，对产业基地建设给予一定支持。整合、优化现有资源，集聚产业要素，努力引进、打造一批从事高端体育用品研发、生产和体育服务的龙头企业，加快形成一批集赛事运作以及体育器材、体育服装、体育用品制造为一体的大型企业集团。建立体育赛事中心、体育会议和体育博览中心、体育用品研发制造中心、体育休闲水上娱乐中心及全民健身中心。

（2）打造高端休闲产业基地。经过500多年的历史发展，现代高尔夫已经成为了一项全球性的体育产业。不管从体育运动的角度，还是从休闲娱乐的角度分析，欧美等西方发达国家高尔夫的发展都体现了产业性和经营性的特点。[①] 高尔夫业的发展，可以带来巨大的经济效益和社会效益。有资料显示，连续12届的观澜湖高尔夫世界杯为深圳、东莞两地创造了300亿元到500亿元的经济效益。截至2009年，全国已经投入运营的高尔夫球场约500家，主要集中在海南、广东、上海、北京等城市。而西安仅有两座球场，占全国不到1%的比例。另外还有咸阳启迪、新纪元和紫薇、省体高尔夫等练习场。经济学家迟福林认为，中国潜在的高尔夫消费者现在是2000万，据悉陕西省高尔夫人口仅有3000多人。西安和咸阳应发挥体育院校的资源优势，在企业高层和白领中积极宣传，在校园进行系统的培训和传播高尔夫文化，扩大高尔夫人口的数量。

（3）建立体育康复休闲中心。西安和咸阳两市地下蕴藏着优质的地热资源。享誉国内外的唐华清宫御汤遗址等诸多古温泉历经千年至今汩汩不竭。2006年2月，咸阳市被命名为全国首家"中国地热城"，同年，又被国家发改委确定为国家地热资源综合开发利用示范区。地热资源已广泛应用于全市供暖、洗浴、足疗、理疗、休闲、保健等行业，不仅为咸阳旅游观光、养生保健、餐饮娱乐、

---

① 资料来源：百度百科，http://www.ceosz.cn/。

房地产等行业带来了巨大的商机，也有效地改善了咸阳城市环境，提升了城市品位，取得了显著的经济效益、社会效益和生态效益。所以依托常宁宫度假山庄、未央湖休闲区、西安渭水源度假村等西安和咸阳周边地区的休闲娱乐区域，结合丰富的温泉康复资源，形成以温泉游泳、健身理疗、体育竞技、歌舞娱乐、旅游为一体的体育康复休闲中心。大力开发和研究具有普及性的康复系列产品，以及竞技体育损伤恢复的高端产品。

（4）依托不断发展的农家乐市场，汇聚体育、休闲、旅游资源，形成一体化服务体系。作为新兴的旅游项目，农家乐为两地市民周末出游提供了好的去处。2007年，西安市农家乐接待单位达1600家，农家乐客源市场增长成为全市国内客源市场新的增长点。西安市农家乐市场以秦岭环山公路为主要聚集地区，包括长安县、户县、蓝田、临潼等地，依山傍水、自然资源十分秀丽。如西安祥峪生态休闲农家乐产业起始于2004年，门前有2000平方米休闲、健身、娱乐广场，广场四周绿水环绕，广场内各类键身器材一应俱全，并配备有垂钓、爬山、游泳、划船等体育休闲项目，已成为"绿色餐饮、绿色休闲、绿色服务"体育休闲娱乐品牌。

3. 第三圈层（户外运动圈）：依托山水资源，发展户外运动，打造登山、漂流、攀岩、穿越、滑雪等户外休闲体育项目

第三圈层空间布局：北到咸阳市三原县、南到大秦岭北麓生态休闲带为南北标志、东到蓝田、西到杨凌所构成的外围圈层。

随着第三圈层的延伸，秦岭成为第三圈层发展的主要依托。秦岭，横贯中国中部的东西走向山脉。西起甘肃南部，经陕西南部到河南西部，主体位于陕西南部与四川北部交界处，呈东西走向，长约1500千米。南北宽数十千米至二三百千米，面积广大，气势磅礴，被尊称为华夏文明的龙脉。权威地理杂志《中国国家地理》曾给秦岭下过这样的定论："秦岭是中国人的中央国家公园。"我国唐代诗人祖咏的《终南望余雪》中"终南阳岭秀，积雪浮云端。林表明霁色，城中增暮寒"的诗句描写了秦岭山脉独特的秀丽景色。秦岭终南山面积达1074.48平方千米，2009年6月通过联合国教科文组织的考察评审团评审，成为西北地区首个入选的世界地质公园。专家预测到 2020 年旅游观光客将达到 1020.17 万人次，届时地质公园旅游年收入预计超过 40 亿，将会大大拉动西安市乃至整个陕西省的经济增长。

秦岭北麓是陕西秦岭国家级生态保护区的重要组成部分，也是关中"一线两带"的天然屏障和关中大中型城市的后花园。秦岭北麓涉及西安、宝鸡、渭南三市，总人口 335 万。秦岭北麓长 300 多千米、纵深 30—40 千米的带状绿色长廊，形成了一个美不胜收的生态旅游区。在秦岭北坡有秦始皇陵及许多帝王陵墓群、楼观台、张良墓等遗存颇丰、积淀厚重、博大精深的人文生态旅游资源。秦岭北麓有华山、终南山、太白山、翠华山等名山大川和潼关、蓝关、牧护关、大散关等秀丽多彩的自然旅游资源，也有休闲度假山庄、避暑山庄、娱乐场所和农家乐等丰富多彩的乡村生态旅游资源。目前，秦岭北麓共批建森林公园 18 处，其中国家级森林公园 7 处，省级森林公园 8 处，市级森林公园 3 处，总经营面积 97815 公顷。① 自 1998 年以来，西安市户外运动爱好者人数逐年成几何式增长，据不完全统计，经常进行户外运动的人数约为 30 万人。目前共有 100 多家户外运动俱乐部长期组织市民开展登山活动。随着《大秦岭》《舞动陕西》等一批关于秦岭山脉的历史文化、旅游资源片的宣传，以及西汉、西康等多条穿越秦岭的高速公路的贯通，中国第一个"秦岭中央国家公园"的品牌效应将吸引更多的海内外游客前来观光游览。秦岭旅游必将成为陕西旅游经济新的增长点。

依托秦岭与户外体育自然资源，户外运动圈层主要战略布局如下：

（1）打造群众性登山品牌战略，如西安翠华山登山比赛，每年吸引上万名观众。

（2）举办高水平的户外体育赛事，打造户外品牌战略。如攀岩

---

① 李卫：《秦岭北麓绿色生态旅游的长廊》，《陕西日报》2003 年 4 月 9 日。

比赛、极限挑战赛和摩托车、山地车越野挑战赛。

（3）依托秦岭的山水，培植精品穿越路线，如千年秦楚古道，是中国历史上著名的物质交流的古道，沿途原始、神秘、奇险无比。

（4）打造冬季滑雪品牌项目，逐步完善西安翠华山滑雪场、沣峪庄园滑雪场、白鹿原滑雪场的各项基础设施和规格档次。

（5）继续办好西安国际户外运动博览会，进行户外运动宣传，提高居民的参与意识。

4. 第四圈层（体育辐射圈）：结合关中—天水经济群建设和构建大西安战略布局

从第三圈层之外，东面沿渭南—华阴市—潼关—河南三门峡市向外动态发展，北面沿铜川—韩城—陕北延安—榆林—山西运城向外发展，西面沿咸阳—兴平—宝鸡—甘肃天水向外动态发展，南面沿商洛—汉中—安康—湖北十堰为辐射圈所涵盖的范围。

辐射层主要是发挥"西·咸一体化"都市体育圈的核心作用，通过圈层结构沿西榆高速公路及铁路向陕北辐射；沿西康、西汉高速公路和铁路等交通网络向陕南辐射；沿陇海铁路东到华阴至相邻河南省的三门峡市以及西到宝鸡至甘肃境内的一些城市辐射。以关中城市率先发展带领陕西整个地域协同发展，提高城市群体育事业在西北乃至全国范围内的综合竞争实力。实施战略以陕南、陕北丰富的历史文化资源和人文、自然资源为基础，形成富有地域特色的体育旅游品牌项目。

辐射圈主要战略布局如下：

（1）陕北以延安为核心打造红色旅游线路，安塞腰鼓、洛川蹩鼓及陕北秧歌等民族民俗项目的乡村旅游。在陕北榆林北部的毛乌素沙漠和湖泊红碱淖等以自然风貌为特色开展多种多样的沙漠探险活动，推行沙漠探险旅游等一系列体育旅游线路。

（2）以陇海铁路为轴，沿八百里秦川打造秦岭北麓体育旅游带。形成一条由西安—宝鸡—陇南—九寨沟—广元—汉中—安康—十堰—三门峡—西安大循环旅游线。在渭河沿岸和西禹高速公路沿线主要乡村构建农民体育工程，发展农村体育。

（3）依托以西汉和西康高速公路，沿丹江和汉江推进农村体育的发展。以秦岭南坡自然资源为依托，紧紧抓住建设秦岭国家山水休闲度假旅游胜地的契机，整合绿色山水旅游资源，打造山水秦岭生态旅游品牌。以汉江旅游航道为依托，以沿线中心城市和城镇节点为支撑，形成联系各旅游板块的"秦巴汉水旅游"。

（4）以"丝绸之路"沿线旅游景点推出体育旅游线路，精心打造以"丝绸之路"为主题的体育旅游和精品赛事。

五　"西·咸一体化"都市体育圈构建途径

自1995年实施《全民健身计划纲要》和《奥运争光计划》以来，我国竞技水平和群众体育的发展迈上了新的台阶。各地区认真贯彻落实中央关于体育工作的部署和要求，坚持体育事业发展的公益性和社会化，满足人民群众日益增长的物质和精神文化的需求。同时对如何发展体育竞赛和体育健身市场等体育核心产业及体育用品业、体育建筑业等相关产业进行了积极的探索和实践，并取得了一定的成效。由于我国地域辽阔，东、中、西部经济发展水平的差异造成了体育事业发展的不平衡。如何根据自身地域特色，发挥资源禀赋，增加体育事业在国民经济中所占比重，各地都在寻求适合本地域体育事业发展的最佳途径。

《西安·咸阳经济一体化》纲要中明确指出要加强两市在群众体育、竞技体育、体育产业等方面的交流与合作，促进两市体育事业共同发展。大力发展城市社区体育、学校体育和农村体育，提高全民健康水平。地域经济一体化是地域体育一体化的基础，同时体育一体化对地域经济一体化具有促进作用。西安、咸阳在经济一体化的前提下积极探索"西·咸一体化"都市体育圈的建设途径。

（一）统一规划，合理布局，推进体育产业一体化

体育产业的发展对优化产业结构、增加社会就业、促进经济社会发展都发挥着积极的作用。西咸泾渭新区和沣渭新区的建立，为

75

两市体育产业一体化发展带来了重大机遇。以两市体育产业整体发展规划为引导，以政府政策支持、市场为导向，打破原有行政地域壁垒，整合各种体育资源，在陕西体育产业集团成立的大背景下，优先发展西·咸体育产业，探索出一条跨地域的新的体育产业发展模式。两市体育相关部门要统一规划、合理布局、协调开发、统筹经营，联合举办招商引资。引国内外知名企业入园进区，进行体育产业开发。利用泾渭产业园和沣渭产业园吸引国外或国内具有影响力的体育中介机构和管理集团落户产业区，发展体育服务业。利用西安、咸阳的高科技优势和咸阳的纺织、医药优势，在泾渭产业园构筑世界级体育用品服装业和制造业等基地。使园区成为体育健身、休闲、娱乐的体育产业综合体，并把其发展成为西部地区最大的体育商贸、会展、物流中心。

（二）充分发挥学校体育资源，推动学校体育一体化

学校体育是培养竞技体育后备力量的基础源泉，同时也是我国实施《全民健身计划纲要》的重要战场。随着西·咸一体化的实施，西安和咸阳都有部分大学和中小学校在对方地域成立了分校，使学校体育真正融合在一起。学校体育主管部门应加强两市在学校体育工作方面的合作与交流。全方位、多层次开展科教合作与交流，优化科教资源配置，加强产学研结合与合作，形成开放、流动、竞争、互利的科教发展环境。每年统一部署校园阳光体育运动的实施，促进学生参与体育活动，保证每天一小时的体育活动时间。加强体育师资力量的相互交流、相互学习，尤其是在体育与健康课程的教改方面要形成相互交流的态势，不断优化课程结构。加强校园体育文化建设，使高校校际之间的体育竞赛项目和时间形成一种制度，以保证校际交流的畅销机制。全面开放学校体育场馆、实施学校—社区—家庭社会体育发展模式，相互借鉴与学习。要高度重视城区和农村教育的均衡发展，加大薄弱地区的投入力度，加大城区教育资源的整合力度，完善教学设施，充实教师队伍，促进体育教育事业健康发展。

（三）依据科技、康复医疗、竞技体育优势，形成体育科技攻关一体化

现代竞技体育、全民健身服务体系的构建和科技的发展密切相关。科技兴体是我国现代化建设中实施体育发展的重要战略任务[1]。建设"西·咸一体化"都市体育圈是促进陕西竞技体育发展、完善全民健身体系、实施西部体育强省战略的重要步骤。西安和咸阳拥有陕西省80%的高校，科研院所众多，拥有专业的体育院校（西安体育学院）以及先进的医疗和康复资源。所以两市应该依据圈内的优势资源，共同建立面向市场的合理的教学研发基地。加强体育基础研究、高技术研究、应用研究，联合开展奥运会等大型体育竞赛项目、体育科技产品、全民健身方法和体育医疗康复等科研攻关项目。依托体育科技，加大投入，走自主创新的发展道路，形成自主品牌与地域体育发展竞争优势。

（四）利用网络信息资源，加强沟通，建立体育信息一体化平台

现代信息技术的发展极大地拓展了体育产业发展的空间。体育与信息技术尤其是与新媒体的融合越来越明显。体育信息化建设涉及体育的全部业务，其核心是体育政务、运动项目和相关信息等网络化管理，是一项庞大的系统工程。两市体育部门首先应构建西·咸体育信息一体化网络，促进体育信息之间的交流，利用网络信息加强沟通，传递体育科技信息、体育产业信息、学校体育信息、体育竞赛信息、全民健身活动信息等，真正做到开放各种体育资源，达到信息共享，实现共赢。同时利用宽带数字化技术、互联网技术创新体育产业、体育旅游、全民健身与体育文化的运作模式，并与国际接轨。

（五）加大体育资源整合力度，促进体育竞赛市场一体化

随着西安、咸阳环城线的建设，西安地铁1号线和2号线延伸

---

① 王家宏等：《都市体育圈：背景、条件、意义和原则》，《北京体育大学学报》2006年第8期。

至咸阳，以及公路交通的无缝对接，两市的城际交通网络将初步建成，共建体育竞赛市场是一种必然趋势。第四届城市运动会、2007年浐灞国际摩托艇大赛、2009年国际华山攀岩大赛、中国足球超级联赛、CBA和中国乒乓球超级联赛等高层次体育赛事的举办提升了西安举办高水准体育赛事水平。2005年，陕西银河取得了陕西省第一个职业联赛的冠军。西安作为中超联赛的主场之一，创下了场场观众爆满的纪录。2010年首场中超比赛陕西浐灞对辽宁大连的比赛也创下了49000名观众的纪录，占全国首轮比赛观众总数的27%。

如果对西安体育竞赛市场进行理性的分析，就会发现西安市在举办国际国内大赛的规模、赛事的知名度、品牌赛事的数量，以及体育赛事的引进、体育赛事的运营，同北京、上海、广州等大城市还存在着一定的差距。我国北京、上海和厦门三大马拉松赛事吸引运动员分别为30000、20000和30000人，由中国田径协会和当地政府共同构成主办单位，并有多名赞助商赞助。而西安市城墙国际马拉松是由西安市政府主办，仅有紫薇地产和特步体育进行赞助。通过对国家体育总局2009年体育赛事的计划进行研究，发现2009年全国共举办国际国内大赛1200余场。西安市国际性和全国性活动仅11项。而上海2009年计划在上海举办的国际国内体育赛事暂定70次，其国际赛事数量占全国总数的1/4。所以，西安和咸阳应抓住一体化的机会，大力建设体育基础设施，对一些原有的体育场馆进行改良，并通过以下几种结合方式来促进体育圈竞赛市场的发展。

一是引进和挖掘相结合，积极引进和申请承办国家级、国际级职业比赛和商业性比赛，引进国际知名体育咨询公司和体育赛事运营和经营公司，为"西·咸一体化"都市圈的体育赛事运营业献计献策。挖掘内部资源，创办富有浓郁地方特色的两市共同参与的体育竞赛。

二是传统与时尚相结合，保留传统的体育竞赛项目，同时结合当今国际流行，创设广为青少年所喜爱的时尚项目，如轮滑、攀岩等。

三是商业性与公益性相结合，2007年，西安浐灞成功地举办了国际摩托艇大赛，吸引了数十万名观众，产生了巨大的经济效益和品牌效应。以此为契机，继续深入地研究和探索，办好西安浐灞中超联赛的主场，不但使主场观众在数量上保持旺盛的势头，同时要保持赛场的良性运行。西安城墙国际马拉松赛应充分吸引咸阳市体育爱好者参加，加大投入力度，吸引国内国际知名的赞助商进行投资，吸引大牌明星来陕参赛，真正成为西·咸都市圈的品牌赛事。搞好原有的白桦林居杯羽毛球赛、西安民间足球赛、万人登翠华山比赛、万人千村篮球赛等，同时举办一些富有浓郁地方特色的民间赛事。

四是大型和小型相结合，既要有以省市政府联合承办的大型赛事，又要有各个县区直至乡镇农村自己创办的特色赛事，相互之间进行沟通和交流。

西安和咸阳是丝绸之路的起点，丝绸之路作为中国大西北的主要旅游路线，经过十几年的开发和建设，基础设施正在不断完善，已经成为中国诸多旅游产品中极具吸引力的一条主题线路。可以和甘肃、新疆等省市自治区进行跨省联合，借鉴青海湖国际自行车环湖赛的成功经验，争取国家的政策和资金支持，打造丝绸之路汽车拉力赛和自行车国际接力赛等大型赛事，创出国际品牌。

（六）体育、旅游、文化等多个联合部门，全面建设西·咸体育旅游一体化

体育旅游是促进城市间人流、物流、信息流的重要载体。国务院关于加快发展旅游业的意见中提出大力推进旅游与文化、体育的融合，培育新的旅游消费热点。陕西省人民政府2008年《关于进一步加快发展服务业的实施意见》指出按照"依托国际旅游上水平、依托国内旅游上规模"的发展思路，要做强做精旅游业。进一步推动旅游业地域合作，加强旅游资源、资本和服务的相互开放，全面提升旅游产业水平。2009年8月，陕西省人民政府与国家旅游局签署了《局省旅游合作协议》，明确提出了建立秦岭国家休闲度假旅游目的地和国家生态旅游示范地的目标。西安、咸阳都市体育圈旅游一体化是把西安建设成为国际化、市场化、人文化、生态化的世界级文化旅游名城。西安和咸阳两市具有丰富的秦文化和汉唐文化，名胜古迹众多，自然资源丰富，是我国著名的旅游城市。随着城镇居民生活水平和品位的上升及交通设施的不断完善，外出休闲娱乐已经成为一种追求生活品质的休闲方式。两市体育部门和旅游部门加强联合，把体育旅游作为旅游部门对外推介的重要旅游方式之一，依据城市体育景观和远郊自然资源开辟一些新的体育旅游精品线路。

加强两市旅游业的深度协作，在旅游线路上统一规划，尽可能将双方更多的精品旅游景点纳入"西·咸一体化"都市体育圈范畴内。加强文物保护和利用及管理等方面的交流与合作，搞好陈展文物相互调剂，提高两市文物在世界上的知名度。突出两市体育旅游资源的鲜明特色，体育旅游产品的历史文化内涵。在资源项目、产品、线路、环境等方面形成合理的网络关系，做到优势互补、资源共享、客源互动。实现体育旅游产品宣传一体化，两市共同编制和共享体育旅游线路、产品宣传资料，共同开展联合促销活动，实行重点景区联票制，线路促销上形成互惠互利机制，共同打造世界体育旅游名牌；大型节庆活动一体化，共同策划活动内容，组织实施活动项目，如万人登翠华山等系列活动；体育旅游信息咨询服务功能网络化，两市尽快实现服务系统的一体化，资源共享，信息互通。

（七）加快全民健身步伐，重视群众体育组织管理网络建设，全面构建全民健身服务体系，积极推进两市群众体育一体化进程

健全和完善全民健身服务体系，是落实科学发展观，构建社会主义和谐社会，努力提高群众体育工作水平，满足人民群众日益增长的物质和精神文化的基本切入点。西安与咸阳两市体育局群体处应共同规划，统筹城乡发展。在点、面、圈上互相合作，也就是双方可以是市级层面、县级层面甚至村镇之间加强全民健身交流与合作，扩大影响力，创新具有本土特色的群众体育健身氛围和城市、城镇和农村一体化发展模式。对于城市群体体育设施规划布局、全民健身路径工程和雪炭工程的投标、安装和管理，社会体育指导员的培训和管理，以及大型群体活动的举办等方面相互交流与合作，逐步形成群体体育工作一体化的长效机制，加快两市群众体育一体化进程，具体规划措施如下：

（1）利用重阳、端午及农闲时节，尤其是"全民健身日"举办职工、妇女、农民等社会群体组织体育会演，举办群众喜闻乐见、小型多样、丰富多彩且具有职业特色的群体活动。双方可以独办或协办，邀请对方积极参与。在资金来源上，合理利用体育彩票公益金，要充分体现出体育彩票取之于民、用之于民的亲民形象。拓宽资金来源渠道，积极鼓励和倡导企事业单位和社会力量为乡村捐资兴建体育设施。

（2）加大社会体育指导员的培训力度。由体育局或者体育院校等优势资源，结合各自地域项目的开展现状，培训一批有针对性的社会指导员。双方定期组织一些专家学者、教授进行现场讲学，使社会体育指导员队伍建设在数量上和质量上都得到提升。

（3）紧紧抓住两市地域的契合点，推进全民健身步伐。把西·咸沣渭新区、泾渭新区及渭河健身长廊建设成为大型体育运动主体公园和全民健身活动中心。在中心建设的过程中，要充分考虑到双方居民的交通便利；在体育设施的投标上统一部署；在风格和规划布局上要体现出陕西浓郁的历史文化特色和人文特色。

（4）在"十二五"体育事业的建设中要把农村体育作为重中之重来抓。两市相关部门要深入调研农村体育的发展现状、制定相应对策，共同发展。紧紧抓住新农村建设的机遇，加强农民体育工程建设，丰富农民文体生活。县（市、区）政府及体育部门要切实加强对农村体育的规划和指导，积极实施"三个延伸"到村，提高农村体育健身工程的覆盖面，争取"十二五"期间100%的乡镇和行政村都建有体育指导站和文体站，基本形成省、市、县（区）、乡（镇）、村五级农村体育组织网络。结合地域传统体育项目特点，引导开发一批像秦汉战鼓、花样跳绳、扇子舞、秧歌及武术等既有民俗特色，又有广大群众基础的体育项目，逐步形成"一村一特色，一村一品牌"的发展趋势。

（5）利用报纸、网络、全民健身小册等现代化信息手段，加强全民健身的宣传，增强广大农民的体育健身意识。同时建立全民健身网络信息系统一体化的开发和研制，建立健全组织管理体系，提高农村体育服务质量和水平。

第四节 "西·咸一体化"都市体育圈战略规划对策

一 建立完整的、科学的"西·咸一体化"都市圈体育事业发展规划体系

借助国内外著名咨询设计机构，考察我国已经取得重大成效的体育圈的发展模式，结合自身特色，创立科学的"西·咸一体化"都市圈体育事业发展体系，明确近、中、远期规划的具体目标和年限。把构建西·咸都市体育圈纳入西·咸经济一体化的建设内容当中，并作为"十二五"体育事业发展规划中的重要内容。

二 双方建立相应的工作机构，全面提高发展质量和效率

优化空间布局和资源配置加强沟通衔接，建立健全高效、务实、顺畅的协调推进机制、利益共享的合作共建机制、建立法律约束机制、规划落实机制和共建合作机制，积极探索利益共享、共赢的体育发展新模式。统筹规划商品市场、资本市场、人才市场、技术市场、土地市场等领域发展，建立统一开放、竞争有序的现代市场体系。

三 以体育健身业、体育赛事业和体育旅游业为重点，完善相关部门的合作畅通渠道

建立体育健身娱乐业统一的行业管理规范，争取国家对体育健身娱乐业必要的鼓励和扶持政策。两市应进一步整合地域文化旅游资源，做到优势互补、资源共享、客源互动，使体育旅游市场同开发、旅游产品同体系。西安和咸阳共同运营和策划，降低体育赛事

的运营成本。提高赛事资源可持续发展的意识和能力，主办一些具有自主品牌的体育赛事，同时申请和承办一些国际、国内知名品牌的体育赛事。

四 以政府引导为主，多部门联合，形成市场化、产业化、专业化、全社会广泛参与的运行机制

西安和咸阳市联合招商、引资。在体育产业经济结构中，鼓励国内外企业、个人以多种方式参与建设、经营和管理；要充分发挥市场在优化资源配置中的基础性作用，改革现行的投资融资体制，广辟资金渠道，形成多元化投资格局和多元化体育经营模式。在城市规划用地、投资融资、税收减免等方面实行优惠政策。

五 打造国内具有重要影响力的西·咸沣渭新区、泾渭新区体育产业发展基地

整合、优化现有资源禀赋，集聚各个产业要素，努力引进、打造一批从事高端体育用品研发、生产和体育服务的龙头企业。把西·咸泾渭新区打造成体育器材、体育服装、体育用品制造业基地。把西·咸沣渭新区打造成城市景观和休闲体育中心、体育赛事中心、体育会议、体育资讯公司和体育博览中心。

六 构建西·咸都市体育圈的全民健身服务体系，形成具有陕西特色的"一圈二线三岸"地域体育发展模式

搞好西安城墙健身长廊、渭河和沣河体育景观生态带的建设。加大社会体育指导员队伍培训工作，落实管理和监督机制。继续实行社区体育健身器械配送工程、农村体育健身工程，积极实施体育三下乡、体育大拜年等切近城乡居民身边的活动，真正体现出省政府提出的"八个一"亲民、利民工程，大力推进"一圈二线三岸"地域体育发展模式的实施和可持续发展。

小结

构建"西·咸都市体育圈"是陕西省实施《全民健身计划纲要工程》和实施西部体育强市、西部体育强省的重要战略步骤。两市体育部门应迅速成立相关部门,共同调研、联合制定西安国际化都市体育圈建设规划纲要,把构建西安都市体育圈纳入西·咸一体化的建设内容当中,同时作为"'十二五'体育事业发展规划"中的重要内容。两市应该建立长效合作机制,建立制度化、经常化的定期和不定期会议协商机制,随时有问题随时解决,减少中间环节的耗费,提高解决问题的能力和效率。积极借鉴国际国内著名的都市体育圈的成功经验,结合西安和咸阳历史文化、人文、自然等资源禀赋,构建以西安都市体育圈的体育竞赛市场一体化、体育旅游市场一体化、共建体育产业园为重点,多部门、多方位合作,形成以政府引导为主、全社会广泛参与的运行机制。促进体育事业发展市场化、专业化和产业化。从而为陕西省"一圈二线三岸"体育发展模式奠定坚实的基础。

第三章　地域体育发展模式
契机：全民健身
服务体系的构建

第一节　全民健身服务体系现状分析

经济是社会发展的基础，同时也是全民健身发展的基础。全民健身的发展规模、水平和速度，归根到底取决于经济发展水平，取决于经济发展所能够为全民健身发展提供的物质条件，取决于经济发展带来的个人经济状况以及由此引发的人的观念、思维方式和行为方式的变化。经济对全民健身发展的影响主要表现为经费投入、体育场地设施建设，以及人们的体育消费水平等方面。全民健身事业是体育事业的基础和主体，它的发展规模和发展水平，反映着一个国家体育事业的基本发展规模和发展水平。①

全民健身服务体系构建是实施《全民健身计划纲要》的创新措施，是适应时代和社会发展的客观要求，是推动城市社区与农村乡（镇）全民健身建设的有效载体。陕西地处我国内陆腹地，属欠发达省份，又是西部的龙头，陕西省全民健身事业的发展对整个西部省份具有一定的引导和带动作用。依托全民健身，以"西·咸一体化"都市体育圈与"二线三岸"全民健身服务体系构建是陕西地域体育发展的重点，也是"一圈二线三岸"地域体育发展模式适时的选择和最佳的契机。因此，在陕西省全民健身现状调研基础上全

---

① 董新光：《全民健身大视野》，北京体育大学出版社 2003 年版，第 124 页。

面构建"一圈二线三岸"全民健身服务体系具有重要的现实意义，为推进陕西省全民健身可持续发展提供理论依据，更好地为全民健身实践服务。

一 研究方法

（一）问卷调查法

1. 样本的选取

以陕西省16—70周岁人群为调查总样本，采用随机抽样方法选取调查对象。发放问卷总量为4500份，回收4382份，回收率为97%；有效问卷3906份，有效率为89%。各样本分布情况（见表3-1至表3-3）。

表3-1 社区个人问卷调查有效问卷（市 * 性别）分布统计表

		市										总计
		安康	宝鸡	汉中	商洛	铜川	渭南	西安	咸阳	延安	榆林	
性别	男	88	66	80	63	53	64	141	70	54	43	722
	女	79	45	101	41	45	74	187	84	57	85	798
总计		167	111	181	104	98	138	328	154	111	128	1520

表3-2 农村农民问卷调查有效问卷（市 * 性别）分布统计表

		市										总计
		安康	宝鸡	汉中	商洛	铜川	渭南	西安	咸阳	延安	榆林	
性别	男	82	93	114	89	48	133	196	145	69	118	1087
	女	50	56	68	61	72	101	121	90	58	71	748
总计		132	149	182	150	120	234	317	235	127	189	1835

表 3 - 3　　社区（乡镇）管理组织部门问卷调查有效问卷
市（区）分布统计表

市（区）	频数（份）	百分比（%）	有效百分比（%）	累计百分比（%）
安康	56	10.2	10.2	10.2
宝鸡	55	10.0	10.0	20.1
汉中	57	10.3	10.3	30.5
商洛	46	8.3	8.3	38.8
铜川	48	8.7	8.7	47.5
渭南	56	10.2	10.2	57.7
西安	82	14.9	14.9	72.6
咸阳	47	8.5	8.5	81.1
延安	49	8.9	8.9	90.0
榆林	55	10.0	10.0	100.0
总计	551	100.0	100.0	100.0

2. 问卷的信度（Reliability）与效度（Validity）检验

问卷的信度（Reliability）检验——小样本再测法（Test - retest reliability）。对问卷中的事实性问题，抽取总样本量的大约2%（90人）进行再测，间隔时间为10—15天。采用 Pearson 相关系数测得的各题项再测信度均在 0.75 以上，可以认为测量具有较高信度。

3. 问卷的效度（Validity）检验

效度检验采用主观评定法，问卷初稿经有关专家、学者、管理者、典型被调查者等的经验评价，对问卷进行了修订。

（二）数理统计法

综合运用描述性统计、方差分析、相关分析等统计方法，力求在理论分析的基础上结合数理分析阐述和支撑观点。数据资料采用 SPSS 15.0 软件进行处理。

二　场地设施现状与分析

体育场地设施是开展群众活动的基础和必要条件。根据第五次体育场地普查情况来看，陕西省体育场地总数为19227个，78.66%分布在教育系统，体育场地占地面积4380.89万平方米，人均体育场地面积为0.9平方米。群众的健身锻炼场地设施在大城市和中小城市之间分布不够平衡。西安市有1/3的社区建有体育活动场所和装有健身器材，其他地方只达到1/4。全省总共1581个社区中，仅有450个社区建有体育活动场所和装有健身器材，占全省社区的28%。随着人民群众对健身的需求日益增长，健身场地设施不能完全满足群众需要的矛盾越来越突出。

1995年我国《全民健身计划纲要》颁布实施，全民健身工程作为政府的主导行为，以体育彩票公益金为启动奖金，实施以人为本、造福社会，被广大群众誉为"造福工程"。

在国家体育总局和省委省政府的领导下，按照国家体育总局的要求，陕西省体育局从1997年到2008年底全民健身工程建设采用多样化和多种形式，极大地满足了不同层次、不同人群的健身需求。国家体育总局和陕西省共投资建设的全民健身工程数量如表3-4所示。

表3-4　　陕西省全民健身工程汇总表（体育彩票公益金）

项目类型	数量（个）
全民健身路径工程	319
雪炭工程	14
全民健身活动中心	2
全民健身活动基地	1
全国优秀体育公园	1
2006年农民体育健身工程	300

注：数据是根据陕西省体育局群众体育处相关资料整理（国家体育总局核对后上报数据），以上数据截至2008年底。

从表3-4中可以看出，全民健身路径工程、全民健身活动中心、雪炭工程、全民健身活动基地、全国优秀体育公园形成了陕西"一圈二线三岸"地域内的全民健身工程的基本模式。

（一）全民健身路径工程

本着合理布局、全面规划的原则，按照全民健身工程建设选择在方便群众使用且受赠单位便于管理的居民区、广场或在公园、街心花园等地修建。也可在园林、绿化、城建等部门规划的地方，并与周边环境相配套，与城市绿化、美化相协调，既方便群众健身，又做到不扰民、不损坏绿地选址的要求。从1997年至今，陕西省体育局在关中、陕南、陕北的公园、小区、学校、企事业单位的广场、空地建设了11批全民健身路径工程（见表3-5）。表3-5中主要是国家体育总局投资建设分配到陕西省的全民健身路径工程。

表3-5　　陕西省全民健身路径工程年度批次与项目统计表
（体育彩票公益金）

批次	年份	农民健身工程（个）	全民健身路径（条）	室外活动场地（块）	体制测定器材（套）	儿童活动器材（套）	综合健身器材（套）	门球场（块）	篮球场（块）	排球场（块）	羽毛球场（块）	乒乓球台（个）	网球场（块）	小篮板（块）	游泳池（个）	台球场（块）	棋牌室（个）	小足球场（块）
1	1997		25	30	20	7	19	19	18	5	32	35	6	20	18	2	1	
2	1998		25	30	20	7	19	19	18	5	32	35	6	20		18	2	1
3	1999		40		23									20				
4	2000		13											35				
5	2001		18															
6	2002		14															
7	2003		34									98		99				
8	2004		45															

续表

批次	年份	农民健身工程（个）	全民健身路径（条）	室外活动场地（块）	体制测定器材（套）	儿童活动器材（套）	综合健身器材（套）	门球场（块）	篮球场（块）	排球场（块）	羽毛球场（块）	乒乓球台（个）	网球场（块）	小篮板（块）	游泳池（个）	台球场（块）	棋牌室（个）	小足球场（块）
9	2005		45						3**			6**						
10	2006	300	15															
11	2007		45															
	合计	300	319	60	63	14	38	38	39	10	64	172	12	194	18	20	3	1

注：数据来源于陕西省体育局群众体育处历年全民健身路径工程文件资料统计整理，以上数据截至 2007 年底。3** 是指 3 条篮球健身长廊，每条篮球长廊包括 10 块标准简易篮板、6 块不同高度的小篮板；6** 是指 6 条乒乓球健身长廊，每条乒乓球长廊包括 10 个室外乒乓球台。

　　根据国家体育总局对全民健身工程建设的要求，各省（市）在总局投资建设的基础上应按照相应的比例进行配套建设。因此陕西省多方筹集资金，加大全民健身路径工程的建设力度，包括省（市）投资建设在内，陕西省在关中、陕南、陕北建设了全民健身工程 100 余处，铺设健身路径 700 余条，这 700 多条包括 2006 年农民健身工程的 300 条。同时安装小篮板 500 多块，乒乓球台近 500 个，体质测试器材 60 多套，总面积达 30 多万平方米，其中有 40% 左右建在了农村地区。全民健身路径工程、全国优秀体育公园、全民健身活动基地使西安、咸阳（"一圈"规划区）广大人民群众的健身场地与器材得到了极大的满足；农民体育健身工程、雪炭工程、全民健身活动中心使"二线三岸"的广大人民群众的健身场地与健身器材得到补充，这些健身场地的建设和器材的安装极大地改善了"一圈二线三岸"地域内的广大人民群众的健身条件，有力促进了全民健身事业的发展，有效调动了各级地方政府兴建健身设施的积极性，受到了广大人民群众的一致赞誉。

在不同时期，根据不同的需求，按照国家体育总局的总体要求，陕西省的全民健身路径工程涉及的健身器械是多方面的，除了健身路径以外，还包括其他各种场地和器械，工程涉及面广，配建项目内容多，极大地满足了不同健身人群对场地和器械的需求。据表 3-5 可以看出，从第 1 批到第 4 批全民健身路径工程主要包括全民健身路径、室外活动场地、体制测定器材、儿童活动器材、综合健身器材、篮球场、羽毛球场、网球场、游泳池、乒乓球台、棋牌室、健身、健美等场地设施。第 5 批全民健身路径工程建设采用了 3 种模式：第一，在城市社区和农村乡镇配建项目：（1）至少配建一套健身路径及乒乓球台、小篮板等体育器材。（2）铺设一条鹅卵石健身路。（3）修建一处可供群众进行拳、操、舞活动的健身场地或一个简易标准的球类、游泳等项目活动的体育场地或建筑面积在 100 平方米以上的室内健身设施。第二，健身广场配建项目：在城市街心广场或具有一定规模的公共场所（该场所可供群众进行晨练、晚练健身活动）配建 40 件以上适合不同人群的健身路径器材，也可视情况，铺设鹅卵石健身路。第三，公园配建项目：在公园配建 35 件以上适合不同人群的健身路径器材以及室外乒乓球台、小篮板等体育健身器材及鹅卵石健身路等。第 6 批、第 7 批、第 8 批全民路径健身工程是在第 5 批的基础上优先和重点建设标准化的羽毛球场地设施，另外配建了室外乒乓球台、小篮板。第 9 批全民健身路径工程是在保证建设路径工程的同时，试点实施建设篮球、乒乓球"专项路径"，分别称为篮球长廊、乒乓球长廊。其中每条篮球长廊包括 10 块标准简易篮板、6 块不同高度的小篮板；每条乒乓球长廊包括 10 个室外乒乓球台。路径工程又分为城市型、农村型两种类型。城市型路径工程包括健身路径、室外乒乓球台；农村型路径工程包含健身路径、室外乒乓球台、简易标准篮板。第 10 批全民健身路径工程根据 2006 年国家体育总局配置的两种类型的全民健身工程，我省实施了农民体育健身工程与全民健身路径工程。农民体育健身工程每套包括：篮球架 1 块、乒乓球台 2 块。全民健身路径工程每套包括：双杠 1 副、肋木架 1 套、伸腰伸背器 1 件、棋盘桌 1 件、三位蹬力器 1 套、两位转腰器 1 套、推揉器 1 套、角力器（或臂力训练器）1 套、腰背按摩器 1 套、双位太空漫步机 1 套、告示牌 1 块。共建设农民体育健身工程 300 套、全民健身路径工程 15 套。

（二）雪炭工程建设

国家体育总局利用体育彩票公益金，分期、分批在"老、少、边、穷"等经济欠发达地区援建经济实用的小型公共体育设施的行动，取雪中送炭之意，简称"雪炭工程"。"雪炭工程"实际上是从支援三峡库区体育设施开始的。建设举世瞩目的长江三峡工程对我国社会主义现代化建设具有重要意义，但在工程建设中库区许多体育设施需要迁建，当地体育部门面临自身难以解决的困难。2001年国家体育总局在深入调查和征询有关省市意见的基础上决定，从体育彩票公益金中一次性拨出 4560 万元支援库区体育设施建设。这一行动获得积极反响，随即国家体育总局正式推出"雪炭计划"，提出分步在井冈山、遵义、延安、西柏坡等革命圣地，在新疆、西藏等少数民族地区，在西部及边远穷困地区，在遭受自然灾害袭击严重需要重建的地方，在资源采掘枯竭、下岗职工较多的地方，用彩票公益金援建公共体育健身设施。"雪炭工程"的实施对陕西省边穷地区场地设施建设起到了积极的促进作用，受到了当地群众的欢迎，收到了很好的社会效益，并为"一圈二线三岸"的场地和器材建设打下了坚实的基础。根据总局实施雪炭工程的要求，结合陕西实际，对全省地方财政困难、公共体育设施落后、体育彩票发行较好、领导重视体育事业、体育工作有一定的群众基础且能提供工程建设用地的革命老区、经济欠发达地区、"南水北调工程"淹没地区、资源枯竭地区以及国家扶贫开发重点县提供支持。因此，"雪炭工程"的建设首先对"二线三岸"地域内的健身场地进行建设，然后才是"一圈"地域内的场地建设，它们依次是陕北、陕南、关中，从 2000 年至今，陆续建设了 4 期雪炭工程。

1. 第一期雪炭工程（延安市综合训练馆）

延安市综合训练馆，又称延安市健身训练中心，于 2001 年破土动工，2002 年底竣工并投入使用，该馆共 5 层，总面积 34800 平方米，是一座较为先进的综合训练馆，既适合竞赛训练，又可以开展各种群众体育活动。一层是举重训练场地，二层是柔道训练场地，三层是摔跤训练场地，四层是健身房和办公区，五层是跆拳道训练场地，在馆前还有 2000 平方米的群众健身场地，安装有健身路径等设施。综合训练馆建成后，延安市体育局充分利用其完善的设施组织开展了形式多样的群众体育活动，先后举办了社会体育指导员、国民体质监测、健身秧歌、健身腰鼓等培训班，组织了乒乓球等项目的群众比赛数十次。同时还利用训练馆的场地优势，积极承揽一些商业性活动，开展创收，增强"造血功能"，以馆养馆，为训练馆的进一步发展提供了条件。目前综合训练馆的日常管理由延安体育场负责，维护费用列入财政预算。投入运营以来，对延安市全民健身活动的开展和竞技体育水平的提高起到了积极作用，得到了广大体育工作者和社会各界的肯定。

2. 第二期雪炭工程（榆林市全民健身活动中心）

榆林市全民健身活动中心于 2003 年 8 月开工建设，2004 年 10 月建成。中心位于榆林西沙城区的黄金地段，占地面积 35 亩左右，总建筑面积为 6920 平方米，包括主馆和多功能馆。主馆设有可供 2860 人使用的看台，可进行篮球、排球、羽毛球、乒乓球、文体表演、大型会议等活动，同时主馆楼内可设保龄球、台球、武术、棋牌、气枪射击、健身房等体育设施，也可开展摔跤、柔道、跆拳道、举重、体操等室内项目的训练。中心室外建设了 1 个网球场、5 个篮球场、4 个门球场和全民健身路径。

3. 第三期雪炭工程

第三期雪炭工程国家体育总局对我省扶持力度非常大，全国共 39 个工程，陕西就占 4 个，分别是商洛市全民健身综合楼、岚皋县体育场、白河县体育场、旬阳县体育场。

商洛市全民健身综合楼由国家体育总局和省体育局共同投资 250 万元，于 2003 年 5 月 1 日动工，总面积 8643 平方米，主体 8 层，最高处 10 层，2004 年底建成交付使用。

岚皋县体育场于 2004 年 10 月动工兴建，由总局援助 100 万元，现已基本建成。

白河县体育馆于 2004 年 8 月动工兴建，2005 年 9 月完工。此工程总局援助 70 万元，我局援助 30 万元。

旬阳县体育场工程于 2004 年 8 月动工兴建，总局援助 140 万元，我局配套援助 60 万元，目前已基本建成。

4. 第四期雪炭工程

2004 年底，总局批准汉中市汉台区全民健身活动中心、铜川市新区体育馆为第四期雪炭工程建设项目，分别援助 160 万元、120 万元，省体育局分别配套 40 万元、30 万元。汉中市汉台区全民健身活动中心是区政府对原体育场实施土地置换，重新征地规划建设的一个多功能、综合性的市民健身中心，占地 30 亩，包括综合训练馆、门球场、篮球场和健身路径等，预算 600 万元。铜川市新区体育馆项目包括综合训练馆、篮球场、排球场、网球场等，预算超过 1000 万元。

另外，根据国家体育总局《关于申报 2005—2007 年"雪炭工程"的通知》有关要求，从经济和社会发展水平的实际情况出发，经过全面比较，反复论证，决定在凤县、蒲城县、永寿县、甘泉县、宜君县、靖边县、太白县建设 2005—2007 年"雪炭工程"。

（三）西安环城公园全民健身示范区

由国家体育总局、陕西省体育局资助建设的西安环城公园全民健身示范区于 2007 年 4 月正式建成。该示范区位于西安环城公园西城门以南，西南角楼以北的区域，全长约 1000 米，占地约 15000 平方米，分别设有适合中青年健身的"搏力苑"、提高智力训练的"益智苑"、适合各类人群健身的"全民苑"、保证残疾人健身的"和谐苑"、突出少年儿童健身特点的"童趣苑"和适合中老年健身的"康乐苑"。示范区内共安装各类健身器材 600 余件，其中，有 32 块乒乓球台的"乒乓球一条街"特别受市民欢迎，示范区内所有设施免费向市民开放。西安环城公园全民健身示范区是国家体育总局在全国重点抓的 3 个全民健身样板工程之一，是迄今为止我国西部地区最大的全民健身示范园区，它的建成为西安市广大群众提供了新的、功能齐全的健身活动场所，并且成为"西·咸一体化"都市体育圈内一道亮丽的风景线，成为"一圈"全民健身的示范工程，为广大人民群众健身提供优质的场地资源，为辐射"二线三岸"全民健身工程的建设与发展起到了良好的助推与引领作用。

全民健身工程的实施促进了陕西"一圈二线三岸"健身场地设施的建设，但是广大群众的实际需求又是怎样的呢？通过我们对农村乡镇农民的问卷调查结果（见表3－6）可以看出农村乡镇体育场地设施建设滞后，调查数据反映只有18.4%的调查者身边配置有全民健身的场地器械。

表3－6　　您身边有全民健身工程配置的健身场地和器械吗
（农村乡镇农民）

选项	频数	百分比（%）	有效百分比（%）	累计百分比（%）
有	338	18.4	18.4	18.4
没有	1497	81.6	81.6	100.0
总计	1835	100.0	100.0	100.0

城市社区居民的问卷调查结果（见表3－7）显示43.4%认为全民健身工程的实施改善了他们的健身条件。同第五次体育场地普查相比，增加了15.4%。

表3－7　您认为本社区配置全民健身工程器械后健身条件改善情况如何
（城市社区居民）

选　项	频数	百分比（%）	有效百分比（%）	累计百分比（%）
改善了健身条件	659	43.4	43.4	43.4
同以前差不多	478	31.4	31.4	74.8
没有解决实际问题	383	25.2	25.2	100.0
总计	1520	100.0	100.0	100.0

通过表3-6、表3-7可知陕西农村乡镇和城市社区的场地设施建设还存在一定的差距，今后全民健身工程应在2006年实施第一批"农民健身工程"的基础上紧紧围绕"一圈二线三岸"地域体育发展模式规划，继续加大对农村乡镇全民健身场地设施的投入和建设。

全民健身工程的实施有效地促进了陕西对《全民健身计划纲要》的实施，部分缓解了陕西省群众对健身设施与健身场地的需求。但是，全民健身工程的建设还任重而道远，同广大人民群众真正的健身需求还有很大的差距。场地设施是开展全民健身的物质基础，今后各级部门应多方面筹集资金进一步加大对场地设施建设的投入力度，整合"一圈二线三岸"体育场地设施资源，形成优势互补、统筹规划、以"一圈"辐射"二线三岸"、点轴连接、点面结合的体育场地设施的建设布局。

三　全民健身投入经费现状分析

全民健身经费的投入直接影响着陕西"一圈二线三岸"地域体育发展的全民健身工程建设，制约着《全民健身计划纲要》的实施，尤其是西部地区的省份，经济基础薄弱，经费投入有限。作为一项以政府为主导的公益性、全民性的事业，自上而下高度重视，积极采取各种举措筹集资金投入陕西"一圈二线三岸"地域体育发展的全民健身事业，全民健身经费的大量投入为"一圈二线三岸"地域体育发展提供了资金保障，以适应日益增长的人民群众对健身的需求，促进全民健身事业的快速发展。

国家体育总局投资的原则偏向于西部（高达40.3%），陕西作为西部省份，国家体育总局的投资力度较大，自实施全民健身工程以来，截至2007年底，国家体育总局对陕西共投入资金5231万元。但就全国而言，各地方配套投入资金差别较大，东部地区地方投资占总资金投入的54.9%、中部为26.9%、西部为18.2%，西部省份地方投入远远落后于中部、东部地区。但是陕西省、市在资金紧缺的情况下，多渠道筹集资金，努力改善社区群众健身锻炼的设施和条件，投入了 5324.5 万元（见表 3-8），占总投入的 50.4%，整体投资接近东部地区。其中全民健身路径工程投入 781 万元（见表 3-9），占陕西省总投入的 14.7%；雪炭工程投入 235 万元（见表 3-10），占陕西省总投入的 4.4%。截至 2007 年底，国家体育总局和陕西省利用体育彩票公益金共投入近 1.5 亿资金建设全民健身工程，部分缓解了陕西健身场地器材严重不足的情况，有效促进了陕西省全民健身的发展。

表 3-8 　陕西省全民健身工程投资汇总表（体育彩票公益金）

项目类型	投资所属地域范围	总局资助资金（万元）	省/市资金（万元）	建成时间/预计时间
全民健身路径工程	一圈二线三岸	2316	289.5	
雪炭工程	二线三岸	2165	235	
陕西省全民健身活动中心	一圈二线三岸	300	800	2004
西安市全民健身活动中心	一圈	100	4000	2005
宝鸡渭河体育公园	三岸	50	0	2005
西安环城公园全民健身示范区	一圈	300	0	2007
共计		5231	5324.5	

注：数据来源于陕西省体育局群众体育处（国家体育总局核对后上报数据），以上数据截至 2007 年底。

表 3-9 　　陕西省全民健身路径工程（体育彩票公益金）年度间经费投入统计表

批次	年份	国家体育总局投资（万元）	省区市投资（万元）	地区市县投资（万元）	受赠单位（万元）	国家体育总局全国投资（万元）
1	1997	108	36	63	121	
2	1998	113	56.5	65	121	
3	1999	136	68.5	43.5	0	

续表

批次	年份	国家体育总局投资（万元）	省区市投资（万元）	地区市县投资（万元）	受赠单位（万元）	国家体育总局全国投资（万元）
4	2000	100	43	43	0	3150
5	2001	270	0	0	0	8100
6	2002	308	42	0	0	8100
7	2003	114	57	0	0	5100
8	2004	216	0	0	0	6000
9	2005	216	0	0	0	6000
10	2006	600	240	0	0	6768
11	2007	135	270	0	0	3000
合计		2316	324	215	242	46218

表 3－10　　　陕西"雪炭工程"各期与项目援建资金表

（体育彩票公益金）

建设单位	期　次	投资所属地域范围	总局援助资金（万元）	省体育局配套资金（万元）	援助、配套资金总额（万元）
延安市	第一期	二线三岸	300	0	300
榆林市	第二期	二线三岸	200	0	200
商洛市	第三期	二线	175	75	250
旬阳县	第三期	二线三岸	140	60	200
白河县	第三期	二线三岸	70	30	100
岚皋县	第三期	二线	100	0	100
汉中市	第四期	二线三岸	160	40	200
铜川市	第四期	三岸	120	30	150
合计			1265	235	1500

截至第四期，陕西雪炭工程国家体育总局共投入 1265 万元，

具体实施情况如下：

2001 年延安市健身训练中心破土动工，2002 年底竣工并投入使用，总投资 740 万元，其中总局援助 300 万元，延安市体育彩票公益金投入 132 万元，其余由延安市体育局自筹。榆林市全民健身活动中心总投资为 1300 多万元，其中国家体育总局援助 200 万元。

第三期"雪炭工程"共投资 650 万元，其中国家体育总局投资 485 万元，陕西投资 165 万元。商洛市体育教学综合楼由国家体育总局和省体育局共同投资 250 万元；岚皋县体育场由总局援助 100 万元；白河县体育馆总局援助 70 万元，陕西援助 30 万元；旬阳县体育场总局援助 140 万元，省体育局配套援助 60 万元。

第四期"雪炭工程"总投资 350 万元，其中国家体育总局投资 280 万元，陕西投资 70 万元。汉中市汉台区全民健身活动中心、铜川市新区体育馆国家体育总局分别援助 160 万元、120 万元，省体育局分别配套 40 万元、30 万元。

正在建设的第五期"雪炭工程"国家体育总局已投资 900 万，因此国家体育总局在陕西省就"雪炭工程"投资总额达 2165 万元。

2005 年已建成的西安市全民健身活动中心，总投资 4100 万元，在省体育局的积极争取下，通过了国家体育总局的评审，得到了 100 万元的资助。西安市环城公园被国家体育总局列入全国全民健身基地建设，得到了 300 万元的资金支持。

随着全民健身计划实施的不断深入，各级政府与群众对健身认知水平的提高，全民健身经费的投入也由单一的政府投入逐步形成了多渠道筹集资金用于全民健身。通过对陕西街道办事处与社区的问卷调查（见表 3 – 11）可知用于社区全民健身的经费来源是多方面的，但主要是依靠自筹经费和政府拨款，另外还包括社会捐赠、企业赞助和其他一些方面。用于全民健身经费的数量也还有限，主要集中在 1 万元以内（见表 3 – 12）。

表 3 - 11　　　　　社区全民健身活动经费来源（N = 551）

选　项	频数	百分比（%）
政府拨款	284	51.5
自筹经费	425	77.1
社会捐赠	114	20.7
企业赞助	161	29.2
其他	27	0.05

表 3 - 12　　　　　本社区每年用于全民健身活动经费（N = 551）

选项	频数	百分比（%）	有效百分比（%）	累计百分比（%）
0 元	50	9.1	9.1	9.1
1—5000 元	274	49.7	49.7	58.8
5001 元—1 万元	133	24.1	24.1	82.9
1 万—1.5 万元	47	8.5	8.5	91.5
1.5 万—2 万元	23	4.2	4.2	95.6
2 万元以上	24	4.4	4.4	100.0
合计	551	100.0	100.0	

　　全民健身作为一项公益性的事业，资金来源主要是体育彩票公益金。陕西省的全民健身经费主要来自国家体育总局和省市投资，配建单位投入资金较少，经费主要用于全民健身工程建设，今后陕西省全民健身资金投入应该以政府为主导，投入的项目应该更加丰富，除了全民健身工程以外，要向健身文化、健身活动方面倾斜。同时加强政策引导，积极拓宽各种渠道，吸引更多的社会资金投入到陕西的全民健身事业中。

四　全民健身活动组织实施与宣传

　　全民健身活动的组织与宣传是实施全民健身计划的具体途径和有效手段，陕西为全面落实《全民健身计划纲要》，在"一圈二线三岸"地域组织了大量的全民健身活动，对全民健身具体内容与方法进行了大规模、多渠道、多方式的宣称，全民健身活动组织实施与宣传为"一圈二线三岸"地域体育发展搭建了平台，极大地促进了陕西全民健身的发展。

2003 年，陕西省全民健身活动的特点是规模大，时间较为集中，社会效益明显。在春节大年初一，省体育局举办了首届农民足球邀请赛，中央电视台、省电视台都对此进行了报道。大年初五举办了迎新春省直单位领导干部保龄球赛。为纪念毛泽东同志诞辰 110 周年，12 月在南湖举办了陕西省第三届冬泳比赛，有数百名群众参加。

为了倡导大型企业、城市社区节日的传统体育活动，使人民群众过一个祥和、欢乐、健康的新年，省体育局于 2004 年元旦在西安车辆厂举办了 2004 年"迎新年庆元旦北车集团西安车辆厂健身运动会"。比赛项目有长跑、拔河、篮球、门球、木球、太极剑、健身球、木兰扇等，有数千名群众参加。春节期间，举办了"神州三号杯农村体育年全民健身展示大会"和"省直机关领导干部迎新春保龄球比赛"。针对当前女子健美操深受百姓喜爱的情况，5 月份与中国电信陕西分公司联合举办了"电信杯"全省女子健美操大赛，有数千人参加，引起了社会广泛关注，推动了陕西健美操活动的开展。5 月 28 日至 6 月 1 日在太白山举办了山地极限赛，来自省内外的 200 余人参加了比赛。6 月 11 日在朱雀广场举行了声势浩大的"陕西省 2004 年全民健身周群众健步行活动"，有来自农民、职工、妇女、学生、老年人等不同系统的千余名群众冒着炎热的天气参加了健步行活动。与此同时，西安、宝鸡、咸阳、渭南、铜川全民健身周五市联动活动也同时展开。西安市在新城广场举行了盛大的全民健身展示活动，来自各社区的 40 支表演队伍按照拳类、剑扇类、健身秧歌类、特色项目类进行了展示。10 月，与省老年体协共同完成了陕西省第四届老年人联欢节文体活动的 4 个竞赛项目组织工作。

农村体育是我国群众体育工作中的难点和薄弱环节，国家体育总局将 2004 年定为"农村体育年"，确定了"生活奔小康，身体要健康"的口号，并提出以体育场地、体育科普知识、体育健身指导为主要内容的"体育三下乡"活动。①

省体育局根据总局"农村体育年"的活动要求,结合陕西省农村实际,3 月 27 日与省农业厅、咸阳市政府共同在咸阳市渭城区底张镇举行了声势浩大的陕西省"农村体育年"启动仪式,拉开了陕西"农村体育年"活动的帷幕。各地结合本地区实际,纷纷开展了形式多样的农村体育活动,宝鸡市在麟游县丈八乡举办了第六届农民运动会。汉中市举办了大规模的"农行杯"乡镇篮球赛。汉江龙舟赛于"五一"黄金周隆重举行,有 24 支农民龙舟队参加。延安市吴旗县长官庙乡举办了第十二届农民运动会。由于大力开展各项全民健身活动,有力推动了"五个百万人群"健身工作的深入开展,不断增加体育人数,新增体育人数约 30 万人,群众体育活动呈现出蓬勃发展的局面。

2005 年是国务院颁布实施《全民健身计划纲要》十周年,也是实施《全民健身计划纲要》二期工程承上启下的关键一年。国家体育总局将 2005 年定为"全民健身回顾展望年",群体工作主题口号为"历史回顾展示成就,现实规划展望未来;场地建在百姓身边,体育走进千家万户;参加全民健身运动,营造和谐社会氛围;掀起群众健身高潮,迎接十运、奥运召开"。全民健身活动的目的就是要达到全民广泛参与,2005 年元旦,省体育局在汉中举办了陕西省第四届冬泳比赛;为了纪念《全民健身计划纲要》和《中华人民共和国体育法》颁布实施十周年,促进全民健身活动深入开展,6 月 5 日在朱雀广场举行了安利纽崔莱健康跑陕西省暨西安市全民健身周活动启动仪式。整个活动由开幕式、安利纽崔莱健康跑、全民健身表演、运动嘉年华(大众体育趣味活动)四部分组成,潘连生副省长出席了活动,奥运会冠军王军霞亲自为健康跑队伍领跑,来自各行各业的一万多名群众兴致勃勃冒雨参加了活动。据统计,2005 年全民健身周期间,全省开展各类体育比赛和健身活动 350 多次,参与群众达 70 多万人次,满足了不同年龄、不同人群的体育健身需求,

---

① 国家体育总局群体司编:《全民健身文集(十一)》,国家体育总局群体司,2005 年,第 381 页。

极大地丰富了广大群众的精神生活，取得了较好的社会效果。

2006 年是《全民健身计划纲要》第二期工程第二阶段的开局之年，国家体育总局将 2006 年列为"职工体育年"，重点发展职工体育。陕西省采用多种形式，组织各地区、各行业的广大职工开展适合广大职工参与的健身活动，大力开展以行业体协为主体的"百万职工健身活动"；继续组织开展了"五个百万人群"健身活动，突出百万青少年、百万妇女、百万老年人等重点人群的健身活动。全民健身周内容有创新、活动有特色。全民健身活动注重培育群众体育精品赛事，组织开展陕北的健身秧歌、健身腰鼓，陕南的龙舟、冬泳，关中的太极拳、球类活动，西安的城墙越野赛等形式多样的全民健身活动，取得了良好的社会效果。

随着社会进步和人民群众物质文化水平的不断提高，陕西省居民消费水平稳步提高（见表 3 - 13），人们的健康意识不断增强，健身需求日趋强烈，对陕西全民健身工作的要求也呈现出高标准、多元化的趋势。全民健身硬件建设固然非常重要，但如何充分利用现有的硬件条件让更多的人民群众参与到健身活动中去，提高广大人民群众的身体素质和健康水平才是根本目的。

表 3 - 13　　　　　　　1997—2006 年居民消费水平

年　份	全省居民	农村居民	城镇居民	城乡消费水平对比（农村居民 =1）
1997	1683	1076	3901	3.6
1998	1680	1114	4535	4.1
1999	2050	1226	4948	4.0
2000	2210	1271	5390	4.2
2001	2426	1385	5854	4.2
2002	2634	1434	6457	4.5
2003	2892	1556	7013	4.5
2004	3221	1732	7712	4.5
2005	3594	2024	8234	4.1
2006	3972	2201	9033	4.1

注：以上数据来源于 2007 年陕西统计年鉴，第 182 页。

全民健身计划的逐步推进与深入，进一步完善了全民健身服务体系的各个环节，积极推进了陕西"一圈二线三岸"地域体育的发展。陕西在全民健身计划实施的过程中分级别、分层次组织了大量形式多样的全民健身活动。近3年组织各类运动会与全民健身活动呈逐年增加的趋势（见表3-14），说明群众的健身意识在增强，参与健身活动的人群在增加。经费投入、场地建设，尤其是全民健身宣传已经对全民健身计划的实施发挥了一定的作用。

表3-14　我省近3年举办运动会与全民健身活动情况统计表

年 份	举办运动会或比赛		举办全民健身活动情况		国际体育活动情况	
	举办综合运动会次数	举办单项比赛次数	举办全民健身活动次数	参加活动人 数	出访起数	出访人次
2005	181	896	126	927701	27	183
2006	175	879	830	1942412	57	169
2007	182	740	1144	2980000	51	102

注：以上数据来源于2006年、2007年、2008年陕西统计年鉴。

经济发展水平与参与健身活动应该是相互关联的。通过对陕西省各市（区）2006年、2007年城镇居民可支配收入、农民纯收入与参加全民健身活动的人数进行相关分析，分析结果见表3-15。

从表3-15可知，全省各市（区）参加全民健身活动人数与各市（区）城镇居民人均可支配收入、农民人均纯收入的相关系数（α）分别为0.655（$P<0.05$）、0.742（$P<0.05$），说明参加全民健身活动人数与城镇居民人均可支配收入、农民人均纯收入具有较强的正相关性。因此我省经济水平的高低，城镇居民与农民收入的多少是制约我省全民健身发展的因素之一。

陕西省在全民健身计划实施的过程中分级别、分层次组织了大量的全民健身活动，这些活动的开展极大地促进了全民健身的发展，提高了人民群众参与体育健身的热情。但是这些活动的开展同

表 3 - 15　　　　　　　　　Correlations（相关分析）

项　目		参加全民健身活动人数	城镇居民人均可支配收入	农民人均纯收入
参加全民健身活动人数	Pearson Correlation	1	0.655＊＊	0.742＊＊
	Sig.（2 - tailed）		0.001	0.001
	N	21	21	21
城镇居民人均可支配收入	Pearson Correlation	0.655＊＊	1	0.665＊＊
	Sig.（2 - tailed）	0.001		0.001
	N	21	22	22
农民人均纯收入	Pearson Correlation	0.742＊＊	0.665＊＊	1
	Sig.（2 - tailed）	0.001	0.001	
	N	21	22	22

＊＊. Correlation is significant at the 0. 01 level（2 - tailed）.

广大人民群众的实际需求又是怎样的呢？在陕西广大的农村地区农民有健身的愿望，希望各级政府部门多组织一些体育健身活动。从图 3 - 1 可以看出 65. 67％的人希望多组织一些体育健身活动。

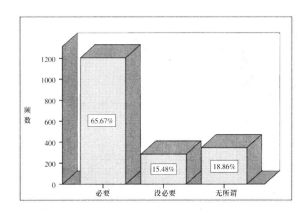

图 3 - 1　是否有必要让各级政府多组织开展一些农村体育健身活动

　　通过我们调查反映出一定的问题（见图3-2、图3-3），大多数农民有健身的愿望与需求，但是农村组织的健身活动太少，有53.35%的乡镇全年一次健身活动都没有组织，组织两次以上的只占15.15%。而在这些健身活动中没有专人负责的占74.17%。这说明陕西各级乡（镇）政府对农民健身问题缺乏认识，因此造成重视的程度不够，开展活动较少。今后应把群众的健身问题作为考核各级政府官员政绩的指标之一。

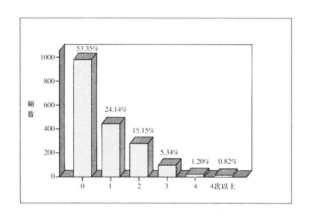

图3-2　农村全年举行健身活动的次数

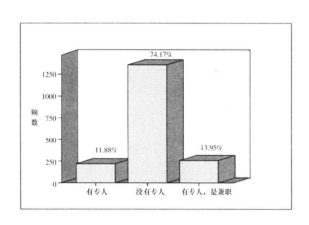

图3-3　所在乡镇、村是否有专人负责组织健身活动

使广大人民群众了解全民健身，认识到通过积极的健身锻炼能
获得更加健康的身体。2005 年，为了宣传推广健步走活动，对群
众参加健身活动进行科学指导，省体育局组织了有关方面专家编写
印制了数万册《健步走》宣传手册，免费发放，倡导广大群众
"每天锻炼一小时，健康工作五十年，幸福生活一辈子"。2006 年，
省体育局组织专家报告团，开展以体育健身和科学生活方式为主题
的"体育健身知识大讲堂活动"，面向职工进行健身指导和健康咨
询；组织编印浅显易懂、生动活泼、适合职工特点的体育健身科普
图书，普遍增强广大职工体育健身意识，普及科学锻炼知识；广泛
宣传国家体育总局最新编创的易筋经、五禽戏、六字诀和八段锦四
种健身气功新功法，通过在各市设立的站点进行普及和推广。

　　陕西全民健身活动形成了省级形式多样、市级各具特色、县级
深入社区并逐步向农村乡镇推进、宣传的手段多样化的态势。在实
施全民健身的过程中陕西充分利用电视、报纸等媒体工具对本省的
全民健身活动、科学的健身方法等进行报道与宣传。虽然针对全民
健身的宣传方式很多，但宣传方式的选择非常重要，通过多选题的
方式调查发现 64.4% 选择了电视（见表 3 - 16），电视成为全民健
身宣传的首要媒体，这同电视的普及率是紧密联系的。因此各级电
视媒体应通过公益广告的形式加大对全民健身的宣传力度。其次是
全民健身公益广告牌、广播、全民健身宣传画、报纸等。

表 3 - 16　　　　　　　**全民健身宣传方式的选择**

宣传方式	Responses		Percent of Cases
	N	Percent（%）	（%）
电视	1139	22.5	64.4
广播	619	12.2	35.0
网络	372	7.4	21.0
报纸	593	11.7	33.5
全民健身公益广告牌	653	12.9	36.9

宣传方式	Responses		Percent of Cases
	N	Percent（%）	（%）
全民健身宣传画	617	12.2	34.9
全民健身知识丛书	385	7.6	21.8
宣传小册	404	8.0	22.8
全民健身咨询	275	5.4	15.5
合计	5057	100.0	285.7

a. Dichotomy group tabulated at value 1.

五 全民健身组织体系现状分析

经过多年的规划与发展，我国群众体育组织网络已初步形成。该组织网络以体育社会团体的形式为基本存在形态，以社团的组织结构为运作主体，是一种向社会化过渡的群众体育组织形式。陕西以体育健身服务的多元化组织形式，不断加强"一圈二线三岸"地域内的全民健身组织体系建设，全民健身组织体系建设为"一圈二线三岸"地域体育发展提供了组织支撑。2003 年，新建全民健身指导站点 327 个；建成西工大附中等 15 个青少年体育俱乐部，国家级传统项目学校两个。2004 年，各类体育辅导站已达 2000 多个，各类体育协会达 3000 个，2004 年度陕西省各市（区）新建全民健身辅导站、点计划如下（见表 3-17）。

表 3-17　2004 年度陕西省新建全民健身辅导站、点（计划）

编号	市（区）	规划所属地域范围	全民健身辅导站、点		
			乡镇（个）	社区（个）	合计（个）
1	西安市	一圈	80	120	200
2	宝鸡市	三岸	40	90	130
3	咸阳市	一圈三岸	40	90	130
4	渭南市	三岸	40	90	130

续表

编号	市（区）	规划所属地域范围	全民健身辅导站、点		
			乡镇（个）	社区（个）	合计（个）
5	铜川市	三岸	30	50	80
6	汉中市	三岸	30	50	80
7	安康市	二线三岸	30	50	80
8	商洛市	二线	30	50	80
9	延安市	二线三岸	30	50	80
10	榆林市	二线	30	50	80
11	杨凌区	一圈三岸	15	25	40
合　计			395	715	1110

数据来源：陕西省体育局群体处。

2006 年，为了加强对城市社区体育工作的指导，重点抓社区全民健身组织网络建设，广泛建立社区文体指导站，以及各种类型的体育协会组织，充分发挥它们在开展全民健身活动中的桥梁、纽带和组织作用。到目前为止，全省 90% 的乡镇和 60% 的行政村都建有体育指导站或文体站，基本形成省、市、县（区）、乡（镇）、村五级农村体育组织网络。

六　国民体质监测

国民体质监测是指国家为了系统地掌握国民体质状况，以抽样调查的方式，按照国家颁布的国民体质监测指标、在全国范围内定期对监测对象统一进行测试和对监测数据进行分析、研究。[1] 实施国民体质监测是运用科学的方法对国民个体的形态、机能和身体素质等进行测试与评定，科学指导全民健身活动的开展，发挥体育对增强人民体质的积极作用的有效手段；是落实《中华人民共和国体

---

① 国家体育总局群体司编：《2000 年国民体质监测报告》，北京体育大学出版社 2002 年版，第 3 页。

育法》和《全民健身计划纲要》，构建面向大众的体育服务体系的一项重要工作。[①] 我国从 2000 年开始每 5 年进行一次国民体质监测工作，以建立我国国民体质监测系统和数据库，掌握国民体质状况和发展趋势，为长期动态观察国民体质状况奠定基础。[②]

陕西省 2004 年利用 200 万元体育彩票公益金购置的国民体质检测车在全省进行了巡回检测，完成了对 3 万余人的体质测试。另外，在渭南市白水县举行了"国民体质检测三秦行活动启动仪式"，派出用体彩公益金购置的国民体质检测车开展国民体质检测三秦行活动，历时 2 个月在全省的 11 个市 22 个县行程数千千米免费为农民群众义务进行体质测定，开展健身指导和健康咨询服务，对国民体质监测的意义与重要性进行宣传。2005 年第二次国民体质监测 1.6 万人，同时通过问卷调查了解陕西群众对国民体质监测的认知程度与参与体质测试情况。从全省对国民体质监测体质测定总体了解情况来看（见表 3-18），有 45.0% 的成年人听说过"体质测定"；男性和女性的差别不大，分别为 46.5% 和 43.4%；乡村和城镇相比有一定的区别，乡村的比例几乎偏小一倍。因此，今后要加大国民体质监测的宣传力度，重点要放在农村，真正使大多数农民对国民体质监测的意义与重要性有所了解，促进更多的人积极主动地参与到国民体质监测中来，增加参与国民体质监测的人群和人数，从表 3-19 中我们可以看出我省实际能够参与"体质测定"人数的比例还是很低。

从表 3-20 中可知，陕西群众对国民体质监测的"体质测定"认识整体水平比较高。对自己的体质状况、体育锻炼的重要性都有比较全面的了解，并且男性和女性、城镇和乡村的整体差别不大。

---

① 国家体育总局编：《国民体质测定标准手册》，人民体育出版社 2003 年版，第 4 页。

② 陈宁：《全民健身概论》，四川教育出版社 2004 年版，第 244 页。

表 3-18　　　　　　是否听说过"体质测定"（成年人）

年龄段	全省		男		女		乡村		城镇体力劳动者		城镇非体力劳动者	
样本数	5279		2640		2639		1769		1758		1752	
	N	%	N	%	N	%	N	%	N	%	N	%
是	2374	45.0	1228	46.5	1146	43.4	479	27.1	900	51.2	995	56.8
否	2905	55.0	1412	53.5	1493	56.6	1290	72.9	858	48.8	757	43.2

注：调查数据来源于 2005 年陕西省国民体质监测报告。

表 3-19　　　　　　是否参加过"体质测定"（成年人）

年龄段	全省		男		女		乡村		城镇体力劳动者		城镇非体力劳动者	
样本数	5279		2640		2639		1769		1758		1752	
	N	%	N	%	N	%	N	%	N	%	N	%
是	554	10.5	311	11.8	243	9.2	107	6.0	240	13.7	207	11.8
否	4725	89.5	2329	88.2	2396	90.8	1662	94.0	1518	86.3	1545	88.2

注：调查数据来源于 2005 年陕西省国民体质监测报告。

表 3-20　　　　　　对"体质测定"的认识（成年人）

年龄段	全省		男		女		乡村		城镇体力劳动者		城镇非体力劳动者	
样本数	5279		2640		2639		1769		1758		1752	
	N	%	N	%	N	%	N	%	N	%	N	%
无意义	118	2.24	54	2.05	64	2.43	85	4.80	18	1.02	15	0.86
了解自己体质状况	5018	95.06	2513	95.15	2505	94.92	1615	91.29	1705	96.99	1698	96.92
认识体育锻炼重要性	4119	78.03	2069	78.37	2050	77.68	1244	70.32	1419	80.72	1456	83.11

年龄段	全省		男		女		乡村		城镇体力劳动者		城镇非体力劳动者	
样本数	5279		2640		2639		1769		1758		1752	
	N	%	N	%	N	%	N	%	N	%	N	%
增长健身科学知识	4084	77.36	2050	77.73	2032	77.00	1198	67.72	1399	79.58	1487	84.87

注：调查数据来源于 2005 年陕西省国民体质监测报告。

依据《中华人民共和国体育法》《全民健身计划纲要》和《国民体质监测工作规定》，国家体育总局在 2005 年开展了第二次国民体质监测工作。根据国家体育总局的总体要求，陕西省国民体质监测人群为幼儿、成年人、老年人三类，监测总量为 16920 人，即幼儿 3760 人、成年人 11280 人、老年人 1880 人，其中完成国家指标 7200 人，即幼儿 1600 人、成年人 4800 人、老年人 800 人。监测地是在西安、延安、安康、宝鸡、咸阳、铜川、渭南、榆林、汉中、商洛 10 个市和杨凌示范区，其中西安、延安、安康 3 市为国家监测点。西安、延安、安康 3 市监测样本量为 2880 人。

陕西省 2005 年第二次国民体质监测总体情况：幼儿、成年人与老年人合格以上等级率均在 85% 以上。与 2000 年的测试结果相比，幼儿提高 8.3% 、成年人提高 20.0% 、老年人提高 42.2%。

国民体质监测结果表明：陕西省国民体质总体水平与全国基本一致，其中体质等级合格率还略高于全国（陕西 88.1%，全国 87.2%）。三个年龄段人群体质总体水平与 2000 年相比，幼儿提高了 8.3% 、成年人提高了 20.0% 、老年人提高了 42.2%。

全省体质合格以上等级率幼儿为 88.7% （2000 年为 80.4%），成年人为 88.3% （2000 年为 68.3%），老年人为 85.56% （2000 年为 43.4%）。三个年龄段中尤以老年人合格率增长最为显著，五年间体质等级合格率几乎增长了近一倍。这一监测结果与我省近年来对群众体育活动开展状况的调查结果一致，各种人群中老年人参加体育健身的比例最高。[①] 同 2000 年相比，2005 年各年龄段幼儿的平均身高与体重都有增长；成年人肥胖率随着年龄的增加呈增长趋势；我省国民体质总体水平城市高于乡村；随着年龄的增长经常参加体育锻炼者体质明显好于不锻炼者。

结果表明，陕西在《全民健身计划纲要》的实施中，城市社区、农村乡镇体育工作得到了普及与开展，加强了科学健身的宣传，并根据社会需求逐年加大了对体育设施资金的投入，广大人民群众的身体健康水平得以逐步提高。

2007 年出版了以体质监测研究为主的《体质监测与科学健身》及《2005 年陕西省国民体质监测报告》两本专著，同时召开了"体质监测与科学健身"的论文报告会。

随着国民体质监测工作的开展，陕西国民体质监测工作取得了一批丰硕的研究成果，这些研究成果对陕西"一圈二线三岸"地域体育发展模式的发展和规划实施具有重要的指导意义。

七　社会体育指导员现状与管理

我国于 1993 年 12 月颁布《社会体育指导员技术等级制度》，1994 年 6 月 10 日开始施行。1995 年各地方体委授予了第 1 批社会体育指导员，1996 年 11 月原国家体委授予了首批 29 名国家级社会体育指导员。到 2008 年为止我国社会体育指导员比 1999 年翻了一番，达到 43 万人，已超过定量目标 8 万人。

《社会体育指导员技术等级制度》是《全民健身计划纲要》的重要内容，建立一支完善有效的社会体育指导员队伍是建立多元全民健身服务体系的基础。社会体育指导员是群众体育的骨干力量，在群众体育工作中发挥着越来越重要的作用，是建设社会主义新农村和加强改进及建设社区服务的一项重要内容。

根据《陕西省体育发展"十一五"规划》，到 2010 年，全省

---

① 陕西省体育局与国民体质监测中心编：《陕西省国民体质监测报告》，陕西省人民教育出版社 2007 年版，第 9 页。

社会体育指导员总数达 2 万人。具体到农村与城市社区分别是：农村到"十一五"末新增农村社会体育指导员 5000 名，每年培养 1000 名社会体育指导员，到"十一五"末使全省六分之一以上的行政村（4500 个村）都拥有自己的社会体育指导员；城市社区到"十一五"末新增城市社区社会体育指导员 6000 人，西安市每个社区有 3 名社会体育指导员，其他城市每个社区有 1 名社会体育指导员。

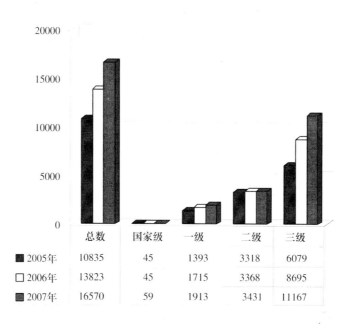

	总数	国家级	一级	二级	三级
■ 2005年	10835	45	1393	3318	6079
□ 2006年	13823	45	1715	3368	8695
■ 2007年	16570	59	1913	3431	11167

图 3-4 2005—2007 年陕西省社会体育指导员统计图

社会体育指导员是群众体育的骨干力量，在群众体育工作中发挥着越来越重要的作用，是改进和建设社区服务的一项重要内容。2003 年，陕西省各级体育行政部门都加强了社会体育指导员队伍建设工作，培训各级社会体育指导员约 1183 人，其中一级社会体育指导员新增 365 人；2004 年，全省培训社会体育指导员 1562 名，为了加强社会体育指导员队伍在农村的建设，开展了千名社会体育指导员下乡活动，8 月和 11 月分别在延安和安康举办陕北、陕南贫困地区乡镇社会体育指导员培训班，共培训 200 人。各市、县也纷纷举办了社会体育指导员培训班，全省培训和审批各级社会体育指导员超过 1500 人，有力提高了基层体育骨干的业务水平；2005 年省体育局在陕北、陕南贫困地区免费举办了三期农村社会体育指导员培训班，培训农村社会体育指导员 300 名；2006 年成立"陕西省社会体育指导员协会"，在社会体育指导员建设方面我省继续加强工作力度，加大经费投入；截至 2007 年底，我省共有各级社会体育指导员 16570 人（见图 3 - 4），其中国家级 59 人，一级 1913 人，二级 3431 人，三级 11167 人，基本分布在城镇。

从总体上看，数量不足，从指导类型上看，管理型社会体育指导员占主导地位，技能型社会体育指导员严重缺乏。从 2004 年起，陕西省逐步加大了培养力度，但与"十一五"规划中提出的要求和群众体育的发展还有相当大的差距。另外，对社会体育指导员队伍数量、人员结构、等级比例、服务区域等各个方面应进行合理配置。社会体育指导员为"一圈二线三岸"地域体育发展模式提供了人力资源，进一步完善了"一圈二线三岸"地域体育发展模式。

全民健身的发展状况已经成为地域体育发展的"晴雨表"，全民健身服务体系的建立是全民健身发展的高级阶段，也是全民健身顺利实施的根本保证，没有完善的全民健身服务体系，全民健身将缺少一翼。通过对陕西省全民健身场地设施建设及资金投入、全民健身活动组织实施与宣传、全民健身组织体系及社会体育指导员等方面进行全面的调查分析，发现陕西在实施全民健身过程中还存在一些问题，为了促进陕西全民健身可持续发展，实施西部体育强省发展战略。依据全民健身在发展过程中存在的问题，结合陕西全民健身发展的实际情况，有必要全面系统地构建陕西省的全民健身服务体系。

第二节　全民健身服务体系构建

具体内容是体系建立的基础，我们通过文献资料、专家访谈、专家及相关管理者的问卷调查与数理统计的方法相结合，确定了本次研究的具体内容，从而构建陕西省的全民健身服务体系。

一　全民健身服务体系量表设计

首先，我们编制了陕西省全民健身服务体系问卷量表，量表的构建方法如下：

第一，通过阅读文献资料及走访相关的专家学者确定本次研究的问卷初稿，然后通过9位专家（教授3人、副教授2、体育局全体主管领导与干部4人）就问卷的结构与内容进行了修改。

第二，问卷初试、项目分析。

初试时发放问卷105份，回收后编号整理有效问卷96份。通过SPSS 11.5对问卷数据进行录入。

对录入数据进行项目分析求出问卷个别项的临界比率值——CR值。依临界分数将观察值在量表得分中分成高低两组；以独立样本t-test检验两组在每个题项的差异；将t检验结果未达到显著性的题项删除，从而确定了问卷的具体内容（见表3-21）。

表6-18中有＊＊＊（P < 0.001）代表该问题T值的大小，并且均达到显著性差异。可以看出WT1—WT22的T值均达到显著，表示问卷22个问题均具有鉴别度，所有问题都能鉴别出不同受试者的反应程度。因此，我们本次研究所采用的全民健身服务体系问卷的问题内容具有很好的鉴别度。

第三，问卷信度检验。

问卷信度检验是通过量表的折半信度（split-half reliability）进行的，检验结果见表3-22。

α系数值介于0—1之间，究竟α系数要多大，才算有高的信度，学者DeVellis（1991）认为α系数值如果在0.60—0.65之间最好不要；α系数值介于0.65—0.70之间是最小可接受值；α系数值介于0.70—0.80之间相当好；α系数值介于0.80—0.90之间非常好。[①]

[①]　吴明隆：《SPSS统计应用实务》，中国铁道出版社2000年版，第9页。

表3-21　　　　Independent Samples Test（**独立样本T检验**）

编号	问题	Levene's Test for Equality of Variances		t	df	Sig. (2-tailed)	Mean Difference
	内容	F值	Sig.-显著性检验	T值	自由度	T值显著性	平均数的差异
WT1	政府投资修建全民健身场地设施	0.088	0.768	7.369***	54	0.000	1.36
				7.369	48.895	0.000	1.36
WT2	全民健身场地设施数量	0.919	0.342	7.227***	54	0.000	1.18
				7.227	53.998	0.000	1.18
WT3	社会投资修建全民健身场地设施	0.088	0.768	7.369***	54	0.000	1.36
				7.369	48.895	0.000	1.36
WT4	体育彩票公益金投资修建全民健身场地设施	4.650	0.036	4.740***	54	0.000	0.89
				4.740	48.101	0.000	0.89
WT5	全民健身场地设施的质量	0.243	0.624	4.861***	54	0.000	1.00
				4.861	53.169	0.000	1.00
WT6	全民健身场地设施的环境	0.255	0.616	8.769***	54	0.000	1.61
				8.769	54.000	0.000	1.61
WT7	全民健身场地设施管理与维护	1.077	0.304	5.999***	54	0.000	0.96
				5.999	51.071	0.000	0.96
WT8	机关、学校、企事业单位场地设施对社会开放	2.478	0.121	8.053***	54	0.000	1.57
				8.053	50.628	0.000	1.57

续表

编号	问题 内容	Levene's Test for Equality of Variances		t	df	Sig. (2 - tailed)	Mean Difference
		F 值	Sig. - 显著性 检验	T 值	自由度	T 值显著性	平均数的差异
WT9	全民健身相关的科学研究	0.982	0.326	5.608 * * *	54	0.000	1.18
				5.608	53.250	0.000	1.18
WT10	成立各级政府全民健身领导机构	10.65	0.002	9.456 * * *	54	0.000	1.36
				9.456	46.728	0.000	1.36
WT11	各级各类全民健身社会组织建立	14.15	0.000	7.665 * * *	54	0.000	1.39
				7.665	42.828	0.000	1.39
WT12	建立机关、企事业单位、学校、乡镇全民健身组织	4.191	0.046	8.895 * * *	54	0.000	1.61
				8.895	46.149	0.000	1.61
WT13	社会体育指导员队伍组织体系的建设	7.532	0.008	5.615 * * *	54	0.000	1.11
				5.615	45.689	0.000	1.11
WT14	国民体质监测体系的建立	12.64	0.001	5.657 * * *	54	0.000	0.96
				5.657	42.438	0.000	0.96
WT15	各级各类全民健身协会的建立	38.10	0.000	4.467 * * *	54	0.000	0.61
				4.467	35.093	0.000	0.61
WT16	全省每年举行一次以上全民健身运动会	0.022	0.883	3.561 * * *	54	0.001	0.54
				3.561	50.861	0.001	0.54

续表

编号	问题	Levene's Test for Equality of Variances		t	df	Sig. (2 - tailed)	Mean Difference
	内容	F 值	Sig. -显著性检验	T 值	自由度	T 值显著性	平均数的差异
WT17	全民健身信息网络的建设	0.629	0.431	6.051 * * *	54	0.000	1.18
				6.051	51.166	0.000	1.18
WT18	各级地方性全民健身大型活动的开展	0.994	0.323	3.763 * * *	54	0.000	0.61
				3.763	53.610	0.000	0.61
WT19	社区、乡镇经常性地开展全民健身活动	1.105	0.298	5.416 * * *	54	0.000	0.82
				5.416	51.939	0.000	0.82
WT20	全民健身文化与活动的宣传报道	1.103	0.298	8.822 * * *	54	0.000	1.50
				8.822	46.172	0.000	1.50
WT21	全民健身方法宣传	1.988	0.164	5.044 * * *	54	0.000	1.00
				5.044	50.350	0.000	1.00
WT22	全民健身相关政策与法规宣传	0.154	0.696	7.360 * * *	54	0.000	1.29
				7.360	51.444	0.000	1.29

表 3 - 22　　全民健身服务体系问卷信度检验结果统计表

问题编号	Scale Mean if Item Deleted	Scale Variance if Item Deleted	Corrected Item - Total Correlation	Alpha if Item Deleted
WT1	46.1562	99.5859	0.6785	0.9137
WT2	46.3229	101.3157	0.6036	0.9153
WT3	46.2187	99.3727	0.6719	0.9138

问题编号	Scale Mean if Item Deleted	Scale Variance if Item Deleted	Corrected Item – Total Correlation	Alpha if Item Deleted
WT4	46.1875	103.0592	0.4537	0.9183
WT5	46.3437	100.6069	0.6360	0.9146
WT6	46.4687	96.5253	0.7583	0.9116
WT7	46.5417	102.6930	0.5351	0.9166
WT8	46.3750	97.5632	0.6727	0.9137
WT9	46.7812	101.5622	0.5200	0.9170
WT10	47.1667	99.6351	0.6840	0.9136
WT11	47.1875	100.2803	0.5908	0.9155
WT12	46.9792	98.3575	0.6962	0.9132
WT13	47.1979	102.6657	0.4764	0.9178
WT14	47.2708	103.1680	0.5088	0.9171
WT15	47.6146	106.0288	0.4223	0.9186
WT16	47.2812	106.6253	0.3365	0.9198
WT17	46.8646	102.3078	0.5091	0.9171
WT18	46.8437	105.9859	0.3660	0.9194
WT19	46.9687	103.3990	0.5058	0.9172
WT20	46.7812	99.7516	0.6123	0.9150
WT21	46.7604	102.5420	0.4803	0.9178
WT22	46.0312	101.3569	0.5193	0.9171

Reliability Coefficients（信度 α 系数）；N of Cases = 96.0（受试者人数）；N of Items =22（题项数目）；Alpha =0.8996（总量表的信度系数）。

从检验结果 α = 0.8996，总量表信度系数值介于 0.80—0.90 之间，说明全民健身服务体系问卷的可信度非常好。

二 "一圈二线三岸"全民健身服务体系构成因素

各构成因素是密切联系的统一整体，它们相互作用、相互依赖、共同影响着全民健身的发展方向与发展速度。建立科学的、完整的、系统的全民健身服务体系，有利于用科学的理论指导全民健身服务体系构建，有利于实现全民健身资源的优化，有利于加强对群众体育的管理，提高全民健身与体育大环境的适应性，促进全民健身的可持续发展，使之更好地为社会的需要、人的需要服务。[①]

　　为寻求陕西省全民健身服务体系各因素的内在联系，我们采用以上设计的全民健身服务体系标准化问卷对20位专家，30位省、市（区）体育局群众体育管理者，70位社区与农村乡镇健身站（点）的组织者与管理者进行了问卷调查。共发放120份，回收105份，回收率87.5%，通过整理有效问卷99份。

　　利用SPSS11.5对99份有效问卷进行因素分析——主成分分析法导出原始统计数据。

　　因素分析的主要目的是从服务体系标准化问卷22个问题中找出彼此有关的变量，转化成少数有概念化意义，彼此独立性大的因素形成陕西"一圈二线三岸"全民健身服务体系的基本内容与结构。

（一）全民健身服务体系因素分析报表（22个题项）

1. KMO 及 Bartlett's 检验（见表3-23）

表3-23　　　　　　　　　　KMO and Bartlett's Test

Bartlett's Test of Sphericity		Kaiser – Meyer – Olkin Measure of Sampling Adequacy
Approx. Chi – Square	1261.919	
Df	231	0.852
Sig. 0.000		

　　KMO 是 Kaiser – Meyer – Olkin 的取样适当性量数，当 KMO 值越大时，表示变量间的共性因素越多，越适合进行因素分析，根据学者 Kaiser（1974）的观点，当 KMO 的值小于 0.5 时，不宜进行

---

　　① 聂锐新：《全面建设小康社会与构建全民健身服务体系的思考》，《成都体育学院学报》2003年第3期。

因素分析。从 Bartlett's 球形检验的 χ^2 值为 1261.919（自由度为 231）达到显著，说明全民健身服务体系问卷样本群体数据的相关矩阵有共同因素存在，适合进行因素分析。

2. 因素量的确定（见图 3 - 5）

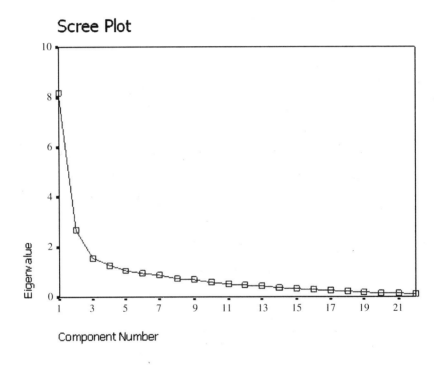

图 3 - 5　全民健身服务体系因素分析陡坡图

从陡坡图中（见图 3 -5），可以看出从第五个因素以后，陡坡线变得甚为平坦，因而我们认为对全民健身服务体系保留 3—5 个因素比较适宜。

（二）"一圈二线三岸"全民健身服务体系因素抽取

在不限定因素层面的情况下，以主成分分析法并配合最大变异法（Varimax）进行正交转轴（orthogonal rotation），保留特征值大于 1 的因素。转轴后的因素矩阵见表 3 - 24。

表 3 - 24   Rotated Component Matrix ª（转轴后的因素矩阵）

问题编号	Component				
	1	2	3	4	5
WT1	0. 814	0. 164	0. 159		
WT3	0. 811	0. 110	0. 221		0. 146
WT5	0. 768			0. 213	− 0. 135
WT6	0. 764	0. 250	0. 116	0. 225	0. 208
WT2	0. 757	0. 112	0. 182		0. 127
WT4	0. 706	− 0. 186		0. 142	0. 317
WT7	0. 593	0. 215	0. 346		− 0. 348
WT8	0. 558	0. 397	0. 309		
WT11	0. 204	0. 816	0. 122		0. 195
WT14		0. 756		0. 387	0. 128
WT12	0. 388	0. 754	0. 132		0. 161
WT15		0. 738	0. 233	0. 122	− 0. 187
WT13		0. 694	0. 130	0. 174	
WT10	0. 307	0. 677		0. 250	0. 411
WT20	0. 265	0. 165	0. 872	0. 129	0. 163
WT22	0. 278		0. 840		0. 173
WT21	0. 258	0. 180	0. 583	0. 236	− 0. 204
WT18		0. 124		0. 765	
WT19	0. 293	0. 116	0. 158	0. 618	0. 154
WT16		0. 336	0. 237	0. 394	
WT9	0. 269	0. 302		0. 155	0. 663
WT17		0. 250	0. 528	0. 199	0. 580

Extraction Method：Principal Component Analysis.

Rotation Method：Varimax with Kaiser Normalization. （转轴法：Kaiser 正规化最大变异法） a Rotation converged in 6 iterations.

表 3 - 24 中因素负荷量小于 0.10 没有列出；各问题在其所属因素层面顺序，是按照因素负荷量的高低排列的。从表 3 - 24 中可以看出，特征值大于 1 的因素共有 5 个。

第一个因素包括 8 个问题（WT1、WT3、WT5、WT6、WT2、WT4、WT7、WT8），根据这些问题的内容，我们把第一个因素命名为：全民健身场地设施。

第二个因素包括 6 个问题（WT11、WT14、WT12、WT15、WT13、WT10），根据问题的内容，把第二个因素命名为：全民健身组织体系。

第三个因素包括 3 个问题（WT20、WT22、WT21），根据问题的内容，把第三个因素命名为：全民健身活动体系。

第四个因素包括 3 个问题（WT18、WT19、WT16），根据问题的内容，把第四个因素命名为：全民健身宣传体系。

第五个因素包括 2 个问题（WT9、WT17），层面所涵盖的问题内容太少，将之删除比较适宜。

根据以上抽取的 4 个因素，从服务新概念出发，结合我省实际，总结其他省份的经验；从"三边工程"到"三个环节"，本着"亲民、便民、利民"的原则，为满足大众健身需求，我们确立了陕西省全民健身服务体系现状调查的基本构成因素，其总体结构见图 3 - 6。"一圈二线三岸"地域体育发展的健身场地设施建设是实施全民健身服务的物质载体，是构成全民健身服务体系的重要物质保证，为群众体育的发展奠定了物质基础；宣传体系可以强化大众的健康与体育健身意识，有效地调动与激发广大群众参与到体育健身实践中来；体质监测体系是通过体质测试，及时地了解、掌握大众的体质状况，科学客观地评价锻炼效果，有利于科学指导，保证健身活动朝正确的方向发展；组织管理体系是影响活动经常化的基本因素，管理者、组织者是联系群众体育各要素之间的纽带，有效的组织管理有利于全民健身活动持续健康地开展，对全民健身的发展起导向和保障作用。

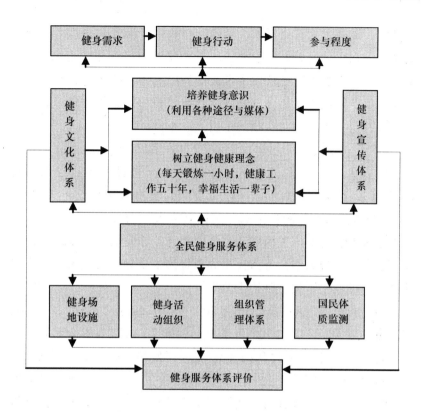

图 3 - 6 全民健身服务体系结构图

第三节 全民健身服务体系促进地域体育可持续发展

改革开放以来，陕西体育事业与全民健身获得了较快发展。[1] 截至 2008 年底，全民健身工程共投入资金 1.8 亿，极大地满足了广大人民群众的健身需求，经常参加体育锻炼的人数已达 1500 万。[2]

为了保障公民参加体育健身活动的合法权益，促进全民健身活

---

[1] 李堂堂：《贯彻全民健身条例促进和谐社会建设》，《陕西日报》2007 年 11 月 30 日。

[2] 数据来源：2008 年陕西省国民经济和社会发展统计公报。

动开展，提高公民健康素质，增进社会和谐，深入贯彻落实《全民健身计划纲要》，陕西适时地出台了《陕西省全民健身条例》。条例的出台，更加丰富了陕西省全民健身服务体系的内容，在很大程度上化解了人民群众体育健身需求日益增长和社会体育资源相对不足、公共服务供给相对有限的矛盾。

《陕西省全民健身条例》于 2007 年 9 月 27 日经陕西省第十届人民代表大会常务委员会第三十三次会议通过并予以公布，自 2007 年 12 月 1 日起施行。《陕西省全民健身条例》是继 1998 年《陕西省体育场馆条例》之后，陕西省人大颁布实施的第二个地方性体育法规，是陕西省积极适应全民健身工作发展的新要求，进一步加强全民健身工作，努力提高群众身体素质和生活质量，是全民健身工作走上法制化道路的重要举措。

《陕西省全民健身条例》自 2005 年开始酝酿，经过 2006 年、2007 年立法调研，到正式颁布实施历时 3 年。《陕西省全民健身条例》是以《中华人民共和国体育法》《公共文化体育设施条例》《学校体育工作条例》等法律法规为依据，以《中共中央、国务院关于进一步加强和改进新时期体育工作的意见》《全民健身计划纲要》及《中共陕西省委、陕西省人民政府关于进一步加强体育工作努力建设西部体育强省的意见》等文件为重要立法参考，基本具有综合性、可操作性、责任明确、兼顾各方利益的特点，体现了立法的全面性、规范性和前瞻性。

《陕西省全民健身条例》共分六章 46 条，内容涉及全民健身的领导体制、经费投入、设施建设、法律责任、开展活动和指导服务等诸多方面。该条例不但明确了政府及有关部门的职责分工、组织领导体制、经费筹措原则等，还从健身活动的工作机制、全民健身设施的规划建设、全民健身的服务指导及法律责任等几个方面进行了规定和阐述。同时也对各级政府及国家机关、企事业单位和公民个人在全民健身中的权利、义务与责任都做了较为详尽的规定。同时该条例规定，每年 6 月 10 日为陕西省的全民健康日，6 月 10 日所在周为陕西省全民健康宣传周。

《陕西省全民健身条例》的颁布实施，保障公民参加体育健身活动的合法权益，促进全民健身活动开展，更加丰富了陕西省全民健身服务体系的内容，在很大程度上化解了人民群众体育健身需求日益增长和社会体育资源相对不足、公共服务供给相对有限之间的矛盾，有力推动了陕西"一圈二线三岸"地域体育发展。

更好地完善《陕西省全民健身条例》，从法律的层面引导、规范陕西省全民健身可持续、均衡发展。通过《陕西省全民健身条例》对全民健身权利、义务、责任与行为进行规范，加强政府部门的正确引导，调动广大人民群众积极参与的热情，陕西省全民健身将会在法制的基础上有序发展，人民群众的身体素质、健康水平及精神文化生活必将得到更大的提高，从而维护社会和谐及稳定。

小结

全民健身工程是全民健身服务体系的物质保障。陕西的全民健身工程建设主要包括：全民健身路径工程、全民健身活动中心、雪炭工程、全民健身活动基地、全国优秀体育公园、农民体育建设工程等，这些工程的建设已形成陕西"一圈二线三岸"地域内的全民健身工程的基本模式。

全民健身路径工程、全国优秀体育公园、全民健身活动基地使西安、咸阳（"一圈"规划区）广大人民群众的健身场地与器材得到了极大的满足；农民体育健身工程、雪炭工程、全民健身活动中心使"二线三岸"的广大人民群众的健身场地与健身器材得到补充，这些健身场地的建设和器材的安装极大地改善了"一圈二线三岸"地域内的广大人民群众的健身条件，有力促进了陕西全民健身事业的发展。

西安环城公园全民健身示范区，成为"西·咸一体化"都市体育圈内一道亮丽的风景线，成为"一圈"全民健身的示范工程，为广大人民群众健身提供了优质的场地资源，为辐射"二线三岸"全民健身工程的建设与发展起到了良好的助推与引领作用。

陕西农村乡镇和城市社区的场地设施建设还存在一定的不足之

处，今后全民健身工程应在 2006 年实施第一批"农民健身工程"的基础上紧紧围绕"一圈二线三岸"地域体育发展模式规划，继续加大对农村乡镇全民健身场地设施的投入和建设。

全民健身工程的实施有效地促进了陕西对《全民健身计划纲要》的实施，部分缓解了陕西省群众对健身设施与健身场地的需求。但是，全民健身工程的建设还任重而道远，同广大人民群众真正的健身需求还有很大的差距，今后各级部门应多方面筹集资金进一步加大对场地设施建设的投入力度，整合"一圈二线三岸"体育场地设施资源，形成优势互补、统筹规划、以"一圈"辐射"二线三岸"、点轴连接、点面结合的体育场地设施的建设布局。

全民健身经费的投入直接影响着陕西"一圈二线三岸"地域体育发展的全民健身工程建设，制约着《全民健身计划纲要》的实施，尤其是西部地区的省份，经济基础薄弱，经费投入有限。作为一项以政府为主导的公益性、全民性的事业，自上而下高度重视，积极采取各种举措筹集资金投入陕西"一圈二线三岸"地域体育发展的全民健身事业，全民健身经费的大量投入为"一圈二线三岸"地域体育发展提供了资金保障，以适应日益增长的人民群众对健身的需求，促进全民健身事业的快速发展。

全民健身活动的组织与宣传是实施全民健身计划的具体途径和有效手段，陕西为全面落实《全民健身计划纲要》，在"一圈二线三岸"地域组织了大量的全民健身活动，对全民健身具体内容与方法进行了大规模、多渠道、多方式的宣称，全民健身活动组织实施与宣传为"一圈二线三岸"地域体育发展搭建了平台，极大地促进了陕西全民健身的发展。

陕西以体育健身服务的多元化组织形式，不断加强"一圈二线三岸"地域内的全民健身组织体系建设，全民健身组织体系建设为"一圈二线三岸"地域体育发展提供了组织支撑。

随着国民体质监测工作的开展，陕西国民体质监测工作取得了一批丰硕的研究成果，这些研究成果对陕西"一圈二线三岸"地域体育发展模式的发展和规划实施具有重要的指导意义。

社会体育指导员是"一圈二线三岸"地域体育发展的有效人力资源。从 2004 年起，陕西对关中、陕南、陕北社会体育指导员逐步加大了培养力度，截至 2007 年底，陕西共有各级社会体育指导员 16570 人，但与"十一五"规划中提出的要求和群众体育的发展还有相当大的差距。因此，为了有效推动全民健身服务体系建设，社会体育指导员队伍建设应从数量、结构、等级比例、服务区域等各个方面进行合理配置。

《陕西省全民健身条例》的颁布实施为全民服务体系保驾护航，保障公民参加体育健身活动的合法权益，促进全民健身活动开展，更加丰富了陕西省全民健身服务体系的内容，在很大程度上化解了人民群众体育健身需求日益增长和社会体育资源相对不足、公共服务供给相对有限的矛盾，有力推动了陕西"一圈二线三岸"地域体育发展，并从制度上保证了"一圈二线三岸"地域体育可持续发展。

全民健身的发展状况已经成为地域体育发展的"晴雨表"，全民健身服务体系的建立是全民健身发展的高级阶段，也是全民健身顺利实施的根本保证，没有完善的全民健身服务体系，全民健身将缺少一翼。从现代服务新概念出发，结合陕西实际，总结其他省份的经验；从"三边工程"到"三个环节"，本着"亲民、便民、利民"的原则，为满足广大人民群众健身需求，为此构建适合陕西多元化的"一圈二线三岸"地域体育发展全民健身服务体系：健身场地设施建设体系是实施全民健身服务的物质载体，是构成全民健身服务体系的重要物质保证，为群众体育的发展奠定了物质基础；宣传体系可以强化大众的健康与体育健身意识，有效地调动与激发广大群众参与到体育健身实践中来；体质监测体系是通过体质测试，及时地了解、掌握大众的体质状况，科学客观地评价锻炼效果，有利于科学指导，保证健身活动朝正确的方向发展；组织管理体系是影响活动经常化的基本因素，管理者、组织者是联系群众体育各要素之间的纽带，有效的组织管理有利于全民健身活动持续健康地开展，对全民健身的发展起导向和保障作用。

第四章　发展模式依托：地域体育产业发展模式结构布局与规划

第一节　地域体育产业发展模式研究相关概念及内容

国家体育总局颁布的《体育事业"十一五"规划》中，关于体育产业的内容占了较大篇幅，这充分说明体育产业的发展已经越来越受到各方面重视，体育产业在构建和谐社会和促进体育事业的改革与发展中的作用和地位正在凸显。①

目前，我国体育产业整体上已经度过起步阶段，进入快速启动的发展阶段。体育产业在带动区域经济增长、发展现代服务业、完善中心城市的功能、提供新的就业岗位、提高人民群众生活质量等方面开始发挥作用。并且，体育产业的结构发生了明显变化，初步形成了由体育服务业和体育用品业为主共同组成的产业体系。从投资结构分析，体育产业投资主体也呈现多元化发展，民营体育企业的数量迅速增加，非国有资本正在占据重要的地位。②

虽然我国体育产业发展取得了一定的成绩，但是整体上还处于发展初级阶段，与国内同类产业及西方发达国家相比还有很大差

① 资料来源：国家体育总局《体育事业"十一五"规划》。
② 资料来源：国家体育总局网站，http://sports.sina.com.cn/07-31/09552369539.shtml。

距。有关部门制定了"十一五"体育产业的发展目标，[①] 目标突出了三个方面：一是强调体育产业不是体育部门办产业，而是社会经济的一部分，也是体育事业持续、健康、协调发展的重要渠道；二是强调体育产业自身的结构优化，提高其自身发展素质，推动形成以体育服务业为核心，多业并举、门类齐全、结构合理的产业体系；三是要进一步提高对国民经济的贡献率。通过自身的发展，明显提高体育产业增加值在国内生产总值中的比重，同时要发挥体育产业的拉动作用，把体育产业培育为国民经济新的增长点。

我国体育产业是一种非均衡发展模式，东、中部发展较西部发展有较强的优势。陕西作为西部大开发的窗口，体育产业属于刚刚起步的初级阶段，亟待发展。[②] 从我国总体上看，大众消费结构发生巨大的变化，总的趋势是反映城乡居民消费需求变化的恩格尔系数将进一步下降，人们对物质消费品需求的增势在减弱，而对服务消费的需求，尤其是与人的健康和生活质量提高直接相关的消费服务需求迅速上升，体育消费需求将大幅增加。从陕西省的情况来看，基本趋势符合我国整体的消费结构变化，而陕西的体育产业又相对薄弱，从发挥体育产业拉动地域经济发展需要和增强陕西体育产业发展实力的双重因素影响下，研究陕西体育产业发展模式，是极其必要的，对指导陕西体育产业可持续发展有一定的实践意义，对完善和促进陕西"一圈二线三岸"地域体育发展模式的建设具有强大的推动作用，为陕西建设西部体育强省打下坚实的基础。

为了更好地研究陕西地域体育产业，下面给出体育产业研究的范围、相关概念的区别和本书研究的体育产业概涵。

一　体育产业的概念

体育产业是指生产体育物质产品和精神产品，提供体育服务的各行业的总和。体育产业同样注重市场效益、讲求经济效益，同国

---

① 资料来源：国家体育总局网站，http：//www. sport. gov. cn/n16/n1077/n1452/n31748/155180. html。

② 资料来源：陕西省体育局《体育事业"十一五"规划》。

民经济中的其他产业一样。

体育产业有广义和狭义之分：

广义的体育产业是指与体育有关的一切生产、经营活动部门的总和，其产品包括体育物质产品、体育服务和劳务产品；其基本行业部门包括了健身娱乐业、竞技观赏业、体育用品业、体育传媒业、体育博彩业、体育广告业、体育饮品业等。[①] 狭义的体育产业是生产和提供体育、运动服务或劳务产品的企业集合，或称以劳动形式向全社会提供各类体育服务的行业总和。

二 体育经济与体育产业的概涵

体育产业同体育经济在概念内涵上有一定区别。

体育经济是指从生产和经营的角度出发，把大众的体育生活和与此相关的经济行为有机地融合在一起的一种经济行为。

体育经济研究的侧重点是通过提供体育服务产品，研究其过程中拉动市场、增加创汇、扩大就业，以及联动产业的经济行为，如投入、产出、效益之间的生产关系，收入分配与再分配关系，消费与积累的关系，实物投资与资金融通的关系，资产、负债及净值之间的存量及变动关系等。

因而，体育产业与体育经济研究的出发点不同，体育产业作为国民经济中第三产业的一部分，研究其满足市场需求所带来的经济效益；体育经济则从经济学的角度分析其经济行为。

三 体育产业与体育事业的区别

体育事业的主要任务是满足社会精神文明的需求，更注重社会效益，具有公益、福利的性质，如体育教育、全民健身等。目前，一些政府规划中都是把体育产业作为体育事业的一部分，其实更应该把体育产业作为社会经济的一部分，我国的实际情况表明，从国

---

① 范立双：《体育产业成为我国经济增长点的影响因素分析》，《吉林体育学院学报》2007年第1期。

家体育总局到地方体育局对体育产业的监管都是不完备的。因此，体育事业应与体育产业区分开来，一部分更侧重公益部分，一部分作为与其他产业无质区别产业对待。

四　陕西"一圈二线三岸"地域体育产业的定义

本研究以陕西省为地域范围。

"一圈"指的是"西·咸一体化"都市体育圈，其以西安市为核心层；以大西安四大副中心：咸阳、长安、临潼和三原为基本层；以大西安三大外围中心城市：杨凌、渭南和铜川为紧密层；以大关中城市群六大周边中心城市：宝鸡、黄陵、彬县、韩城、华阴和商洛为开放层。

"二线"指西安到榆林、西安到安康的高速公路沿线。"西榆高速"途经西安、咸阳、铜川、延安、榆林 5 市 19 县（区）；"西康高速"途经柞水县、镇安县、旬阳县、安康市区、紫阳县等县（区）。

"三岸"指汉江、渭河、延河沿岸。汉江在陕西境内流经汉中、城固、洋县、石泉、紫阳、安康、旬阳、白河等县（市）；渭河流经陕西关中地区的宝鸡、杨凌、咸阳、西安、渭南 5 市（区）；延河由西北向东南流经陕北的志丹、安塞、宝塔、延长 4 县（区）。

由"一圈二线三岸"形成辐射关中、陕北、陕南的所有地区局部地域体育产业发展模式，属于非均衡、点·轴地域体育产业发展模式规划。

五　研究内容

"一圈二线三岸"地域体育产业研究，首先考虑非均衡、点·轴发展的地域战略规划、时序规划；其次考虑体育产业分类与结构部署、现状与对策等；最后分析地域的自然禀赋、相关配套政策、提出发展建议等。因此，研究内容包括以下三个方面：

（1）"一圈二线三岸"地域体育产业发展战略模式研究。

部署地域体育产业的发展规划，包括优先发展区、辐射区；部署地域体育产业发展的时序规划，为地域体育产业发展制定前景目标；提出优先发展的产业以及适合的特色体育产业，并从理论上提出发展战略模式的选择。

（2）"一圈二线三岸"地域体育产业布局结构与发展研究。

分析本地域的体育产业分布、资本配额；以市、县、区为单位分析地域产业的发展状况：总产值增长率、增加值的增长率、就业人口的比例，以及体育产业占第三产业的比例等。从本地域的体育产业结构、产品结构、政策结构三个角度，对于体育核心产业，分析其主导行业、安排主导行业发展序列，以及不同行业政府对其的政策导向；对于体育周边产业，如体育旅游业、民族体育文化业、体育博彩业提出政策建议。

（3）"一圈二线三岸"地域体育产业禀赋、机遇、策略与对策研究。

分析地域体育产业的自然资源禀赋、人文资源禀赋、技术资源禀赋和制度供给禀赋。从体育产业的内环境：体育基础设施、体育服务产品消费需求；外环境：资本存量与增量、地理环境、人力资源、软环境等对体育产业发展进行SWOT分析。同时，分析本地区体育产业存在的主要问题，体育产业提供体育产品、服务的力度，销售和推广问题，国家和地域体育行政监管、执行的力度，鼓励以及扶持的策略等，提出发展地域体育产业的针对性对策。

第二节　陕西地域体育产业发展战略模式选择与规划

体育产业的发展与一国的经济发展水平是息息相关的。与美国、日本、英国等国家相比，可以看出发达国家的体育产业占国民经济GDP比重都比较大，体育产业逐渐成为国民经济的支柱产业。而我国的体育产业仅占国民经济GDP的0.2%，按照国家体育总局《2001—2010年体育改革与发展纲要》提出的目标，在2010年我国体育产业力争达到GDP的1.5%左右，从这个角度看，体育产业还需大力发展。

当然，地域体育产业的发展同样跟当地的经济发展水平相关。陕西地处西部地区，跟东部、中部地区相比，经济发展水平较低，体育产业的发展应着力分析地域的选择与规划。同时，体育产业受国民经济拉动发展程度小于其对国民经济发展的推动程度，所以陕西地域体育产业发展宜采用主动发展战略模式。因此，研究陕西体育产业战略发展模式主要从两个层面考虑：地域经济发展水平和地域体育消费的需求水平，构建体育产业发展的地域选择、辐射区规划等。

一　陕西地域体育产业发展模式构成

国内学者丛湖平认为，体育产业发展模式是指地域间体育产业发展方式、体育产业资源构成形态以及地域内时序演进路径和体育产业部门间的联动机制所形成的特定结构。① 该定义比较抽象，但至少说明了体育产业发展模式包含：产业发展的方式、产业发展方式与产业资源有一定的联系、产业部门（行业）间的优先关系，以及产业发展时序等。

同时，丛湖平又认为，体育产业受国民经济拉动发展程度小于其对国民经济发展的推动程度，即体育产业发展时宜采用主动发展战略和模式；鲍明晓认为，体育产业的真正大发展，只有等到一国经济整体上进入追求生活质量阶段之后，才能实现。从这两个角度看，研究地域体育产业发展，必须优先"明确"部署体育产业发展布局，同时考虑该区域经济发展水平和人们生活需求。

因此，"一圈二线三岸"地域体育产业发展模式研究内容主要包括：界定陕西三大地域（关中、陕南、陕北）产业资源"集化区"的选择；分析陕西三大地域经济发展水平和居民生活水平；构建"集化区"到"辐射区"的地域规划、时序规划；地域主导行业的选择等。具体发展模式构成如图 4－1 所示。

---

① 丛湖平：《体育产业理论与实践》，人民体育出版社 2006 年版，第 124 页。

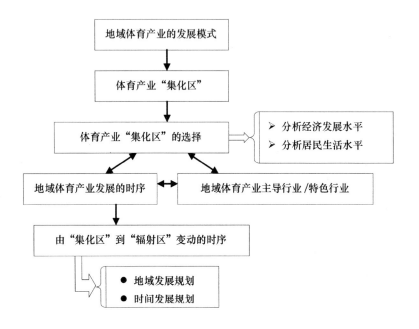

图4-1 "一圈二线三岸"地域体育产业发展研究模式图

二 地域经济发展与体育消费水平对体育产业发展的影响

(一)陕西地域经济发展水平分析

根据体育产业发展模式的相关理论,体育产业的发展,只有等到经济进入追求生活质量阶段,才能实现。同样该理论对地域体育产业发展规划照样适用。因此,陕西地域经济发展水平是揭示三大地域体育产业发展与培育的"根基"。

根据陕西省统计结果显示,2008年全省10个城市化发展综合指数由高到低依次为(杨凌示范区未列入):西安、宝鸡、延安、榆林、咸阳、铜川、渭南、汉中、安康、商洛。从全省的情况来看,西安市的城市发展水平在全省居于核心地位,与其他各市形成"跳跃式"格局(见表4-1)。从整个布局来看,陕北地区由于资源丰富,城市发展水平较快,形成以榆林、延安为代表的陕西北部地区发展区;陕南地区自然环境优越,但经济发展较慢,近年来由于西汉高速、西康高速的建成,中心城市"西安"对其产生较强的

136

辐射作用，形成以安康、汉中为代表的发展区。因此，陕西省体育产业发展形成"成长三角发展"格局。

表4-1 陕西地区各项发展指数城市排名汇总表

各项发展指数	第一名	第二名	第三名
经济发展水平	西安市	延安市	榆林市
社会发展水平	西安市	宝鸡市	咸阳市
居民生活水平	西安市	咸阳市	延安市/宝鸡市
城镇聚集水平	西安市	宝鸡市	咸阳市
城镇建设水平	西安市	宝鸡市	咸阳市
生态环境水平	西安市	宝鸡市	安康市

数据来源：2009年陕西省统计年鉴。

2008年陕西省各市（区）城市设施水平和市政设施情况，见表4-2和表4-3。

表4-2 陕西省城市设施水平

城市	人均公园绿地面积（平方米）	人均拥有道路面积（平方米）	每万人拥有公共交通车辆（标台）	加权指数	排名
西安市	7.61	12.65	18.02	12.525	1
铜川市	7.60	8.29	5.84	6.343	8
宝鸡市	10.53	15.40	11.04	11.142	2
咸阳市	9.60	10.59	5.43	7.269	5
渭南市	7.57	17.44	4.08	8.378	4
延安市	7.96	4.70	4.33	4.734	9
榆林市	4.75	10.88	5.63	6.466	7
汉中市	6.45	4.16	4.46	4.322	10
安康市	12.48	16.67	3.37	8.845	3
商洛市	8.51	11.28	3.69	6.562	6

数据来源：2009年陕西省统计年鉴。

表 4 - 3　　　　　　　　陕西省城市市政设施情况

城市	道路长度（千米）	道路面积（万平方米）	城市排水管道长度（千米）	加权指数	排名
西安市	1842	4190	1964	2411	1
铜川市	260	325	277	260.3	5
宝鸡市	444	1123	454	607.3	2
咸阳市	264	902	323	452.6	3
渭南市	327	680	272	378.2	4
延安市	96	166	不详		
榆林市	160	348	280	248.4	7
汉中市	172	224	392	258.4	6
安康市	157	450	89	202	8
商洛市	83	159	75	94.3	9

数据来源：2009 年陕西省统计年鉴。

城市设施水平和城市市政设施建设，对于体育产业发展尤为重要，体育产业是人们在一定的生活基础上，追求健身娱乐、生活质量，提高社会和谐的高标准要求。对于城市设施水平，为了综合评价，认为每万人拥有公共交通车辆、人均拥有道路面积及人均公园绿地面积依次重要。对于城市市政设施建设，认为城市排水管道长度、道路面积和道路长度依次重要。

从表 4 - 2 和表 4 - 3 中可以看出，西安市和宝鸡市的城市设施水平和市政设施排名为 1—2 名，培育体育产业具有良好的"土壤"环境；其次比较靠前的是渭南市和咸阳市，与中心城市（西安市）形成辐射区。综合来看，城市设施水平和市政设施发展较好的城市都位于关中地区。比较反常的情况，陕南省安康市城市设施水平排名比较靠前，而市政设施基本位居最后，对于发展常规体育产业有一定的障碍。

从经济发展的水平来看，2008 年陕西省各市（区）生产总值和人均生产总值，延安市、西安市、榆林市、宝鸡市、铜川市和咸阳市经济发展水平较高，如表 4 - 4 所示。陕北地区经济发展较快，与城市设施水平和市政设施建设水平反差比较大，具备体育产业发展的经济实力，但环境建设影响可能成为体育产业发展的障碍。综合来看，"西·咸一体化"大都市圈各方面综合实力均较好，因此"西·咸一体化"都市体育圈将形成体育产业发展的核心区，对周边城市形成强有力的辐射；陕北地区可以形成"次发展区"。

表4-4　　　　　　　　陕西省城市（区）和人均GDP情况

市（区）	西安市	铜川市	宝鸡市	咸阳市	渭南市	延安市	榆林市	汉中市	安康市	商洛市
GDP（亿元）	1763.73	102.80	581.75	587.78	424.88	610.08	674.25	292.41	187.37	135.61
人均GDP（元）	21339	12331	15481	11790	7812	28676	20335	8353	7067	5696
人均排名	2	5	4	6	8	1	3	7	9	10

（二）陕西地域体育消费水平与需求分析

如果说区域经济发展水平，为体育产业发展提供了孕育的"土壤"，那么居民的体育消费需求，则为体育产业发展提供了"源动力"。本研究对陕西省关中、陕北和陕南10市发放6000份调查问卷，有效问卷数为4768份，进行了详细的问卷调查。

1. 体育锻炼意愿及行为与场地设施需求分析

研究表明，人民群众积极参与体育锻炼的意愿与行为能够极大地促进体育市场的发展。表4-5表明，在过去一年中参加过体育锻炼的人数为3056人，占被调查人群的64.1%，其中西安最高，所占比例为9.6%，其次为延安，所占比例为9.0%，再次是汉中，所占比例为8.2%。

表4-5　　　　　　过去一年中是否参加过体育锻炼 *

市（区）调查统计列联表（Crosstabulation）

选项	频数/总数（%）	市（区）										合计
		延安	榆林	安康	汉中	商洛	西安	咸阳	宝鸡	渭南	铜川	
是	频数	431	310	326	392	127	457	284	291	353	85	3056
	总数（%）	9.0	6.5	6.8	8.2	2.7	9.6	6.0	6.1	7.4	1.8	64.1
否	频数	269	314	156	117	91	216	188	160	164	37	1712
	总数（%）	5.6	6.6	3.3	2.5	1.9	4.5	3.9	3.4	3.4	0.8	35.9
合计	频数	700	624	482	509	218	673	472	451	517	122	4768
	总数（%）	14.7	13.1	10.1	10.7	4.6	14.1	9.9	9.5	10.8	2.6	100.0

在过去一年参与体育锻炼的人群中，参与体育锻炼的动机各不相同，表4-6表明，增强体质成为参与体育锻炼的最主要动机，占被调查人群的77.8%，其次依次为：调节心理占7.6%，健美减肥占5.8%，消遣娱乐占3.7%，社交方式占2.1%，防病治病占2.0%。

表4-6　　　　　　您参加体育健身的第一动机

项目	频数（人）	百分比（%）	有效百分比（%）	累计百分比（%）
增强体质	2377	49.9	77.8	77.8
调节心理	233	4.9	7.6	85.4
社交方式	64	1.3	2.1	87.5
健美减肥	176	3.7	5.8	93.3
防病治病	62	1.3	2.0	95.3
消遣娱乐	114	2.4	3.7	99.0
说不清楚	23	0.5	0.8	99.8
其他	7	0.1	0.2	100.0
参与过体育锻炼的人数	3056	64.1	100.0	
未参与过体育锻炼的人数	1712	35.9		
样本总数	4768	100.0		

被调查对象对体育锻炼重要性认识程度各不相同，表4-7表明，整体上看，非常重视占13.2%，比较重视占38.1%，一般程度占35.6%，不太重视和很不重视分别占10.0%与3.1%，也就是说，还有13.0%的人群对参与体育锻炼认知的程度非常低，这部分人群应该是工作和宣传的重点，从而提高他们对体育锻炼促进身体健康的认知水平。从年龄角度来看，与我国群众体育现状调查的结果基本一致，非常重视与比较重视的调查数据表明，中年人群对体育锻炼的认识程度不高，55岁以上人群对体育锻炼的认知程度最高。

表4-7　　　　　对体育锻炼重视程度 ＊ 年龄分组
调查统计列联表（Crosstabulation）

选项	频数/总数（%）	年龄分组						合计
		25岁以下	26—35岁	36—45岁	46—55岁	56—65岁	66岁以上	
非常重视	频数	121	13	58	65	234	139	630
	总数（%）	2.5	0.3	1.2	1.4	4.9	2.9	13.2
比较重视	频数	443	91	38	214	746	288	1820
	总数（%）	9.3	1.9	0.8	4.5	15.6	6.0	38.1
一般	频数	674	397	313	181	91	40	1696
	总数（%）	14.1	8.3	6.6	3.8	1.9	0.8	35.6
不太重视	频数	123	98	109	87	34	28	479
	总数（%）	2.6	2.1	2.3	1.8	0.7	0.6	10.0
很不重视	频数	18	35	31	34	17	8	143
	总数（%）	0.4	0.7	0.7	0.7	0.4	0.2	3.1
合计	频数	1858	1112	799	581	291	127	4768
	总数（%）	38.9	23.3	16.8	12.2	6.1	2.7	100.0

体育场地设施是人民群众参与体育锻炼的物质基础，完备的体育场地设施能够促使人民群众积极参与到体育锻炼中来，带动体育产业快速发展。表4-8表明，陕西总体上体育场地设施不够完备，调查

数据反映被调查者认为身边无场地设施占到 63.9%。场地设施从地域完备情况上来看，关中要好于陕北，陕北要好于陕南。

表4-8　　　　陕西省各市（区）体育设施完备情况调查表

选项	频数/总数（%）	市（区）										合计
		延安	榆林	安康	汉中	商洛	西安	咸阳	宝鸡	渭南	铜川	
无场地设施	频数	323	312	413	339	444	78	145	296	297	376	3023
	总数（%）	6.8	6.6	8.7	7.2	9.4	1.6	3.1	6.3	6.3	7.9	63.9

2. 体育消费需求分析

体育消费是体育产业发展的直接动因。由表4-9可知，全年有2517人进行了体育消费，占调查总人数的52.8%。没有体育消费的人数是2251人，占总人数的47.2%。消费的金额主要集中在1000元以下，占总消费人群的89%，高消费人群消费较少，8000元以上的只占总消费人群的0.52%。改变消费观念，增加体育消费能力，拓展体育消费的支出途径是体育产业发展强有力的支撑。以下是全年进行的体育消费项目不同类别情况：（1）表4-10是全年个人购买运动服装、鞋、帽消费支出情况，在所有消费者中，只有3.9%的人没有此项消费，消费金额主要集中在1000元以下，1000元以上只占消费人群的6.4%。（2）表4-11是全年个人购买健身器材的支出情况，在所消费的人群中，有27.9%没有此项消费，消费金额还是主要集中在1000元以下（65.7%），高消费人群少之又少，5000元以上只占消费人群的0.2%。（3）表4-12是全年个人订阅体育报刊图书支出情况，在体育消费人群中，有37.3%的人没有订阅或购买体育报刊图书，个人全年消费金额主要在300元以下，占总消费人群的56.0%。（4）表4-13是全年个人到体育场馆健身消费支出情况，全年没有到体育场馆进行健身消费的占总消费人群的42.9%，从消费金额来看主要集中在500元以下，占总消费人群的42.5%，5000元以上的高消费人群主要集中在关中和陕北，占总消费人群的

0.5%。（5）表4－14是全年个人观看体育相关比赛消费支出情况，全年个人没有此相关消费支出占总消费人群的51.2%，年度个人消费金额主要在300元以下，占总消费人群的40.0%。

表4－9　　　　　　　　　　体育消费总额/年/人 *
市（区）调查统计列联表（Crosstabulation）

选项	频数/总数（%）	市（区）										合计
		延安	榆林	安康	汉中	商洛	西安	咸阳	宝鸡	渭南	铜川	
0 元	频数	293	362	242	238	122	247	237	221	227	62	2251
	总数（%）	6.1	7.6	5.1	5.0	2.6	5.2	5.0	4.6	4.8	1.3	47.2
500 元以下	频数	272	176	180	215	68	220	174	178	209	54	1746
	总数（%）	5.7	3.7	3.8	4.5	1.4	4.6	3.6	3.7	4.4	1.1	36.6
501—1000 元	频数	70	53	46	36	20	132	46	31	57	3	494
	总数（%）	1.5	1.1	1.0	0.8	0.4	2.8	1.0	0.7	1.2	0.1	10.4
1001—2000 元	频数	43	15	4	18	2	26	10	12	16	2	148
	总数（%）	0.9	0.3	0.1	0.4	0.0	0.5	0.2	0.3	0.3	0.0	3.0
2001—3000 元	频数	11	8	10	2	4	25	0	5	5	1	71
	总数（%）	0.2	0.2	0.2	0.0	0.1	0.5	0.0	0.1	0.1	0.0	1.4
3001—5000 元	频数	6	5	0	0	2	14	4	2	2	0	35
	总数（%）	0.1	0.1	0.0	0.0	0.0	0.3	0.1	0.0	0.0	0.0	0.6
5001—8000 元	频数	1	2	0	0	0	6	0	0	1	0	10
	总数（%）	0.0	0.0	0.0	0.0	0.0	0.1	0.0	0.0	0.0	0.0	0.2
8001—10000 元	频数	3	1	0	0	0	0	0	0	0	0	4
	总数（%）	0.1	0.0	0.0	0.0	0.0	0.0	0.0	0.0	0.0	0.0	0.1
10000 元以上	频数	1	2	0	0	0	3	1	2	0	0	9
	总数（%）	0.0	0.0	0.0	0.0	0.0	0.1	0.0	0.0	0.0	0.0	0.1

表4-10　　　个人/年购买运动服装、鞋、帽消费支出 *

市（区）调查统计列联表（Crosstabulation）

选项	频数/总数（%）	市（区）										合计
		延安	榆林	安康	汉中	商洛	西安	咸阳	宝鸡	渭南	铜川	
0元	频数	28	8	6	8	3	10	14	6	16	3	99
	总数（%）	1.1	0.3	0.2	0.3	0.1	0.4	0.6	0.2	0.6	0.1	3.9
100元以下	频数	107	52	50	57	20	84	67	51	68	20	576
	总数（%）	4.3	2.1	2.0	2.3	0.8	3.3	2.7	2.0	2.7	0.8	23.1
101—300元	频数	105	92	98	112	34	135	67	87	106	22	858
	总数（%）	4.2	3.7	3.9	4.4	1.4	5.4	2.7	3.5	4.2	0.9	33.3
301—500元	频数	85	63	48	62	22	95	51	52	71	8	557
	总数（%）	3.4	2.5	1.9	2.5	0.9	3.8	2.0	2.1	2.8	0.3	22.2
501—1000元	频数	61	29	24	22	16	52	22	18	17	7	268
	总数（%）	2.4	1.2	1.0	0.9	0.6	2.1	0.9	0.7	0.7	0.3	10.8
1001—2000元	频数	14	11	14	10	2	29	9	12	10	0	111
	总数（%）	0.6	0.4	0.6	0.4	0.1	1.2	0.4	0.5	0.4	0.0	4.6
2001—3000元	频数	1	1	0	0	2	16	4	0	2	0	26
	总数（%）	0.0	0.0	0.0	0.0	0.1	0.6	0.2	0.0	0.1	0.0	1.0
3000元以上	频数	6	6	0	0	0	5	1	4	0	0	22
	总数（%）	0.2	0.2	0.0	0.0	0.0	0.2	0.0	0.2	0.0	0.0	0.8
合计	频数	407	262	240	271	96	426	235	230	290	60	2517
	总数（%）	16.2	10.4	9.5	10.8	3.8	16.9	9.3	9.1	11.5	2.4	100.0

表4－11 　　　　　个人/年购买健身器材消费支出 ＊

市（区）调查统计列联表（Crosstabulation）

选项	频数/总数(%)	市（区）										合计
		延安	榆林	安康	汉中	商洛	西安	咸阳	宝鸡	渭南	铜川	
0元	频数	50	88	90	125	113	20	22	65	65	61	699
	总数(%)	2.0	3.5	3.6	5.0	4.5	0.8	0.9	2.6	2.6	2.4	27.9
500元以下	频数	231	146	132	161	62	154	132	141	195	37	1391
	总数(%)	9.2	5.8	5.2	6.4	2.5	6.1	5.2	5.6	7.7	1.5	55.2
501—1000元	频数	34	17	4	54	4	80	30	17	21	1	262
	总数(%)	1.4	0.7	0.2	2.1	0.2	3.2	1.2	0.7	0.8	0.0	10.5
1001—2000元	频数	11	3	0	4	8	48	9	7	4	0	94
	总数(%)	0.4	0.1	0.0	0.2	0.3	1.9	0.4	0.3	0.2	0.0	3.8
2001—3000元	频数	3	4	6	0	0	17	2	0	4	2	38
	总数(%)	0.1	0.2	0.2	0.0	0.0	0.7	0.1	0.0	0.2	0.1	1.6
3001—4000元	频数	2	2	8	2	0	8	0	0	0	0	22
	总数(%)	0.1	0.1	0.3	0.1	0.0	0.3	0.0	0.0	0.0	0.0	0.9
4001—5000元	频数	0	0	0	0	0	3	0	0	0	0	3
	总数(%)	0.0	0.0	0.0	0.0	0.0	0.1	0.0	0.0	0.0	0.0	0.1
5000元以上	频数	1	2	0	0	0	3	1	0	1	0	8
	总数(%)	0.0	0.1	0.0	0.0	0.0	0.1	0.0	0.0	0.0	0.0	0.2%
合计	频数	407	262	240	271	96	426	235	230	290	60	2517
	总数(%)	16.2	10.4	9.5	10.8	3.8	16.9	9.3	9.1	11.5	2.4	100.0

表 4 - 12 　　　　个人/年订阅体育报刊图书消费支出 ＊

市（区）调查统计列联表（Crosstabulation）

选项	频数/总数（%）	市（区）										合计
		延安	榆林	安康	汉中	商洛	西安	咸阳	宝鸡	渭南	铜川	
0 元	频数	147	120	69	124	20	157	86	83	113	22	941
	总数（%）	5.8	4.8	2.7	4.9	0.8	6.2	3.4	3.3	4.5	0.9	37.3
100 元以下	频数	189	108	125	123	58	141	111	121	135	36	1147
	总数（%）	7.5	4.3	5.0	4.9	2.3	5.6	4.4	4.8	5.4	1.4	45.6
101—300 元	频数	52	22	30	12	12	68	22	21	21	0	260
	总数（%）	2.1	0.9	1.2	0.5	0.5	2.7	0.9	0.8	0.8	0.0	10.4
301—500 元	频数	8	7	16	12	2	44	13	3	20	2	127
	总数（%）	0.3	0.3	0.6	0.5	0.1	1.7	0.5	0.1	0.8	0.1	5.0
501—1000 元	频数	7	1	0	0	0	6	0	0	0	0	14
	总数（%）	0.3	0.0	0.0	0.0	0.0	0.2	0.0	0.0	0.0	0.0	0.5
1001—2000 元	频数	3	1	0	0	0	4	2	2	0	0	12
	总数（%）	0.1	0.0	0.0	0.0	0.0	0.2	0.1	0.1	0.0	0.0	0.5
2001—3000 元	频数	0	0	0	0	4	3	0	0	1	0	8
	总数（%）	0.0	0.0	0.0	0.0	0.2	0.1	0.0	0.0	0.0	0.0	0.3
3000 元以上	频数	1	3	0	0	0	3	1	0	0	0	8
	总数（%）	0.0	0.1	0.0	0.0	0.0	0.1	0.0	0.0	0.0	0.0	0.2
合计	频数	407	262	240	271	96	426	235	230	290	60	2517
	总数（%）	16.2	10.4	9.5	10.8	3.8	16.9	9.3	9.1	11.5	2.4	100.0

表 4－13　　　　　　**个人/年到体育场馆健身消费支出** ＊

市（区）调查统计列联表（Crosstabulation）

选项	频数/总数（%）	市（区）										合计
		延安	榆林	安康	汉中	商洛	西安	咸阳	宝鸡	渭南	铜川	
0元	频数	177	156	116	116	40	107	90	96	150	30	1078
	总数（%）	7.0	6.2	4.6	4.6	1.6	4.3	3.6	3.8	6.0	1.2	42.9
500元以下	频数	171	84	106	137	44	154	120	108	121	28	1073
	总数（%）	6.8	3.3	4.2	5.4	1.7	6.1	4.8	4.3	4.8	1.1	42.5
501—1000元	频数	32	14	11	17	6	82	13	13	15	2	205
	总数（%）	1.3	0.6	0.4	0.7	0.2	3.3	0.5	0.5	0.6	0.1	8.2
1001—2000元	频数	10	4	6	0	2	43	6	7	1	0	79
	总数（%）	0.4	0.2	0.2	0.0	0.1	1.7	0.2	0.3	0.0	0.0	3.1
2001—3000元	频数	6	2	0	0	0	31	2	5	2	0	48
	总数（%）	0.2	0.1	0.0	0.0	0.0	1.2	0.1	0.2	0.1	0.0	1.9
3001—4000元	频数	4	0	0	0	4	4	0	0	1	0	13
	总数（%）	0.2	0.0	0.0	0.0	0.2	0.2	0.0	0.0	0.0	0.0	0.6
4001—5000元	频数	3	0	1	1	0	2	1	1	0	0	9
	总数（%）	0.1	0.0	0.0	0.0	0.0	0.1	0.0	0.0	0.0	0.0	0.2
5000元以上	频数	4	2	0	0	0	3	3	0	0	0	12
	总数（%）	0.2	0.1	0.0	0.0	0.0	0.1	0.1	0.0	0.0	0.0	0.5
合计	频数	407	262	240	271	96	426	235	230	290	60	2517
	总数（%）	16.2	10.4	9.5	10.8	3.8	16.9	9.3	9.1	11.5	2.4	100.0

表 4 - 14　　　　　个人/年观看体育相关比赛消费支出 *

市（区）调查统计列联表（Crosstabulation）

选项	频数/总数（%）	市（区）										合计
		延安	榆林	安康	汉中	商洛	西安	咸阳	宝鸡	渭南	铜川	
0 元	频数	211	161	149	123	44	183	102	124	157	34	1288
	总数(%)	8.4	6.4	5.9	4.9	1.7	7.3	4.1	4.9	6.2	1.4	51.2
100 元以下	频数	134	65	61	115	35	70	76	65	89	19	729
	总数(%)	5.3	2.6	2.4	4.6	1.4	2.8	3.0	2.6	3.5	0.8	29.0
101—300 元	频数	38	25	12	21	9	82	36	20	28	6	277
	总数(%)	1.5	1.0	0.5	0.8	0.4	3.3	1.4	0.8	1.1	0.2	11.0
301—500 元	频数	15	5	10	8	6	39	8	11	15	1	118
	总数(%)	0.6	0.2	0.4	0.3	0.2	1.5	0.3	0.4	0.6	0.0	4.5
501—1000 元	频数	6	2	8	2	2	35	4	4	0	0	63
	总数(%)	0.2	0.1	0.3	0.1	0.1	1.4	0.2	0.2	0.0	0.0	2.6
1001—2000 元	频数	1	2	0	0	0	9	2	0	0	0	14
	总数(%)	0.0	0.1	0.0	0.0	0.0	0.4	0.1	0.0	0.0	0.0	0.6
2001—3000 元	频数	2	0	0	2	0	5	6	6	1	0	22
	总数(%)	0.1	0.0	0.0	0.1	0.0	0.2	0.2	0.2	0.0	0.0	0.8
3000 元以上	频数	0	2	0	0	0	3	1	0	0	0	6
	总数(%)	0.0	0.1	0.0	0.0	0.0	0.1	0.0	0.0	0.0	0.0	0.2
合计	频数	407	262	240	271	96	426	235	230	290	60	2517
	总数(%)	16.2	10.4	9.5	10.8	3.8	16.9	9.3	9.1	11.5	2.4	100.0

从以上体育消费项目总体上来看，全年个人没有进行消费支出的由小到大依次为：运动服装、鞋、帽消费为 3.9%，健身器材为 27.9%，订阅体育报刊图书为 37.3%，体育场馆健身为 42.9%，观看体育相关比赛为 51.2%。

体育健身器材消费是促进地域体育产业发展的主要因素。表 4 - 15 表明对健身器材有消费需求的占总调查人数的 68.8%，各市按照由强到弱的消费意愿排列分别是西安为 10.5%、榆林为9.5%、延安为 8.7%、咸阳为 7.5%、汉中为 7.3%、渭南为7.0%、宝鸡为 6.7%、安康为 6.3%、铜川为 3.5%、商洛为1.8%。从三大地域整体上来看，关中对健身器材的消费需求水平要好于陕北，陕北要好于陕南，这与当地的经济发展水平基本一致，符合经济发展水平是健身消费需求的基础这一基本规律。表 4－16、表 4－17 表明被调查人群对球类器材的拥有率（31.3%）要好于多功能健身器材的拥有率（8.3%）。

表 4－15　　　　　您认为专业健身器材有必要吗 *

市（区）调查统计列联表（Crosstabulation）

选项	频数/总数（%）	市（区）										合计
		延安	榆林	安康	汉中	商洛	西安	咸阳	宝鸡	渭南	铜川	
是	频数	416	455	301	350	84	503	356	319	334	167	3285
	总数(%)	8.7	9.5	6.3	7.3	1.8	10.5	7.5	6.7	7.0	3.5	68.8
否	频数	197	169	132	153	51	257	153	150	183	38	1483
	总数(%)	4.1	3.5	2.8	3.2	1.1	5.4	3.2	3.1	3.8	0.8	31.2
合计	频数	613	624	433	503	135	760	509	469	517	205	4768
	总数(%)	13.8	13.1	9.1	10.5	2.9	15.9	10.7	9.8	10.8	4.3	100.0

表 4－16　　　　　是否拥有 1—2 种球类器材 *

市（区）调查统计列联表（Crosstabulation）

选项	频数/总数（%）	市（区）										合计
		延安	榆林	安康	汉中	商洛	西安	咸阳	宝鸡	渭南	铜川	
是	频数	149	89	84	188	78	267	168	193	222	54	1492
	总数(%)	3.1	1.9	1.8	3.9	1.6	5.6	3.5	4.0	4.7	1.1	31.3

续表

选项	频数/总数(%)	市(区)										合计
		延安	榆林	安康	汉中	商洛	西安	咸阳	宝鸡	渭南	铜川	
否	频数	551	535	398	321	140	406	304	258	295	68	3276
	总数(%)	11.6	11.2	8.3	6.7	2.9	8.5	6.4	5.4	6.2	1.4	68.7%
合计	频数	700	624	482	509	218	673	472	451	517	122	4768
	总数(%)	14.7	13.1	10.1	10.7	4.6	14.1	9.9	9.5	10.8	2.6	100.0

表 4-17　　　　是否拥有 1—2 种多功能健身器材 ＊
市（区）调查统计列联表（Crosstabulation）

选项	频数/总数(%)	市(区)										合计
		延安	榆林	安康	汉中	商洛	西安	咸阳	宝鸡	渭南	铜川	
是	频数	67	44	34	35	16	73	41	22	57	9	398
	总数(%)	1.4	0.9	0.7	0.7	0.3	1.5	0.9	0.5	1.2	0.2	8.3%
否	频数	633	580	448	474	202	600	431	429	460	113	4370
	总数(%)	13.3	12.2	9.4	9.9	4.2	12.6	9.0	9.0	9.6	2.4	91.7
合计	频数	700	624	482	509	218	673	472	451	517	122	4768
	总数(%)	14.7	13.1	10.1	10.7	4.6	14.1	9.9	9.5	10.8	2.6	100.0

以上数据表明，普通健身人群对体育健身器材有较强的消费需求，而实际拥有量较少，随着经济的发展，健身器材的消费将成为一个潜在的大市场，推动相关体育产业快速发展。

总体来看，陕西的体育消费水平较低，但有较强的消费意愿，因此市场开拓潜力较大。

三　陕西地域体育产业发展模式规划部署

地域体育产业发展规划，从政策导向上，可供选择的发展模式有：均衡发展方式、非均衡发展方式和非均衡协调发展方式。从体育产业发展空间结构组成上可以分为"点、轴、圈"三大基本要素。依据这些基本理论，在体育产业发展的理论分析的基础上，对"一圈二线三岸"地域体育产业时序规划和地域发展规划进行全面的分析研究。

（一）　地域体育产业发展模式分析

对于均衡发展方式、非均衡发展方式和非均衡协调发展方式，我国学者张敦富、覃成林在其专著《中国区域经济差异与协调发展》中具体内容论述如下。[①]

（1）均衡发展方式：指各地区及其体育产业各部门之间保持平衡发展关系。其主张地域经济发展要推动所有产业部门同时发展，齐头并进；要保持各个地域之间发展的平衡，通过同时推动各个产业和地域的发展，来实现地域经济的全面、持续增长。

（2）非均衡发展方式：指体育产业的地域发展过程中，不是在每个地区，所有的体育行业部门以同样的速度推进，而是按一定的顺序，集中力量首先发展一部分地区和某些产业部门，以其带动其他地区、其他产业部门的发展。

（3）非均衡协调发展方式：指地区体育产业的总体保持相对平衡和协调，同时承认客观存在的发展差异，将有限的资金、技术、资源比较集中地投入体育的经济重心区，以支持和带动各地区总体水平的快速、持续发展。

从以上分析，结合陕西各市（区）经济发展水平和居民体育消费需求，陕西省三大地域发展呈不平衡的模式，且各地自然资源优势差异呈多"点"发展。因此，针对体育产业发展应该重点明确，要有较强的序列性，充分发挥各地区的人力、物力、财力和自然资源优势，投资重点明确，在较短时间使体育产业在"点"区得到快速发展，以"轴"形成辐射，对其他地区产生拉动作用。由于考虑到不同地区的特点和优势，各地区发挥互补作用，形成相互辐射、

---

① 张敦富等：《中国区域经济差异与协调发展》，中国轻工业出版社 2001 年版，第35 页。

竞争、合作的体育产业发展方式，使陕西地域体育产业健康、有序发展。因此，总体上，陕西体育产业发展可遵循非均衡协调发展模式。

（二）陕西地域体育产业发展模式结构解析

目前，关于体育产业空间发展结构的理论研究较少，刘鸣鸣等[①]人在《"一江两山"体育旅游圈的模型构建和发展对策研究》和吴国清[②]在《都市旅游圈空间结构的生成与网络化发展》中，对体育旅游或旅游空间结构有详细的研究。体育产业发展与旅游经济结构在地域空间有较强的相似性，下面借鉴旅游圈空间结构构建体育产业发展空间结构。

体育产业发展模式空间结构的组成要素包括"点、轴、圈"。其中"点"是指地域内不同等级的中心体育产业发展城市，它们在体育产业发展过程中起核心作用，是由经济发展水平和居民体育消费需求、体育产业发展聚集化和扩散作用围绕成的集中场所。

"轴"是指地域体育产业发展中对体育经济活动起联系作用的通道，如本研究中提到的沿线、沿岸，它串联起"点"要素，并形成辐射通道，使整个地域体育产业发展形成一个整体。

"圈"是指体育产业发展核心城市、方便的交通线路等构成的具有向心性和层次性的体育产业发展区，如本研究提出的"西·咸一体化"都市体育圈。

陕西地域体育产业发展模式构成主要包括以"西·咸一体化"都市体育圈为特色形成单核辐射发展模式，如图 4 - 2（1）所示；以关中、陕北、陕南为特色形成"成长三角发展"模式，如图 4 - 2（2）所示；以"二线三岸"形成点·轴发展模式，如图 4 - 2（3）所示。

---

① 刘鸣鸣等:《"一江两山"体育旅游圈的模型构建和发展对策研究》,《湖北大学学报》(自然科学版) 2008 年第 3 期。

② 吴国清:《都市旅游圈空间结构的生成与网络化发展》,《中国软科学》2009 年第 3 期。

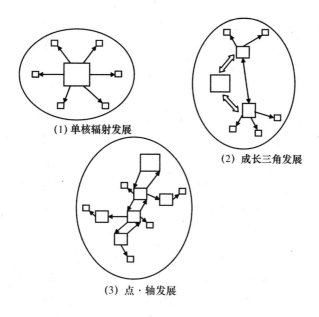

(1) 单核辐射发展

(2) 成长三角发展

(3) 点·轴发展

图4-2　陕西省体育产业发展空间结构发展形态模型

陕西地域体育产业发展空间结构应该受客观条件和主观规划的双重影响，但原则上应是一个开放的动态系统，呈圈层式扩展，具有辐射、扩散的特点，空间结构要素在"时间—空间"坐标下，呈现不同的组合，或者三者并存的特点，并不断完善。

四　陕西地域体育产业发展模式时间规划

根据上述理论分析，体育产业发展空间结构会随着时间的发展呈现多样化的模式，无论如何规划，其发展模式都会遵循简单到成熟的阶段。以目前的陕西地域体育产业发展现状作为基点，在时间上规划为2010年至2020年，把这10年划定4个阶段为：独立规划发展阶段、聚集化阶段、点·轴扩散化阶段和成熟一体化阶段。

独立规划发展阶段：2010—2012年，"一圈二线三岸"体育产业发展模式独立规划发展建设阶段。逐步规划以关中—陕北—陕南，制定非均衡协调发展规划，各地区要形成较明显的投资发展序列。该阶段三大地域处于较离散的状态，要分步骤依照当地的经济发展水平和居民体育需求水平分别定位发展规划,初步形成"一圈二线三岸"体育产业开发模式。

聚集化阶段:2013—2015 年,"一圈二线三岸"体育产业发展"点"要素初步形成,以"西·咸一体化"大都市体育圈为核心,形成关中地域体育产业发展的集化区;其次以"西·咸一体化"大都市体育圈、陕北、陕南三大地域采取"以点、沿轴推进"的策略,重点构建关中、陕北、陕南地域核心体育产业项目。

点·轴扩散化阶段:2016—2018 年,采取"点·轴结合、带动二线三岸"的战略,形成以西安到榆林高速公路沿线的 5 市 19 县(区)以及西安到安康的高速公路沿线的体育产业和体育消费全面发展,并带动三岸(汉江、渭河、延河)多个县(市)的体育产业发展。在重要地区形成体育产业品牌,各地区形成当地特色。

成熟一体化阶段:2019—2020 年,理论上可以形成非均衡协调发展到地域均衡发展,但这个阶段可能会更长,目标是形成与地域经济发展相一致,从而使体育产业形成强有力地拉动地域经济需求和群众体育娱乐生活丰富发展阶段。

陕西"一圈二线三岸"地域体育产业发展时序战略规划见表4-18。

表4-18   "一圈二线三岸"体育产业发展时序战略规划

阶段	时间区间	发展模式	战略目标
第1阶段	2010—2012 年	离散的"点"层发展,规划核心发展区	以关中地区—陕北地区—陕南地区为序列,制定非均衡协调发展规划,确立各地区重点产业和特色产业
第2阶段	2013—2015 年	采取"以点、沿轴推进"的策略	确立"西·咸一体化"大都市体育圈体育产业发展的集化区;以关中、陕北、陕南构建成长三角空间结构

阶段	时间区间	发展模式	战略目标
第3阶段	2016—2018年	采取"点·轴结合、带动全面"的战略	形成"二线三岸"辐射发展规划；重点区域则形成品牌、特色
第4阶段	2019—2020年	非均衡协调发展到区域均衡发展	满足与区域经济发展相一致的体育产业发展，满足人们体育娱乐的精神生活，促进社会和谐发展的最高目标

五　陕西地域体育产业点、轴、圈发展规划

（一）"点"层面的级优先规划

西安作为陕西的省会城市，已经进入特大城市之列。从指数衡量来看，西安的城市化水平处于快速发展阶段，市区第二、三产业就业人数占市（区）就业人数比重、占全市GDP的比重，第三产业产值比重，市区人均道路铺设面积等指标衡量已经具备较高的城市化水平的标准。近年来，政府规划发展"西·咸经济一体化"大都市圈和西安市政"九宫"布局、"双核"发展模式，确定了西安在陕西发展的"龙头"地位。

位于关中地区的宝鸡市，具有很强的交通和位置优势，贸易往来方便，投资优势较好，依托陕西规划发展"西安—咸阳—宝鸡—天水（甘肃省）"大经济圈的战略布局，从而使宝鸡具有较强的发展势头。而位于关中沿线的渭南市，由于距离西安很近，既可受西安市扩散作用的有利影响，又受到西安对投资人才强烈的集聚作用的不利影响，因而发展受到一定制约。

延安市和榆林市作为陕北地区重要的石油和煤炭等自然资源开采区，由于具备独特的资源禀赋，使其获得了其他城市无法比拟的经济优势。

汉中市和安康市作为陕南地区的代表，同处陕西汉江流域，具有较相似的发展环境，自然禀赋条件也相差不多，虽然经济发展较其他城市稍弱，但自然环境较好。因此，一级"点"发展规划城

市："西·咸一体化"都市圈、宝鸡市；二级"点"发展规划城市：延安市、榆林市、渭南市、铜川市；三级"点"发展规划城市：汉中市、安康市、商洛市。

（二）"轴"级优先规划

"轴"级发展规划，主要指"二线三岸"，"二线"指西安到榆林、西安到安康的高速公路沿线；"三岸"指汉江、渭河、延河沿岸。根据上节分析的各城市发展的规划，一级"轴"发展规划是："西榆高速"途经的西安、咸阳、铜川、延安、榆林5市19县（区）；渭河沿岸的关中地区的宝鸡、杨凌、咸阳、西安、渭南5市（区）。

二级"轴"发展规划："西康高速"途经柞水县、镇安县、旬阳县、安康市区、紫阳县等县（区）。

三级"轴"发展规划：汉江沿岸的汉中、城固、洋县、石泉、紫阳、安康、旬阳、白河等县（市）；延河沿岸志丹、安塞、宝塔、延长4县（区）。

（三）"圈"辐射发展规划

"圈"主要指"西·咸一体化"都市体育圈。位居陕西省中心城市之首的西安，以及"西·咸一体化"大都市规划，对内具有较强的产业经济基础和体育消费需求；对外能够接收东部城市的产业转移，具有一定的吸纳能力，这是中心城市一个重大特征。因此，"圈"辐射发展规划为四个层级：核心层、基本层、紧密层和开发层，这四个层级规划如下。

核心层：西安市；

基本层：大西安四大副中心，主要包括临潼、长安、咸阳和三原；

紧密层：大西安三大外围中心城市，主要包括杨凌、铜川和渭南；

开放层：大关中城市群六大周边中心城市，主要包括宝鸡、彬县、黄陵、韩城、华阴和商洛。

第三节 陕西地域体育产业发展战略布局选择

为了比较全面、准确地把握陕西地域体育产业的地理分布情况、体育产业中各个大类的发展现状，陕西地域体育产业发展的特征与区域经济的联动关系，以及政府在体育产业发展过程中角色定位、结构性政策趋向等。因此，陕西地域体育产业发展类别及布局的研究思路是：首先对体育产业给出较为合理的类别界定，其次，给出陕西省地域体育产业总体概况，最后分类研究各体育产业类别的布局和发展策略。

一 体育产业分类范围与理论研究逻辑

长期以来，体育产业类别的界定并不是很一致，研究结合2008年9月"关于开展全国体育及相关产业专项调查"的分类办法，在与分类项目一致的基础上，将体育产业大类分为核心体育产业和体育周边产业。具体分类如图4-3所示。

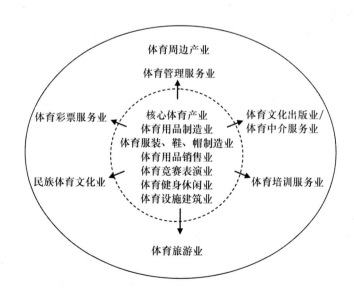

图4-3 体育产业分类模式

核心体育产业是因为其发展主要通过政策指导，它跟第三产业的其他行业一样，主要以营利为目的；体育周边产业主要为体育产业发展提供服务，其发展带有政府规划性质，可以通过制定其发展规划引导行业发展。

其具体分类界定如下。

体育管理服务业：主要包括社会事务管理机构和体育组织。社会事务管理机构指各级政府所属的体育主管部门。体育组织指各类专门从事体育比赛、训练、辅导和管理的组织和机构。

体育彩票服务业：指从事体育彩票发行、销售等行为的组织和机构。包括区（县）级以上体育彩票管理部门、体育彩票销售机构及个体销售网点等。

民族体育文化业：指具有地域色彩的传统体育民族文化，如陕北的秧歌节、陕南的龙舟赛事等。

体育文化出版业/体育中介服务业：指为实现体育产品或服务交易而充当媒介的、独立核算的服务业企业法人单位。包括主营或兼营体育媒体、出版业、中介业务的体育经纪公司、体育咨询公司、票务公司、体育广告公司等。

体育培训服务业：指传授体育运动技能的非学历教育范畴的独立核算的组织或机构。包括武校、网球学校、足球学校等，不包括健身俱乐部等体育健身休闲机构开展的各种运动项目的培训活动。

体育用品制造业：指以球类、体育器材及配件、训练健身器材、运动防护用具等加工为主营业务的、独立核算的工业企业法人单位。

体育服装、鞋、帽制造业：指主营或兼营运动服装、运动鞋、运动帽等加工的、独立核算的工业企业法人单位。这里的运动服装指单件和成套生产的适合体育活动时穿着的服装，包括各式运动服、游泳装、滑雪服等；运动鞋指各种材质制造的适合体育活动时穿着的运动鞋、徒步鞋、跑鞋、足球鞋、网球鞋、篮球鞋、体操鞋、训练鞋、滑雪板靴等；运动帽指各种材质制造的适合体育活动时佩戴的帽子。

体育用品销售业：指主营或兼营球类、体育器材及配件、训练健身器材、运动防护用具等批零业务的、独立核算的商业企业法人单位。包括体育用品专卖店、专营店（百货公司、大型超市的专卖店除外）、大型超市、百货公司等。该产业还可以细分为体育用品销售业和授权体育用品销售业。

体育竞赛表演业：指举办一些竞技或表演的体育赛事，如职业篮球赛、足球赛等，以门票、广告收入作为运营的主要经费。

体育健身休闲业：指主营或兼营体育健身休闲活动的组织与机构。如健身会所，健身俱乐部，高尔夫球会所，户外运动机构，体质测试、健康评估及健身康复所等以营利为目的的、独立核算的企业法人单位；三星级及以上宾馆饭店中提供体育健身休闲服务的部门；向社会开放的高校体育场馆。

体育设施建筑业：指由国家投资或筹集社会资金兴建的、各级体育行政部门或国有资产管理部门管辖的独立核算的公共体育场馆。如体育中心、综合性体育场（馆）、游泳场（馆）、篮球房（馆）、羽毛球房（馆）、乒乓球房（馆）等。不包括教育、厂矿等系统所属的体育场馆。

二　陕西地域体育产业地理分布及经营趋向基础数据分析

（一）陕西地域体育产业地理分布分析

近年来，陕西省体育产业虽然得到了较大的发展，但其增加值在 GDP 中所占的比重还不足 5%，研究统计情况表明，陕南、陕北与关中的差异较大（见表 4-19），这将成为影响陕西地域体育产业的发展的主要因素。从总体上来看，陕西体育产业还处于启动阶段，在国民经济中所占层次和比例都比较低，体育产业还未真正融入到区域经济的整体发展战略中，体育产业还未作为一个独立的经济门类而加以足够的重视。在当前，体育产业应归类到大的文化产业中，而不是作为独立的统计指标进行统计。这表明当前调研统计的难度和国民经济对体育产业的重视程度较低。

表4-19　　　　陕西省体育产业（企业）数量地域分布情况

地域	频数（个）	百分比（%）	有效百分比（%）	累计百分比（%）
关中	225	94.5	94.5	94.5
陕南	8	3.4	3.4	97.9
陕北	5	2.1	2.1	100.0
合计	238	100.0	100.0	100.0

注：数据来源于2009年陕西省企业名录电子版。

如表4-20所示，体育产业主要分布在经济发展较好的一些城市，显示了体育产业与地方经济发展的互动性，经济的发展刺激了体育产业发展，体育产业进一步带动和壮大了经济发展的力度和深度。在陕西省，综合经济指数发达的城市，体育产业发展的规模和数量较大，而在以能源和重工业为主的城市，体育产业发展力度不够。

表4-20　　　　陕西省体育产业（企业）数量城市分布情况

市（区）	频数（个）	百分比（%）	有效百分比（%）	累计百分比（%）
西安	181	76.1	76.1	76.1
咸阳	31	13.0	13.0	89.1
宝鸡	8	3.4	3.4	92.4
渭南	2	0.8	0.8	93.3
延安	2	0.8	0.8	94.1
汉中	4	1.7	1.7	95.8
安康	3	1.3	1.3	97.1
商洛	2	0.8	0.8	97.9
铜川	2	0.8	0.8	98.7
榆林	3	1.3	1.3	100.0
合计	238	100.0	100.0	100.0

注：数据来源于2009年陕西省企业名录电子版。

（二）陕西地域体育产业规模及吸纳就业人才分析

陕西地域体育产业布局不均衡，进一步从产业规模上明显表现出来。从表4－21中可以看出，关中、陕南和陕北地区体育产业资金规模比例分别为：81.88%、8.10%和10.02%。结合企业的所有制形式分析，关中地区体育产业投资渠道多样化，又由于地区经济发展不平衡，更加促进了体育产业发展的不平衡。因此陕西地域体育产业发展要以关中地区为体育产业"发展极"，以"一圈二线三岸"模式形成辐射发展，具有重要的意义。此外，陕西近年来，陕北地区GDP发展较快，已经跃居陕西省前列，而体育产业规模仍然较小，印证了陕西体育产业与经济发展关联水平、关联程度和关联质量都较低的结论，提高体育产业结构的关联效应，对于推动体育产业发展具有重大意义。

表4－21　陕西省体育产业（企业）注册资金规模地域分布情况

单位：万元

地域	均数	样值	标准偏差	总数	最小值	最大值	百分比
关中	277.94	225	591.821	62537	1	5000	81.88
陕南	27.50	8	25.495	220	1	80	8.10
陕北	34.00	5	21.909	170	1	50	10.02

注：数据来源于2009年陕西省企业名录电子版。

从表4－22中可以看出，陕西省体育产业企业规模主要集中在注册资金在30万至100万的区间之内，约占企业总数的42.9%，属于中小型企业；注册资金在1000万以上的仅占11.3%，并从表4－23可以看出，主要集中在西安、咸阳两个城市。陕北、陕南部分城市已具备相当的经济条件，而体育产业发展的比例并不匹配。研究结果显示，"西·咸一体化"都市体育圈内体育产业从数量、规模和产值均占全省体育产业的80%以上；其次，发展较好的为宝鸡市。从西安—咸阳—杨凌至天水一线，体育产业均发展较好，主要基于"关中—天水"产业带的战略发展思路，陕西地域体育产业应抓住有利时机，积极拓展体育产业的发展途径。

表 4 – 22 陕西省体育产业注册资金规模分类情况

注册资金分类	频数（个）	百分比（%）	有效百分比（%）	累计百分比（%）
5 万以下	8	3.4	3.4	3.4
6 万—10 万	25	10.5	10.5	13.9
11 万—30 万	30	12.6	12.6	26.5
31 万—50 万	53	22.3	22.3	48.7
51 万—100 万	49	20.6	20.6	69.3
101 万—500 万	25	10.5	10.5	79.8
501 万—1000 万	21	8.8	8.8	88.7
1000 万以上	27	11.3	11.3	100.0
合计	238	100.0	100.0	100.0

注：数据来源于 2009 年陕西省企业名录电子版。

表 4 – 23 陕西省体育产业按地市＊注册资金分类统计表（N＝238）

市（区）	频数/总数（%）	注册资金分类								合计
		5 万以下	6 万—10 万	11 万—30 万	31 万—50 万	51 万—100 万	101 万—500 万	501 万—1000 万	1000 万以上	
西安	频数	6	9	23	43	46	17	13	24	181
	总数（%）	2.5	3.8	9.7	18.1	19.3	7.1	5.5	10.1	76.1
咸阳	频数	2	7	4	4	2	4	5	3	31
	总数（%）	0.8	2.9	1.7	1.7	0.8	1.7	2.1	1.3	13.0
宝鸡	频数	0	0	0	2	0	4	2	0	8
	总数（%）	0.0	0.0	0.0	0.8	0.0	1.7	0.8	0.0	3.3
渭南	频数	0	1	0	0	0	0	1	0	2
	总数（%）	0.0	0.4	0.0	0.0	0.0	0.0	0.4	0.0	0.8
延安	频数	0	0	0	2	0	0	0	0	2
	总数（%）	0.0	0.0	0.0	0.8	0.0	0.0	0.0	0.0	0.8

续表

市（区）	频数/总数（%）	注册资金分类							合计
		5万以下	6万—10万	11万—30万	31万—50万	51万—100万	101万—500万	501万—1000万	1000万以上	
汉中	频数	0	2	0	1	1	0	0	0	4
	总数（%）	0.0	0.8	0.0	0.4	0.4	0.0	0.0	0.0	1.6
安康	频数	0	2	1	0	0	0	0	0	3
	总数（%）	0.0	0.8	0.4	0.0	0.0	0.0	0.0	0.0	1.3
商洛	频数	0	1	1	0	0	0	0	0	2
	总数（%）	0.0	0.4	0.4	0.0	0.0	0.0	0.0	0.0	0.8
铜川	频数	0	1	1	0	0	0	0	0	2
	总数（%）	0.0	0.4	0.4	0.0	0.0	0.0	0.0	0.0	0.8
榆林	频数	0	2	0	1	0	0	0	0	3
	总数（%）	0.0	0.8	0.0	0.4	0.0	0.0	0.0	0.0	1.2

注：数据来源于2009年陕西省企业名录电子版。

陕西省体育产业总体从业人数2009年末接近7万人，占全省从业人员比重0.3%左右，根据北京体育大学管理学院林显鹏教授2002年《体育产业发展报告》，估算体育产业占全国就业人数0.4%，陕西省体育产业吸纳就业人数较少；陕西省第三产业近年来有长足的发展，其增加值约占全省GDP的35%，全省体育产业增加值约占全省GDP的0.6%，相比陕西省体育产业发展还处于初级阶段。从表4-24可以看出，陕西省体育产业集中在50—100人的小型企业，约占总从业人数的51.5%。

从表4-25依然表现出陕西省体育产业从业人员集中在"关中—天水"产业带。陕西省体育产业的非均衡发展严重制约着体育产业的发展，陕南、陕北地区体育产业发展薄弱。因此以"二线三岸"为辐射发展的地域体育发展模式，对陕西地域体育产业均衡发展有很强的针对性与促进作用。

表4-24　　　　　陕西省体育产业按从业人数分布统计表

从业人数	频数（个）	百分比（%）	有效百分比（%）	累计百分比（%）
5	36	15.1	15.1	15.1
10	58	24.4	24.4	39.5
20	17	7.1	7.1	46.6
30	8	3.4	3.4	50.0
50	57	23.9	23.9	73.9
100	42	17.6	17.6	91.6
150	1	0.4	0.4	92.0
200	7	2.9	2.9	95.0
300	11	4.6	4.6	99.6
1000	1	0.4	0.4	100.0
合计	238	100.0	100.0	100.0

注：数据来源于2009年陕西省企业名录电子版。

表4-25　　　陕西省体育产业按地市 ＊ 从业人数分布统计表

市（区）	频数/总数（%）	员工人数										合计
		5	10	20	30	50	100	150	200	300	1000	
西安	频数	21	44	15	8	46	33	1	6	5	1	180
	总数(%)	8.9	18.6	6.3	3.4	19.4	13.9	0.4	2.5	2.1	0.4	75.9
咸阳	频数	4	7	2	0	8	7	0	0	3	0	31
	总数(%)	1.7	3.0	0.8	0.0	3.4	3.0	0.0	0.0	1.3	0.0	13.2
宝鸡	频数	0	0	0	0	2	2	0	1	3	0	8
	总数(%)	0.0	0.0	0.0	0.0	0.8	0.8	0.0	0.4	1.3	0.0	3.3
渭南	频数	1	0	0	0	1	0	0	0	0	0	2
	总数(%)	0.4	0.0	0.0	0.0	0.4	0.0	0.0	0.0	0.0	0.0	0.8
延安	频数	0	2	0	0	0	0	0	0	0	0	2
	总数(%)	0.0	0.8	0.0	0.0	0.0	0.0	0.0	0.0	0.0	0.0	0.8
汉中	频数	3	1	0	0	0	0	0	0	0	0	4
	总数(%)	1.3	0.4	0.0	0.0	0.0	0.0	0.0	0.0	0.0	0.0	1.7

地市	频数/ 总数（%）	员工人数										合计
		5	10	20	30	50	100	150	200	300	1000	
安康	频数	2	1	0	0	0	0	0	0	0	0	3
	总数（%）	0.8	0.4	0.0	0.0	0.0	0.0	0.0	0.0	0.0	0.0	1.2
商洛	频数	1	1	0	0	0	0	0	0	0	0	2
	总数（%）	0.4	0.4	0.0	0.0	0.0	0.0	0.0	0.0	0.0	0.0	0.8
铜川	频数	1	1	0	0	0	0	0	0	0	0	2
	总数（%）	0.4	0.4	0.0	0.0	0.0	0.0	0.0	0.0	0.0	0.0	0.8
榆林	频数	2	1	0	0	0	0	0	0	0	0	3
	总数（%）	0.8	0.4	0.0	0.0	0.0	0.0	0.0	0.0	0.0	0.0	1.2
合计	频数	35	58	17	8	57	42	1	7	11	1	237
	总数（%）	14.8	24.5	7.2	3.4	24.1	17.7	0.4	3.0	4.6	0.4	100.0

注：数据来源于 2009 年陕西省企业名录电子版。

（三）陕西地域体育产业所有制形式分析

总体来看，陕西地域体育产业非公有制形式占很大的比重，约达80%以上；个体、私营经济占43.7%；外资、合资企业的比例相对较少，约占4.7%，具体见表4－26。主要表现为本地经济发展水平、城市化进程而使社会性服务不断增加，进而使体育产业所有制形式多样化，居民对体育产品的消费意识和体育竞技产业发展不足，对外资的吸引力不强。

表4－26　　　　　陕西省体育产业按所有制形式统计状况

所有制形式	频数（个）	百分比（%）	有效百分比（%）	累计百分比（%）
个体	63	26.5	26.5	26.5
私营	41	17.2	17.2	43.7
有限	90	37.8	37.8	81.5
股份	11	4.6	4.6	86.1
外资	8	3.4	3.4	89.5

续表

所有制形式	频数（个）	百分比（%）	有效百分比（%）	累计百分比（%）
合资	3	1.3	1.3	90.8
集体	5	2.1	2.1	92.9
其他	17	7.1	7.1	100.0
合计	238	100.0	100.0	100.0

注：数据来源于2009年陕西省企业名录电子版。

一般来说，城市化滞后于工业化的进程是我国经济发展面临的一个突出矛盾，体育产业发展基于城市化的基础而发展更为滞后。这种现象在陕西省陕北地区表现更为明显。按地域划分的体育产业所有制形式参见表4-27，表现出陕南、陕北地区发展比较薄弱。

从关中、陕南和陕北分别来看，关中地区体育产业所有制形式多样化；陕南地区主要集中在个体和私营经济；而陕北地区所有制形式单调，而且个体和私营经济的积极性未能调动起来，表现出产业结构需求、民众选择服务性消费的意识不强烈。

表4-27　　陕西省体育产业按地区＊所有制形式统计状况

地域	频数/总数（%）	公司类型								合计
		个体	私营	有限	股份	外资	合资	集体	其他	
关中	频数	60	39	86	10	8	3	5	14	225
	总数（%）	25.2	16.4	36.1	4.2	3.4	1.3	2.1	5.9	94.6
陕南	频数	3	2	1	0	0	0	0	2	8
	总数（%）	1.3	0.8	0.4	0.0	0.0	0.0	0.0	0.8	3.3
陕北	频数	0	0	3	1	0	0	0	1	5
	总数（%）	0.0	0.0	1.3	0.4	0.0	0.0	0.0	0.4	2.1
合计	频数	63	41	90	11	8	3	5	17	238
	总数（%）	26.5	17.2	37.8	4.6	3.4	1.3	2.1	7.1	100.0

注：数据来源于2009年陕西省企业名录电子版。

从陕西各市区体育产业分类可以看出,西安市体育产业门类齐全,其次为咸阳市、宝鸡市。但关中地区的渭南市,体育产业门类比较单一,与所处的地理环境和经济发展水平很不对等。陕北地域属于工业化严重滞后于城市化,因此陕北应重视城市化发展,带动体育产业蓬勃发展,是发展体育产业的必由之路。陕南各市依赖独特的地理环境、自然条件优势,重视体育旅游产业的发展以弥补经济发展之劣势。陕西省各市体育产业所有制分布具体见表4-28。

表4-28 陕西省体育产业按地市＊所有制形式统计状况

市（区）	频数/总数（%）	公司类型								合计
		个体	私营	有限	股份	外资	合资	集体	其他	
西安	频数	54	32	68	8	4	3	2	10	181
	总数（%）	22.7	13.4	28.6	3.4	1.7	1.3	0.8	4.2	76.1
咸阳	频数	4	6	14	2	3	0	0	2	31
	总数（%）	1.7	2.5	5.9	0.8	1.3	0.0	0.0	0.8	13.0
宝鸡	频数	1	0	3	0	1	0	3	0	8
	总数（%）	0.4	0.0	1.3	0.0	0.4	0.0	1.3	0.0	3.4
渭南	频数	0	0	1	0	0	0	0	1	2
	总数（%）	0.0	0.0	0.4	0.0	0.0	0.0	0.0	0.4	0.8
延安	频数	0	0	2	0	0	0	0	0	2
	总数（%）	0.0	0.0	0.8	0.0	0.0	0.0	0.0	0.0	0.8
汉中	频数	0	2	1	0	0	0	0	1	4
	总数（%）	0.0	0.8	0.4	0.0	0.0	0.0	0.0	0.4	1.6
安康	频数	2	0	0	0	0	0	0	1	3
	总数（%）	0.8	0.0	0.0	0.0	0.0	0.0	0.0	0.4	1.2
商洛	频数	1	1	0	0	0	0	0	0	2
	总数（%）	0.4	0.4	0.0	0.0	0.0	0.0	0.0	0.0	0.8
铜川	频数	1	0	0	0	0	0	0	1	2
	总数（%）	0.4	0.0	0.0	0.0	0.0	0.0	0.0	0.4	0.8

续表

市（区）	频数/总数（%）	公司类型								合计
		个体	私营	有限	股份	外资	合资	集体	其他	
榆林	频数	0	0	1	1	0	0	0	1	3
	总数（%）	0.0	0.0	0.4	0.4	0.0	0.0	0.0	0.4	1.2
合计	频数	63	41	90	11	8	3	5	17	238
	总数（%）	26.5	17.2	37.8	4.6	3.4	1.3	2.1	7.1	100.0

注：数据来源于2009年陕西省企业名录电子版。

（四）陕西地域体育产业经营类别分析

陕西省体育产业经营类别比较齐全，并呈现"梭子状"，即生产加工（体育用品制造业）、生产厂家较少，规模层次较低；体育用品经销批发行业家数较多，但外贸体育用品占据了大部分市场份额；体育服务企业较少，服务意识淡薄。

从陕西省各个地区的分类来看，陕北、陕南几乎没有体育用品制造业，关中地区的体育制造业多停留在作坊式生产模式，对新产品的研制投入不力，或者几乎没有什么研发能力，制造的体育用品没有品牌效应，竞争力低下，与大量的体育销售用品相比，本地体育制造业所占市场份额非常少。体育用品销售方面，各个地区均有分布，关中地区依然占据领先地位，但是总的情形是体育用品销售产品，由于本地体育用品制造业发展不力，几乎全部经营其他外来品牌，主要来自浙江、广东、福建、江苏等地，外来体育用品占据了陕西市场，进一步阻碍了本地体育制造业的发展。体育服务业各个地区均有发展，但是缺乏规范性和有效的监管，服务薄弱。各个地区体育产业经营类别分布见表4-29。

从陕西省各个城市体育产业经营类别分布情况（见表4-30），可以看出，分布很不均匀，"西安—咸阳—宝鸡"陕西省的横轴线发展相对较好，而纵轴线"陕北—关中—陕南"发展较差，经营类别趋于简单。依据体育产业辐射发展的特点，渭南、汉中、延安三个城市应形成战略发展推进的重点。

表 4 - 29　　　　　　　陕西省体育产业经营类别分布表

经营类型	频数/总数（%）	地域			合计
		关中	陕南	陕北	
生产加工	频数	100	0	0	100
	总数（%）	42.7	0.0	0.0	42.7
经销批发	频数	159	6	4	169
	总数（%）	67.9	2.6	1.7	72.2
商业服务	频数	49	3	4	56
	总数（%）	20.9	1.3	1.7	23.9
合计	频数	221	8	5	234
	总数（%）	94.4	3.4	2.1	100.0

注：数据来源于 2009 年陕西省企业名录电子版。

表 4 - 30　　　　陕西省体育产业按地市 ＊ 经营类别分布表

经营类型	频数/总数（%）	市（区）										合计
		西安	咸阳	宝鸡	渭南	延安	汉中	安康	商洛	铜川	榆林	
生产加工	频数	74	19	6	1	0	0	0	0	0	0	100
	总数(%)	31.6	8.1	2.6	0.4	0.0	0.0	0.0	0.0	0.0	0.0	42.7
经销批发	频数	128	21	6	1	2	2	3	2	2	2	169
	总数(%)	54.7	9.0	2.6	0.4	0.9	0.9	1.3	0.9	0.9	0.9	72.2
商业服务	频数	48	0	0	1	2	3	0	0	0	2	56
	总数(%)	20.5	0.0	0.0	0.4	0.9	1.3	0.0	0.0	0.0	0.9	23.9
合计	频数	177	31	8	2	2	2	3	2	2	4	234
	总数(%)	75.6	13.2	3.4	0.9	0.9	1.7	1.3	0.9	0.9	1.3	100.0

注：数据来源于 2009 年陕西省企业名录电子版。

三 陕西地域体育产业布局发展战略

由于体育产业本身的特殊性，各级体育局主要监管体育竞技表演产业、体育彩票、体育场馆、体育服务产业等，在体育产业发展过程中主要起到引导作用；各地工商部门、税务部门等对体育制造业、体育销售业等进行监管，把它们作为第三产业无类别区分的产业监管思路。因此，发展体育产业坚持两个重点：一是"引导"，由体育竞技表演产业与体育旅游业带动整个体育产业发展、由体彩事业推进全民健身，促进体育用品需求发展、由体育服务业推进民众体育锻炼的需求；二是"支持发展"，由各级政府支持体育投资业的发展，提供良好的体育产业投资环境，鼓励支持体育产业发展。

（一）基于产业分类的发展战略

前面我们把体育产业分为核心体育产业和周边体育产业，依据产业本身的特点，制定相应的发展策略。

体育核心产业分为以竞技表演为核心的体育产业和以体育产品制造、销售为核心的体育产业，这两类产业有其实施的企业主体，类同于无差异的第三产业模式，政府仅能从政策上引导、扶持投资主体参与该方面的活动，同时负有监管责任。体育竞技表演业是体育产业发展的主体，提供大众体育娱乐的专业化市场，是扩大居民消费、吸引民间投资的主要载体，应成为体育产业发展的核心。体育产品制造业、销售业是繁荣体育产业的主要载体，结合陕西省近年来产业发展的特点以及产业结构发展趋势得出，第一产业占的比重逐年下降，第二产业快速、稳步增长，第三产业虽然得到了长足发展，但增长的速度较为缓慢。相比较已有体育产业发展的数据，表现出体育产业发展同其他产业的关联程度较低、关联质量较差，尤其表现在陕南、陕北地区，足以说明体育产业在陕西省有巨大体育市场潜力和发展空间。

体育周边产业分为以体育旅游业带动体育产业大发展，全民健身为核心的体育健身锻炼普及产业和以体育服务、宣传和培训为核心的体育产业，这两类产业的共同特点是，有较强的政府参与性与指导性。对于以全民健身为核心的体育健身产业，如全民健身活动、体彩事业，近年发展势头较好，可以有针对性地发展；以体育服务、宣传和培训为核心的体育产业，目前的发展还不规范、引导性不强，可以充分结合教育部门、媒体、出版行业，以及体育职能部门交叉管理，多管齐下，迅速促进体育服务产业的规范与繁荣。

以产业分类发展的思路，以模式策略、具体策略和典型项目或地区，提出体育产业分类发展的简要策略。具体见表4-31。

表4-31　　　　　　陕西省体育产业分类发展策略

产业分类	按照监管部门细分	策略模式	具体策略	典型项目或地区
体育核心产业	以竞技表演为核心的体育产业	引导、扶持和监管	培育、吸引更多的职业俱乐部入驻陕西；鼓励企业投入，提供优惠政策。体制创新，打通融资渠道，投资受益对等。招商引资，加强体育场馆建设。有重点、有选择发展强势运动等	陕西中建地产浐灞足球队；西安国际城墙马拉松赛
	以体育产品制造、销售为核心的体育产业	政策倾斜、优惠支持	落实体育制造业相关的税费优惠政策。逐步改善产业布局不均衡性、模式单一性。促进本区域的体育用品品牌发展模式。对体育销售市场监管，形成品牌体育用品的专业化，本地体育用品的普及化	形成"渭南—西安—咸阳—宝鸡"体育制造业的产业带
体育周边产业	以全民健身为核心的体育锻炼及普及产业	政府牵头、实施和推进	继续推进全民健身工程。继续推进体彩业对边远地区的"雪碳工程"。推进陕南地区体育旅游业的发展。推进陕北地区民间体育文化的发展	陕南的攀岩、漂流、赛龙舟；陕北秧歌、腰鼓等

续表

产业分类	按照监管部门细分	策略模式	具体策略	典型项目或地区
体育周边产业	以体育服务、宣传和培训为核心的体育产业	政府引导、推进	恢复体育宣传、服务的政府职能部门。对体育培训市场实施交叉管理：教育部门和体育部门交叉管理、申报和审批。促进体育复合型人才的发展：熟悉体育，懂经济、懂管理，有较高文化素质	以全民健身为核心
	体育旅游	政府引导、区域合作、资源整合	制定陕西体育旅游发展规划。形成旅游产业体系。突破观念，创新体育旅游产品	关中依托历史文化资源、陕南依托自然山水、陕北依托黄土风情与红色旅游资源

（二）基于产业集群的布局发展战略

所谓产业集群，是指在某个特定领域中，一群在地理上邻近、有交互关联性的企业和相关法人机构，并以彼此的共通性和互补性相联结。①

陕西体育产业要本着地域体育产业发展的特点，规划其发展策略。从陕西体育产业发展相关数据来看，陕西体育产业发展相对集中在"西安—咸阳—宝鸡"产业带上，具有产业集群发展的特点。也只有走产业集群的模式，才能从西部地区崛起，走在全国体育产业发展的前列。

基于产业集群发展的策略，提出以下发展思路：

---

① Poertr. M. E. , *Clusters and the New Economics of Competition* , Harvard Business Review, Vol. 16 , No. 4 , June 1998。

（1）由"渭南—西安—咸阳—宝鸡"构建体育产业带，产业带依托优惠政策、良好的投资环境，把陕西地域体育产业由"后发劣势"向"集地优势"转换。

由于东部和西部地区的差异，东部地区比较成熟的体育产业，具有市场竞争力，以至于资本、硬件技术等生产要素纷纷向东部集聚，进一步强化其先发优势；西部地区由于经济条件、体育需求的劣势，使体育产业发展较为落后。而西安作为西部的大门、关中沿线的体育产业集中区，要做到有计划地打造陕西体育产业带，才有望弥补体育产业发展的后发劣势。

（2）体育产业作为一个特殊产业纳入政府规划，各级地方政府积极参与组织实施。

产业集群有自身的发展特点，同时政府的参与作用也不容忽视。政府虽然不能制造产业集群，却可以通过改善和培育促进产业集群发展的要素条件来促进产业集群的发展。一方面，体育产业作为一个特殊的产业，应从第三产业中剥离出来，纳入政府发展计划，以引起对体育产业足够的重视；另一方面，政府积极参与，为陕西省体育产业集群发展，提供必要的条件要素。如政府可以通过实施专业化的教育带动本地体育产业人才的发展；在发展战略方面，可以通过制度和政策设计吸引外地资本进入、促进本地企业积极参与竞争；在需求条件方面，可以加大体育锻炼方面的宣传等。总之，地方政府在产业集群发展过程中主动地、能动地为陕西"关中带"体育产业集群发展提供良好的氛围。

（3）充分利用地理环境广袤平坦、人文历史环境厚重的优势，塑造根植于本地的地域体育产业发展的竞争力。

产业集群的实质是一种专业化产业区，其发展应有明确的产业方向和产业特征，这就要集群的发展规划应与本地的地域特色和地域优势紧密结合。陕西从地域环境来看，地势广袤、平坦，对于体育场馆建设有许多便利条件；从人文环境来看，历史积淀厚重，成为国内外友人向往之都。因此，陕西体育产业发展应准确把握自己的优势，在重视外围环境的基础上，重视投资软环境，加强体制创新、政策优惠，加大宣传，着力培育能够体现地域优势特色的陕西地域体育产业发展集群模式。

（4）由政府相关产业发展部门以及体育主管行政机构，制定陕西省体育产业发展的总体的宏观规划。

产业集群是一种介于市场与企业之间的组织形态，它既有产业属性又有地域属性。体育产业集群的微观效应以企业为主，而体育产业本身的特点，其企业监管的主体又不一致，因此，体育部门和政府部门需要进行总体的宏观规划，对本地区集群核心产业选择、区位选择进行宏观指导，形成合理的空间布局和结构体系。

第四节　陕西省地域体育产业禀赋分析

改革开放 30 年来，特别是西部大开发战略实施以来，陕西地域经济发展取得显著成就，进入了快速发展阶段。这为陕西省体育产业发展注入了新的活力。近年来，陕西省顺应大众体育消费的需求，认真落实贯彻国家《体育产业发展纲要》，开拓创新，进一步树立全民大体育产业发展观，体育产业在水平、结构和规模等方面都取得了良好的发展。

一　陕西地域体育产业发展禀赋与不足分析

陕西省位于中国内陆腹地，东邻山西、河南，西连宁夏、甘肃，南抵四川、重庆、湖北，北接内蒙古，居于连接中国东、中部地区和西北、西南的重要位置。

【地貌】陕西地域狭长，地势南北高、中间低，有高原、山地、平原和盆地等多种地形。从北到南可以分为陕北高原、关中平原（平原面积391万公顷）、秦巴山地三个地貌区。主要山脉有秦岭、大巴山等。秦岭在陕西境内有许多闻名全国的峰岭，如华山、太白山、终南山、骊山。

【气候】陕西横跨三个气候带，南北气候差异较大。陕南属北亚热带气候，关中及陕北大部属暖温带气候，陕北北部长城沿线属中温带气候。降水南多北少,陕南为湿润区,关中为半湿润区,陕北为半干旱区。

【民族分布与人口比例】据 2000 年全国第五次人口普查统计,陕西省共有 54 个民族。陕西省的少数民族分布广泛,主要分布在关中地区。关中地区的西安市、宝鸡市、咸阳市、铜川市、渭南市和杨凌示范区少数民族人口占全省少数民族人口的 71.53%。陕南秦巴山地少数民族分布仅次于关中地区,汉中、安康、商洛三个地区少数民族人口占全省少数民族人口的 26.55%。陕北的延安市和榆林市少数民族人口占全省少数民族人口的 1.92%。

【历史文化】陕西是中华民族及华夏文化的重要发祥地之一。先后有西周、秦、西汉、前赵、前秦、后秦、西魏、北周、大夏、隋、唐等十余个政权在陕西建都,时间长达 1000 余年,是我国历史上建都朝代最多、时间最长的省份,长期成为中国政治、经济、文化中心,留下了极为丰富的历史文化遗产。

【经济概况】2008 年陕西生产总值 6851.32 亿元,比上年增长 15.6%。其中,第一产业增加值为 753.72 亿元,增长 7.6%,占生产总值的 11%;第二产业增加值为 3842.08 亿元,增长 18.8%,占生产总值的 56.1%;第三产业增加值为 2255.52 亿元,增长 13%,占生产总值的 32.9%。人均生产总值 18246 元,比 2007 年增长 15.2%。

【教育事业】陕西省共有高等学校 95 所(其中普通高等学校 76 所),2008 年招收普通本、专科学生 27.63 万人,在校大学生 83.97 万人。

【环境状况】2008 年陕西省 10 个地级市空气质量良好天数全部超过 300 天,平均达到 321.4 天,达标率为 88.05%。地表水环境质量稳定,城市集中式饮用水源水质达标率达到 98% 以上。①

从某种意义上来讲,体育产业发展水平实际上是本地区经济、人文、教育、环境等发展的另一种体现。综合分析陕西省体育产业发展的软环境,从自然资源、人文资源、技术资源和制度供给 4 个

---

① 资料来源:陕西省人民政府门户网,http://www.shaanxi.gov.cn/。

方面分别分析体育产业发展的禀赋和不足。具体见表4－32。

表4－32　　　　　　　陕西省体育产业发展禀赋与不足①

资源类型	禀赋	不足
自然资源	地理位置处于西部，具有独特的西部民族特色； 地貌地理形式多样，对于开展登山、攀岩、沙漠探险、洞穴探险、高原训练，以及漂流、冲浪、垂钓、游泳、船等体育相关活动提供了广阔的天然场所； 气候条件多属暖温带气候，适于大众体育开展	地处内陆，经济发展相对落后，产业结构相对单一，对外向型经济吸引力不足
人文资源	历史发展悠久，具有多姿多彩的体育传统和风俗，如陕北大秧歌、腰鼓、关中武术、陕南龙舟； 高校林立，体育院校、中等体育学校和青少年业余体育学校、民间体育教育培训机构形成多层次、多渠道的体育人力资源	对民族传统体育重视不够、挖掘不够、开发不够； 虽然体育院校较多，但体育人才的专业结构、分布结构都不尽合理； 体育经营人才的培养力度不足，人才后期培养环境不良，人才流失现象严重
技术资源	陕西省众多的研究院所、高等学校为体育发展技术提供良好的基础； 陕西省装备制造业为体育装备提供了可能的基础； 陕西省近年来经济发展为体育产业发展提供了良好的投资条件	体育制造业技术水平低下、缺乏技术创新和品牌意识； 体育信息资源整合不力、缺乏必要的宣传和进一步信息的挖掘和分析； 已有的技术资源禀赋未能有效利用； 体育产业投资缺口大、投资环境需要改善，外商投资很少

---

① 张金桥等：《西部地区要素禀赋与体育产业发展的关系研究》，《武汉体育学院学报》2008年第1期。

续表

资源类型	禀赋	不足
制度供给	近年来各级体育局制定各类体育产业发展规划，极大地支持体育产业发展	体育产业管理体制没有理顺，多头管理和无人管理并存； 保障制度建设总体迟缓、滞后，具有强制力的体育产业法规建设落后； 体育事业单位在产业开发的资产投入/利益分配等问题上划分不清，缺少激励

　　总之，陕西省拥有丰富的体育自然资源和人文资源，这些条件为陕西省体育产业发展奠定了基础。但是，从现有的情况来看，已有的潜力禀赋并没有体现出来，从而形成体育产业发展落后、整体发展水平不高、丰富程度较低的现象。

二　陕西新一轮经济发展规划为体育产业发展带来机遇

　　体育产业的发展同地域经济发展息息相关，同民众生活质量提高紧密相连。陕西新一轮经济发展规划，为体育产业的发展提供新的契机。

　　【机遇1：西安国际化大都市发展规划】：西安市国际化大都市发展规划，以西安南北线为中轴，以渭河为水脉，以渭北和秦岭为两大生态风光地带，以主城区、卫星城和城市组团为基本格局，加快北跨、东拓、西接、南融步伐，构建起"一轴、一河、两带"的城市空间结构。交通上规划城市主干道、高速公路、轨道交通等综合交通体系，提升都市区的通达性和便捷性；生态环境上充分利用引汉济渭等工程构建城市的循环水体，努力恢复"八水绕长安"的生态景致；便民设施上规划好旅游、物流、现代工业等相关规划，为国际化大都市建设提供产业支撑。

国际化大都市为西安规划国际化体育赛事提供了契机，陕西省体育产业发展规划应以西安市为中心形成"两高"著名体育赛事基地，"两高"即高级别的体育职业俱乐部落户西安，如高质量甲 A 足球联赛（目前是中新沪灞足球队）、高质量甲 A 篮球联赛（目前是陕西亚铝联盟篮球俱乐部）、高质量乒乓球超级联赛等；高级别的商业体育赛事承办地，如西安国际城墙马拉松赛，F1 水上摩托艇西安灞河国际分站赛（2007 年）；以及红火的民间赛事基地，如CUBA、大学生超级足球赛、大学生超级篮球赛等。

【机遇 2：西安—咸阳经济一体化发展规划】："西·咸经济一体化"发展规划确定了"一核五区十个卫星城"的整体空间结构。一核：指西安主城区、咸阳主城区和沣渭新区；五区：指泾渭工业园、空港产业园、阎良航空产业基地、国家民用航天产业基地、杨凌示范区；十个卫星城：指户县、蓝田、高陵、三原、泾阳、兴平、武功、礼泉、乾县、周至等卫星城镇。①"西·咸一体化"不仅是经济发展的中心，而且形成了良好的人文景观，即三条城市主脉——"水脉"、"绿脉"、"文脉"。"水脉"是依托渭河河道南北两岸的滨水岸线而自然形成的，是体现城市"水文化"的重要载体，也是城市发展的生命线；"绿脉"是依托渭河两岸的生态防护绿地、湿地景观、公园绿地等形成的，是整个区域的生态基础和环境支柱；"文脉"可称作一条凝聚城市历史人文信息的主脉线索，用以串联沿线的秦文化、汉文化、唐文化，是城市历史文化的延续和展现。

通过我们对前面分析，西安、咸阳本身就是陕西体育产业发展的"集化区"，因而，借助"西·咸经济一体化"的契机，使"西·咸一体化"都市体育圈形成两个体育产业的集化区：一是群众体育发展的集化区，如全民健身、体育旅游、体育培训等；二是体育制造销售业的集化区，如形成自主品牌的体育用品制造业、体育产品及用品的销售的集散地。

---

① 章杰：《借东风再推"一体化"》，《西部大开发》2009 年第 10 期。

【机遇3：关中—天水经济区发展规划】：关中—天水经济区包括陕西省西安、铜川、宝鸡、咸阳、渭南、杨凌、商洛（部分区县）和甘肃省天水所辖行政区域，直接辐射地域包括陕西省陕南的汉中、安康，陕北的延安、榆林，甘肃省的平凉、庆阳和陇南地区。① 它处于承东启西、连接南北的战略要地，是我国西部地区经济基础好、自然条件优越、人文历史深厚、发展潜力较大的地区。经济区的开发有利于深入实施西部大开发战略，建设大西安，带动大关中，引领大西北。

依据前面的分析，陕西省体育产业主要分布在"渭南—西安—咸阳—宝鸡"这一东西带上，依托关中—天水经济区发展契机，可以构建体育产业集化带，构建以体育制造业为主的体育产业发展集群，并对外形成辐射区。

【机遇4：其他】：可以分为三个方面：第一，依托体育消费扩展效应，兴起体育消费热潮，使需求迅猛增大，体育消费规模扩大，尤其群众对体育健身的需求越来越强，伴随而来的是体育场馆的建设、体育咨询业、体育教育业对体育用品和体育产品的需求增大；第二，"十二五"期间体育产业发展规划，鼓励发展各具特色的区域体育产业，各地区民间体育蓬勃发展，政府政策的重视也是一个发展机遇；第三，交通、信息产业等的发展，为体育产业的孕育奠定了坚实的基础，如西安地铁建设、宝天高速打通了新的丝绸之路、西汉/西康公路贯通陕南之路、西安至延安至包头高速公路贯通陕北。

从这些发展机遇来看，发展体育产业的集化区与我们前面的规划是相辅相成的，因而既是机遇又是发展契机，汇总起来如表4-33所示。

---

① 任宗哲：《关中—天水经济区建设中合作机制构建刍论》，《西北大学学报》（哲学社会科学版）2010年第1期。

表 4 - 33   陕西省体育产业发展机遇与契机

序号	发展机遇	带来的契机
1	西安国际化大都市发展规划	形成"两高": 高级别的体育职业俱乐部落户西安、高级别的商业体育赛事承办地; 以及红火的民间赛事基地
2	西安—咸阳一体化大都市圈发展规划	形成两个体育产业的集化区: 全民健身发展的集化区、体育制造销售业的集化区
3	关中—天水经济区发展规划	构建体育产业"渭南—西安—咸阳—宝鸡"集化带, 构建以体育制造业为主的体育产业发展集群, 并对外形成辐射区

三　陕西地域体育产业发展对策与建议

(一) 基于发展规划的对策

在遵循陕西省体育产业发展的理论基础上, 探讨体育产业发展规划模式。因此, 把前面规划对策汇总起来, 形成陕西地域体育产业发展规划对策。

(1) 陕西省体育产业非均衡协调发展对策是构建"点、轴、圈"体育产业发展模式。

从陕西省各市 (区) 经济发展水平和居民体育消费需求来看, 陕西省地域发展呈不平衡的模式, 且各地自然资源优势差异呈多"点"发展。遵循非均衡协调发展模式, 针对体育产业发展应该重点明确、要有较强的序列性, 充分发挥各地区的人力、物力、财力和自然资源优势, 投资重点明确, 形成单核发展的"点"带动模式, 主要指"西·咸一体化"都市体育圈; 以"关中、陕南、陕北"构建成长三角模式; 以"二线三岸"形成点·轴发展模式。以在较短时间使体育产业核心地域得到快速发展, 形成辐射, 对其他地区产生拉动作用。

(2) 陕西省体育产业时序发展对策是由"独立规划发展阶段—聚集化阶段—点·轴扩散化阶段—成熟一体化阶段"10 年梯级发展规划。

陕西省体育产业总体分析还处于初级阶段，从时间战略上应逐步规划其发展。该模式的核心首先是非均衡重点发展；然后采取点·轴推进模式，关中以"西·咸一体化"都市体育圈、陕南（汉中、安康）、陕北（延安、榆林）逐步推进；再次点·轴结合、全面带动"二线三岸"沿线体育产业发展；最终达到一个理想的体育产业发展阶段。

（3）基于体育产业分类发展对策是由不同类的体育产业分类引导与支持。

基于两个要素：一是体育产业管理上的多头或无头管理；二是体育产业既可以看作无差别的第三产业，又可以在政府主导下规划发展。在这样的现实基础上，把体育产业分为核心体育产业和体育周边产业，一类策略是对核心体育产业的"引导"规划发展；一类策略是对体育周边产业"鼓励、支持"等扶持发展策略。

（4）基于产业集群"集化区"发展对策是构建陕西体育产业集群发展模式。

从多个视角来看，"渭南—西安—咸阳—宝鸡"纵贯陕西这条主线，从体育产业发展的基础、自然条件、发展规模、后期发展的规划等方面，体育产业发展均处于集中发展优势，借鉴产业集群发展战略，构建陕西省体育产业集群发展模式，改变西部体育产业落后的后发劣势为产业优势，由政府主导发展规划。

（5）充分利用优越的产业发展禀赋、陕西新一轮经济发展机遇，构建体育产业规划发展对策。

陕西省近年来经济开发势头良好，陕西省作为西部开发的桥头堡、西安市作为西部城市的重要阵地，继"西·咸经济一体化"发展战略，"关中—天水"经济开发区、西安国际化大都市发展战略，为体育产业新一轮规划提供了很多契机，为此构建陕西体育产业规划发展战略。

（二）陕西地域体育产业发展建议

（1）理顺体育产业监管对象或主体，划清体育事业单位与体育产业单位界限，强化体育产业化管理，促进体育管理体制的改革。

体育产业的门类很多，许多体育制造业、体育用品销售业等根本就不在体育直属管理部门的监管下，但它们对体育产业贡献非常大。如果现在要监管起来，没有那么多人力、物力等，而且它们往往与第三产业同质，没有必要重复管理。因此，针对陕西省体育产业发展的特点，采取鼓励其发展的政策，对于与体育产业相关的第三产业，可以到体育直属管理部门申请"体"字标记，以享受体育产业的优惠发展政策。

另外，对于如体育健身娱乐业，需要理顺监管主体。体育健身娱乐业长期以来处于多头管理、政出多门的状况，有的部门甚至仅仅收取管理费，而不对体育健身娱乐业提供任何服务。因此，要改善这种状况，必须规定谁管理、谁提供服务，包括统一的企业开业标准、从业人员资格认证标准、健身场所服务和管理标准等。

对于体育直属管理部门，有些部门单纯依靠事业单位政府拨款，而有些部门可以自收自支，比如有体育场馆租赁业务等。对于前一类的体育事业部门要承担起事业部门的相应职责，全面促进体育公益性事业的发展；对于后一类逐渐放开经营，走政府和社会投资相结合道路，走企业化经营管理模式。对于陕西省5个体育园区：陕西奥林匹克体育中心、陕西省朱雀广场、省杨凌水上运动中心、省射击射箭运动管理中心、省航空运动管理中心，根据后一类企业经营式管理模式，规范、合理、高水平发展，有效吸引投资商，同时要为群众的体育健身带来更大的利益。

对于改制的体育事业单位逐步实现企业化的过程中，省一级大多数运动队应加快体育俱乐部形式的转制，不再直接干预其管理。除重大体育竞赛活动外，均应实行公开招投标，逐步推向市场，而不应由个别事业单位垄断经营；对于体育系统大量的中小型经营服务性场馆或单位，依照市场规范进行非营利性和营利性分类管理，有计划地进行企业化改造，使其公平、公正、公开地参与市场竞争。

（2）积极鼓励体育产业投资主体多元化、以财政税收等政策杠杆，推动体育产业发展；鼓励发展较好的企业进入资本市场，融取更多的资金，为产业发展打下更坚实的基础。

首先科学制定体育产业结构的各项政策，积极鼓励私营、个体、省外及国外投资者以资本、技术、信息、经营管理等各种形式参与开发体育赛事、全民健身、体育中介、体育培训、体育咨询、场馆服务、体育制造、销售业等体育经营活动。依照陕西省体育产业的发展规划，在核心发展地域对于体育市场准入、工商登记、土地使用、信贷方面等提供便利条件。体彩事业是非常好的体育融资渠道，同时也鼓励优势体育产业进入资本市场，通过股票上市、发行企业债券、项目融资、股权置换等方式，实行资本运作，扩大增量、壮大体育产业规模。

（3）改善体育场馆建设理念，加大居民社区配套场馆与场地建设。

长期以来，我国体育场馆的建设的理念以服务于竞技体育这一主题，以场馆分布比较单一、功能单一、占地面积大、造价高等为特点，造成场馆经营亏损、资源浪费、分割管理等不良症状。然而，服务于全民健身事业的场馆尤其是社区体育场地设施严重缺乏，严重影响了群众体育锻炼、强身健体这一体育发展理念。

目前来说，解决这一问题本着两步走，首先在居民安置区规划好体育场地建设，其次向更高层次体育场馆建设迈进。然后再解决好场地（场馆）建设的产权归属、维护保养等经费支出问题。

改善体育场馆建设理念，并不抹杀掉其原有的功能，可以定位在高一级的体育竞技表演，放开经营，企业化管理，直接面向市场，服务大众。

（4）培育体育中介，规范管理体育中介，盘活体育市场。

体育中介没有得到大家的认同和信赖，主要原因在于服务的范畴和规范。体育消费同其他消费不同，以群体消费为主，需要体育"中介"架起体育消费市场和体育服务机构之间有效的桥梁。纵观世界各国体育产业和体育市场发展过程，体育中介都发挥着重要的作用，没有体育中介，体育资源就难以合理配置，体育产业就不可能得到健康的发展，体育社会化、市场化也就无从谈起。

规范中介市场，就是明确规范各类体育投资者、体育赞助商、体育俱乐部、运动员、体育协会、体育中介公司、体育经纪人、体育管理者及社会各方面的权利、责任与义务，确保体育中介市场的健康发展。

要积极推进体育协会实体化，引导体育团体向这一方向发展。并通过鼓励、扶持民营企业，积极开发民间各类体育中介市场，通过减免税、低税或延迟收税等优惠政策，鼓励社会投资体育中介市场，规范体育中介市场行为，降低投资风险，保护体育中介组织的正当权益等；大力培养体育经纪人队伍，培育中介服务品牌，完善和健全各类体育经济活动的体育服务体系。

（5）完善和培育体育要素市场，为体育产业持续稳定发展夯实和奠定基础；培养以大学生为主体的人才要素参与者和宣传者。

体育要素市场的培育指进一步抓好各类体育人才（体育参与者、体育爱好者）、体育信息、体育科学技术、体育资金、体育管理等市场要素的建设工作，向社会开放体育要素市场，吸引社会力量参与市场建设。坚持体育学历教育和非学历教育并重，学历教育除了基本的体育专业教育，培养与经济、管理相结合的高学历的体育经营管理人才；非学历教育可以引进国外的非学历教育机构，培育体育管理人才的专业资质培训。建立体育人才市场、培育市场调节用人机制、政府建立合理的人才监管机制，促进人才流动，体现人才价值。

提高体育信息资源的管理，促进体育信息化平台的建设，及时发布有效的体育产业信息，加大体育知识的宣传，加强体育健身的培训；有效利用体育市场的资金渠道，利用好有限的资金，政府积极做好体育市场的管理。

陕西省内的体育竞技表演，免费或优惠向大学生开放，培养大学生的体育热情，进一步在高校进行有效的体育宣传；实施高校体育拉拉队团体，并作为大学生一个主要的体育社会活动。

（6）多管齐下，做大做强体育制造业、发展体育竞技表演业、开展体育旅游休闲业、积极推进体育健身业、加大体育彩票业销售的宣传力度。

　　体育产业涉及面比较广，要有重点地选择，多管齐下。陕西在装备制造业方面具有整体的优势，在科技产业孵化方面具有强劲的实力。依托科研院所的强势，鼓励和引导体育制造业企业扩大生产规模、加大自主研发、创立品牌、增强市场竞争力。

　　竞技表演业和体育健身产业是陕西体育产业发展的重中之重，一方面，在市场机制下，借助足球、篮球、乒乓球等体育项目职业化运作，发展体育职业俱乐部，将一些具有市场潜力和表演性的运动项目逐步推向市场；另一方面，发展体育强身健体的本质功能，同时适应现代人们生活需求，发展体育健身业。形成以体育竞技表演、体育健身休闲等为核心的体育产业体系，形成重点突出、形式多样的体育产业格局。

　　体育彩票规范发行、强化管理，形成体育彩票发行的科学化、制度化、程序化，加强对体育彩票公益金使用的监督检查，使体育彩票收入成为支持体育事业发展的重要渠道之一。

　　（7）加强体育人才培养，培育既懂体育又懂经营管理的体育高层人才；广泛培养体育从业人才，形成金字塔式、泛中取精的人才选拔机制。

　　目前，体育产业形成活跃的市场化发展，最缺少的就是既懂体育又懂经营管理的体育高层人才，需要打通这方面的人才渠道，培养人才、引进人才、公平竞争、择优上岗，完善激励机制，制定优惠政策。聚集一批懂体育、懂经营、懂管理的高素质、国际化复合型体育人才，营造陕西省体育人才基地。

　　重视体育从业人才培养工作、培养后备人才队伍。一方面，努力改善体育后备人才培养的训练设施和师资等各方面条件，鼓励社会力量培养体育后备人才，进一步探索体教结合的模式，拓宽体育后备人才的培养渠道；另一方面，坚持体育锻炼首先是强身健体的原则，形成全民健身热潮以及广泛的体育人才基础，有了庞大的体育人才基数，体育精英自然辈出。

　　（8）重视体育社会科学研究。

　　依托陕西省雄厚的高等院校资源，充分发挥科教优势，培养一批具有世界一流水平的专家和学术带头人，建设一支高水平的体育社会科学研究队伍。充分利用研究人才，加强对体育改革与发展中重大理论与实践问题的研究，加强体育发展的战略研究，为体育事业发展提供科学的指导。进一步提升体育科研成果对体育产业发展的理论指导。

小结

依据理论结合实证，从多个层面系统研究了陕西省体育产业发展规划与"一圈二线三岸"地域体育产业发展模式，分析体育产业发展的软环境、陕西省新一轮经济发展规划与体育产业发展的契机。

基于地域经济发展水平分析和体育产业规划分析、基于体育产业地域消费水平和体育需求分析，两者共同构筑陕西省体育产业发展空间非均衡协调发展的"点、轴、圈"发展战略模式，以及体育产业时间发展规划序列。

从地域经济发展水平看，关中地区西安市的城市发展水平在全省居于核心地位，与咸阳市形成大都市格局；陕北地区由于资源丰富，城市发展水平较快，形成以榆林、延安为代表的陕西北部地区发展区；陕南地区自然环境优越，但经济发展较慢，但中心城市西安对其产生较强的辐射作用，形成以安康、汉中为代表的发展区。因此，陕西省体育产业发展形成"成长三角发展"格局。

从体育产业地域消费水平来看，关中地区沿"渭南—西安—咸阳—宝鸡"产业带的消费格局已经形成；陕北地区资源优势未能转化为消费优势，明显体育消费与经济发展不匹配；陕南地区近年来体育消费水平明显加快，但限于经济的发展水平，仅在体育旅游、民族体育发展方面有较强优势。因此，单核发展模式、成长三角发展模式和点·轴发展模式形成陕西体育产业空间发展模式。

陕西体育产业非均衡协调发展的"点、轴、圈"发展模式，"点"分为三级：一级"点"发展规划城市包括"西·咸一体化"都市圈、宝鸡市；二级"点"发展规划城市包括延安市、榆林市、渭南市、铜川市；三级"点"发展规划城市包括汉中市、安康市、商洛市。

"轴"级发展规划，主要指"二线三岸"，"二线"指西安到榆林、西安到安康的高速公路沿线；"三岸"指汉江、渭河、延河沿岸，也具体分为三级。

"圈"辐射发展规划为四个层级：核心层是西安市；基本层包括大西安四大副中心（临潼、长安、咸阳和三原）；紧密层包括大西安三大外围中心城市（杨凌、铜川和渭南）；开放层是大关中城市群六大周边中心城市（宝鸡、彬县、黄陵、韩城、华阴和商洛）。

陕西体育产业时间发展规划主要指 2010 年至 2020 年，划定 4 个阶段，即独立规划发展阶段、聚集化阶段、点·轴扩散化阶段和成熟一体化阶段。独立规划发展阶段是指 2010 年至 2012 年，"一圈二线三岸"体育产业发展战略发展阶段。逐步规划以关中、陕北、陕南三大地域，制定非均衡协调发展规划，各地区依照较明显的投资发展序列。聚集化阶段是指 2013 年至 2015 年，"一圈二线三岸"体育产业发展"点"要素初步形成，核心以"西·咸一体化"都市体育圈，为关中地区体育产业发展的集化区；其次以关中、陕北、陕南，采取"以点、沿轴推进"的策略，重点构建关中、陕北、陕南地区核心体育产业项目。点·轴扩散化阶段是指 2016 年至 2018 年，采取"点·轴结合、带动全面"的战略，带动"二线"和"三岸"。成熟一体化阶段是指 2019 年至 2020 年，形成与区域经济发展相一致，体育产业形成强有力拉动经济需求，全民健身蓬勃开展。

陕西省地域体育产业发展布局与发展规划主要体现在陕西省体育产业地理分布、地域体育产业规模和吸纳就业人才、体育产业的所有制分布，以及陕西省体育产业经营类别分析，研究表明陕西体育产业分布较为集中，陕南和陕北地区体育产业明显与经济发展不匹配；体育产业规模较小；所有制形式比较单调；经营类别较窄。这几点突出体现了陕西省体育产业发展较为落后，针对现实的情况，提出陕西体育产业分类发展模式和基于集群的发展模式。

　　基于产业分类发展，主要把体育产业分为两类：一类为体育核心产业，另一类为体育周边产业。体育核心产业又分为以竞技表演为核心的体育产业和以体育产品制造、销售为核心的体育产业，对这一类体育产业要分别引导、扶持和监管，以及政策倾斜、优惠支持的发展模式；体育周边产业又分为以全民运动为核心的体育锻炼及普及产业和以体育服务、宣传和培训为核心的体育产业，周边体育产业要以政府牵头、实施和推进，以及政府引导、推进的发展模式。最后，针对具体的模式又提出若干发展对策。

　　基于产业集群的发展模式，主要构建"渭南—西安—咸阳—宝鸡"体育产业带、体育产业集群发展模式，主要宗旨是有优惠政策、良好的投资环境，把陕西省体育产业由"后发劣势"向"集地优势"转换。并提出体育产业作为一个特殊产业纳入政府规划，各级地方政府积极参与、组织实施等措施。

　　对于陕西体育产业发展软环境主要从地理、气候、经济发展、历史文化等7个方面，分析了体育产业发展的禀赋，归为自然资源禀赋、人文资源禀赋、技术资源禀赋和制度供给禀赋4个方面，并分析了其体育产业发展的不足的十一点要素以及体育产业发展可以借鉴的4个机遇，机遇包括西安国际化大都市发展规划发展机遇、西安—咸阳大都市圈发展规划发展机遇、关中—天水经济区发展规划发展机遇，以及其他机遇。这些机遇的形成为体育产业发展带来了更多的契机，即形成"两高"著名体育赛事基地、形成两个体育产业的集化区、构建体育产业"渭南—西安—咸阳—宝鸡"集化带以及以体育制造业为主的体育产业发展集群，并对外形成辐射区。基于规划发展提出的5点规划发展对策和8条发展建议，从远景规划到发展软环境全面提出体育产业发展战略。

第五章 发展模式加速器:地域体育旅游发展定位选择与战略提升

第一节 体育旅游资源内涵及分类

体育旅游作为旅游产业和体育产业交叉渗透产生的一个新的领域,是以体育资源为基础,吸引人们参加与感受体育活动和大自然情趣的一种新的旅游形式,是体育与旅游相结合的一种特殊的休闲生活方式。[①] 也是体育产业的一个重要组成部分,有极大的活力和发展空间与潜力,在我国体育旅游已经开始呈现梯度快速增长和多元化发展。

中国旅游业经过改革开放 30 年来的持续快速发展,目前已进入到大众化旅游时代,旅游业已成为国民经济的综合性战略产业,我国已成为世界旅游大国。但目前我国旅游行业面临着优化产业结构、转变增长方式、提升发展质量等艰巨任务。长期以来,以人文旅游资源为主的旅游产品结构单一;各种旅游资源整合不够,关联性差,没有形成知名度很高的线路品牌。[②] 而体育旅游作为一种新的现代休闲方式受到人们的青睐,成为旅游行业发展中的一个亮点。

---

① 江四海等:《社会主义新农村建设形势下的体育旅游发展》,《大众文艺》2009 年第 9 期。

② 资料来源:《邵琪伟在全国旅游工作座谈会上的讲话》,《中国旅游报》2005 年 10 月 11 日。

陕西省是我国的旅游资源大省，旅游业也在陕西经济发展中发挥着举足轻重的作用，但长期以文物观光产品为主导的陕西旅游面临增长停滞的压力，陕西旅游产业有待寻找新的增长点，观光旅游需向深度旅游和体验旅游转型。

以体育旅游为抓手，着眼于今后陕西体育产业发展平台的建设，力求适应陕西体育发展和人民群众对体育旅游消费需求日益增长的新形势，打破行业、地域的限制和束缚，联合各地区、各行业，积极整合陕西体育旅游资源，联手打造陕西省体育旅游产业的发展平台，促进体育消费新热点和经济发展新增长点的形成，加速实现陕西"一圈二线三岸"地域体育产业大发展，促进陕西体育产业乃至陕西经济的快速发展。

一 体育旅游内涵

目前，体育界、旅游界学者对体育旅游概念有着不同的观点和解释，国外学者对体育旅游的定义有：体育旅游者就是那些在节假日参与体育运动的人；为了参加或参观体育活动，离开日常生活范围的非商业性旅游；是指将参加体育活动或参观体育活动作为目的的人们，从暂时离开日常生活范围起，到返回日常生活范围止的这样一个活动；体育旅游在本质上就是体育赛事旅游，它以赛事的影响和赛事的管理为核心。国内的学者也对体育旅游做了大量的研究，对体育旅游的定义主要有：体育旅游是为了满足和适应旅游者的各种体育需求，借助多种多样的体育活动，并充分发挥其诸多功能，使旅游者身心得到和谐发展，从而达到促进社会物质文明和精神文明，丰富社会文化生活目的的各种社会活动。[1]

广义上讲，体育旅游是旅游者在旅游中所从事的各种身体娱乐、身体锻炼、体育竞赛、体育康复及体育文体交流活动与旅游地、体育旅游企业及社会之间关系的总和。从狭义上讲，体育旅游

---

[1] 雷艳云等：《对 2007—2008 年我国体育旅游研究的述评》，《辽宁体育科技》2010 年第 2 期。

可理解为：为了满足和适应旅游者的各种体育需求，借助各式各样的体育活动，并充分发挥其诸种功能，使旅游者的身心得到和谐发展，从而达到促进社会物质文明和精神文明，丰富社会文化生活目的的一种活动。①

二　体育旅游分类

由于体育旅游是个服务集群，它本身包含的元素较多，因此从不同的角度划分，它就有不同的分类，从现有的文献资料来看，还没有统一的划分标准和类别。如果简单地参照其他学科进行划分，又会导致忽视体育旅游本身的特点，降低体育旅游的研究层次。我们认为体育旅游的吸引物就是体育旅游参与者在旅游时所关注的体育现象和参加的体育运动本身，按照这些特性以及参加体育旅游的目的，本书将体育旅游分为观光观赛型体育旅游、健身娱乐型体育旅游、度假型体育旅游、拓展训练型体育旅游、自我挑战型体育旅游。

三　体育旅游特征

体育旅游是旅游的一个分支，体育旅游包含着许多旅游的因素，具有一些旅游的公共要素，同时旅游本身包含着体育的元素，因为旅游需要很好的体力，只有具备充沛的体力才能使得旅游者更好地享受和亲近大自然，才能体会到"无限风光在险峰"，才能到达更多的地方观赏美景。② 但是体育旅游与旅游之间又存在着不同之处，具有自身的特征。主要表现在：花费较高，需求弹性大；主要是以自然和人文景观为依托，以体育活动为吸引物；参加体育旅游活动具有一定的风险性；在主动参与中获得乐趣；体育旅游具有健身性特点；体育旅游具有很大的关联性；体育旅游景点具有持续的吸引力；体育旅游具有很强的时效性等特征。

---

① 王刚：《泰山体育旅游资源现状及开发对策研究》，博士学位论文，辽宁师范大学，2009年，第34页。

② 刘青：《体育旅游的概念界定研究》，《现代商业》2009年第6期。

四　体育旅游资源概念

目前对旅游资源的定义还没有一个统一的意见，具有权威定义的主要有联合国环境规划署对旅游资源的定义：所谓旅游资源是指一定时间、地点的条件下能够产生经济价值，以提高当前和未来福利的自然环境和条件。2003 年我国国家标准《旅游资源分类、调查与评价》将旅游资源定义为：自然界和人类社会凡能对旅游者产生吸引力，可以为旅游业开发利用，并可产生经济效益、社会效益和环境效益的各种事物和因素。

体育旅游是旅游的分支，它的定义应该既具有旅游的普遍含义又具有体育的专业属性，从内涵来讲，它应该既包括为体育的产生和发展提供适宜的各种自然环境，包括参与、观赏和健身价值的各种各样的体育文化、体育项目、体育游戏，同时还包括为体育旅游而兴建的服务设施。这些资源可为人们提供观赏、度假、娱乐、探险、康复、健身等。

所以，体育旅游资源就是一切为人们开展体育和健身活动所提供的身体活动场所、项目和物质环境的总称。按照这些要素，我们初步对体育旅游资源定义为：在自然界或人类社会中凡能对体育旅游者产生吸引力，并能进行体育旅游活动，为旅游业所利用且能产生经济、社会、生态效益的各种事物与因素的总和。

五　体育旅游资源的分类

近年来，对体育旅游资源分类的方法很多。很多学者、专家对体育旅游资源分类各不相同，主要的决定因素是出于哪个角度去分析，视角不同，分类也就不相同。比如，按资源本身角度分为自然体育旅游资源和人文体育旅游资源，另外还有一些学者提出一些综合角度出发的分类方法。目前，对体育旅游资源的分类方法主要有以下几种（见表 5-1）。

表 5 - 1 　　　　　　　　　　　**体育旅游资源分类**

划分依据	类型
按资源本身的属性分类	自然旅游资源、人文旅游资源
按承载能力分类	脆弱性旅游资源、耐受性旅游资源
按存在形式分类	现实旅游资源、潜在旅游资源
按持续性分类	再生性旅游资源、不可再生性旅游资源
按活动目的和动机分类	休闲性旅游资源、娱乐性旅游资源、观光性旅游资源、健身性旅游资源、极限性旅游资源等
按活动方式分类	参与型旅游资源、观赏型旅游资源
按地理属性分类	海滨、湖泊、河流、沙漠、森林等

六　体育旅游与体育的发展关系

体育产业和旅游产业是当前国民经济中两个快速增长的行业，由体育与旅游相互交融而形成的新兴的、综合的体育旅游已成为当前理论界和实务界探讨的一个热点领域。体育旅游是旅游与体育的融合，是旅游产品中的"新秀"，是体育与旅游交叉融合而产生出来的具有旅游和体育特点的新型产业，它既可以体现体育的产业链条作用，又可以充分发挥旅游业的关联效益。发展体育旅游可以促进经济增长和体育事业的发展。[1] 随着我国假日经济的兴起，体育旅游产业在我国体育产业中的核心作用越来越明显，将成为体育产业中新的经济增长点。[2] 如何将体育旅游产业与区域体育产业发展和经济发展有机结合起来是体育旅游事业深入、快速发展面临的重大课题。

近年来随着"全民健身计划"、"奥运争光计划"的顺利实施，以及体育管理体制改革的推进，我国体育事业有了长足的发展，推动了我国体育产业化的过程，这为体育旅游的发展提供了丰富的活

---

[1]　陈志国：《体育旅游与河南体育经济发展》，《信阳农业高等专科学校学报》2007 年第 3 期。

[2]　王辉：《体育旅游产业特征及发展策略探讨》，《体育与科学》2010 年第 4 期。

动内容和良好的社会环境。

　　旅游产业和体育产业是我国经济发展中新兴的产业门类。陕西省是旅游大省，其中旅游产业的发展要优于体育产业，体育旅游具有潜力巨大的产业优势、资源优势和发展前景。同时，这两大产业在发展过程中也各行其道，取有用处而用之，并没有真正意义上的合作。因此，陕西省体育旅游的发展必须依赖两大产业的相互融合，充分发挥二者对客源市场的吸引力，大力发展体育旅游业，向客源市场提供内容丰富、功能完善的体育旅游服务产品，并以此作为陕西经济发展的切入点和优先领域，有利于产业结构调整，保持区域经济可持续发展，从而推动两大产业的发展。

第二节　陕西地域体育旅游资源现状分析

一　陕西省体育旅游资源规模

　　陕西拥有世界级自然遗产与文化遗产、国家级文物保护单位、自然保护区、旅游度假区、省级文物保护单位、县级文物保护单位、森林公园和风景名胜区等大量的旅游资源。A 级以上旅游资源非常丰富（见表 5－2）。其中，"一圈"区域主要表现在观赏性的体育旅游资源和一些大型体育比赛资源，"二线"和"三岸"区域富集可供体验参与的体育旅游自然资源。尤其，秦岭山脉贯穿陕西"一圈二线三岸"，体育旅游资源尤为丰富。

　　充分发掘这些旅游资源同体育旅游的结合功能，形成具有较大规模的体育旅游资源是陕西体育旅游产业发展的根基。

表 5－2　　　　　　　陕西 A 级以上旅游资源统计分类表

序号	等级	名　　　称	地　　　　　址	所属区域
1	5A	秦始皇兵马俑博物馆	陕西省西安市临潼区秦陵镇	一圈
2	5A	华清池	陕西省西安市临潼区华清路 38 号	一圈

续表

序号	等级	名 称	地 址	所属区域
3	4A	大慈恩寺大雁塔	陕西省西安市环塔路 117 号	一圈
4	4A	陕西历史博物馆	陕西省西安市小寨东路 91 号	一圈
5	4A	西安城墙旅游区	陕西省西安市大南门瓮城内	一圈
6	4A	西安碑林博物馆	陕西省西安市三学街 15 号	一圈
7	4A	秦始皇陵	陕西省西安市临潼区	一圈
8	4A	骊山森林公园	陕西省西安市临潼区花园路 2 号	一圈
9	4A	西安翠华山风景区	陕西省西安市长安区太乙宫镇	一圈
10	4A	大唐芙蓉园	陕西省西安市芙蓉西路 99 号	一圈
11	4A	西安曲江海洋馆	陕西省西安市曲江二路 1 号	一圈
12	4A	西安大雁塔文化休闲景区	陕西省西安市广场东路 3 号	一圈
13	4A	秦岭野生动物园	陕西省西安市长安区滦镇	一圈
14	3A	草堂寺	陕西省户县草堂镇	一圈
15	3A	西安市临潼区博物馆	陕西省西安市临潼区东环路 1 号	一圈
16	3A	大兴善寺	陕西省西安市雁塔区兴善寺街 55 号	一圈
17	3A	水陆庵	陕西省蓝田县水陆庵文物管理所	一圈
18	2A	杨凌昆虫博物馆	陕西省杨凌西北农林科技大学	一圈
19	2A	杨凌水上运动中心	陕西省杨凌示范区滨河路	一圈
20	2A	广新园民族村	陕西省西安市长安区喂子坪乡北石槽	一圈
21	2A	秦陵地宫展览馆	陕西省西安市临潼区秦陵北路中段	一圈
22	2A	世界八大奇迹馆	陕西省西安市临潼区秦陵北路中段	一圈
23	2A	辋川溶洞	陕西省蓝田县辋川溶洞管理处	一圈
24	3A	咸阳市博物馆	陕西省咸阳市中山街 53 号	一圈
25	3A	三原城隍庙	陕西省三原县城东大街 33 号	一圈
26	2A	铜川药王故里	铜川市耀州区孙原镇孙原村	一圈
27	1A	鸿门宴遗址	陕西省西安市临潼区新丰街办	一圈
28	3A	新天地农业科技示范园	陕西省杨凌郿城南路中段西侧	一圈
29	3A	西安沣峪庄园	陕西省西安市长安区喂子坪乡青岗树村	一圈
30	2A	中富苗木扩繁基地	陕西省杨凌示范区渭慧东路 10 号	一圈

续表

序号	等级	名　　称	地　　址	所属区域
31	4A	延安革命纪念馆	陕西省延安市延安革命纪念馆	二线
32	4A	延安枣园革命旧址	陕西省延安市枣园旧址管理处	二线
33	3A	铜川市耀州窑博物馆	陕西省铜川市黄堡镇新宜南路25号	二线
34	3A	玉华宫旅游区	陕西省铜川市玉华宫	二线
35	3A	延安宝塔山旅游区	陕西省延安市宝塔山	二线
36	3A	延安杨家岭革命旧址	陕西省延安市杨家岭旧址管理处	二线
37	3A	武侯祠景区	陕西省勉县	二线
38	3A	武侯墓景区	陕西省勉县定军镇	二线
39	3A	榆林二郎山	神木县文化广播电视中心	二线
40	3A	榆林红石峡生态园	榆林红石峡生态园	二线
41	2A	延安王家坪革命旧址	陕西省延安市王家坪旧址管理处	二线
42	2A	延安凤山革命旧址	陕西省延安市凤凰山旧址管理处	二线
43	2A	延安清凉山旅游区	陕西省延安市清凉山	二线
44	5A	延安黄帝陵旅游区	陕西省黄陵县东关179号	三岸
45	4A	华山风景名胜区	陕西省华阴市	三岸
46	4A	乾陵旅游区	陕西省乾县	三岸
47	4A	茂陵博物馆	陕西省兴平市	三岸
48	4A	法门寺旅游区	陕西省扶风县法门镇	三岸
49	4A	太白山国家森林公园	陕西省眉县太白山旅游区	三岸
50	3A	钓鱼台风景名胜区	陕西省宝鸡县天王镇	三岸
51	3A	昭陵博物馆	陕西省礼泉县烟霞镇	三岸
52	3A	陕西岐山县周公庙风景名胜区	陕西省岐山县周公庙管理处	三岸
53	3A	嘉陵江源头风景区	陕西宝鸡市川陕路20号马头滩	三岸
54	3A	彬县大佛寺	陕西省彬县小帘乡大佛寺村	三岸
55	3A	汉太史司马迁祠	陕西省韩城市芝川	三岸
56	3A	张良庙景区	陕西省汉中市留坝县	三岸
57	3A	汉中博物馆	陕西省汉中市	三岸
58	3A	南湖风景区	陕西省汉中市南郑县城关镇	三岸

续表

序号	等级	名　　称	地　　址	所属区域
59	3A	南宫山国家森林公园	陕西省岚皋县龙瓜子工业区	三岸
60	3A	岚皋县岚河漂流	陕西省岚皋县城关镇建设路	三岸
61	3A	香溪洞风景区	陕西省安康市香溪洞风景区管理处	三岸
62	3A	瀛湖风景区	陕西省安康市汉滨区瀛湖镇	三岸
63	3A	千家坪森林公园	陕西省平利县八仙镇	三岸
64	3A	金丝大峡谷国家森林公园	陕西省商南县城育才路	三岸
65	2A	咸阳黄土民俗村	陕西省乾县乾陵镇黄土民俗村	三岸
66	2A	咸阳杨贵妃墓	陕西省兴平市马嵬镇西	三岸
67	2A	宝鸡炎帝陵	陕西省宝鸡市清姜路80号	三岸
68	2A	宝鸡五丈塬诸葛亮庙	陕西省岐山县五丈原镇	三岸
69	2A	宝鸡凤翔东湖	陕西省凤翔县东湖管理处	三岸
70	2A	汉中张骞纪念馆	陕西省城固县张骞路	三岸
71	2A	汉中天台森林公园	陕西省汉中市武乡镇	三岸
72	2A	渭南韩城市博物馆	陕西省韩城市金城区学巷45号	三岸
73	2A	渭南韩城党家村民居	陕西省韩城市党家村	三岸
74	2A	午子山风景名胜区	陕西省西乡县堰口镇	三岸
75	2A	灵岩寺博物馆	陕西省略阳县城南灵岩寺	三岸
76	2A	凤凰山森林公园	陕西省安康市汉滨区恒口镇	三岸
77	1A	宝鸡秦公一号大墓	陕西省凤翔县南指挥村	三岸
78	1A	渭南普照寺	陕西省韩城市村镇	三岸
79	1A	渭南周塬大禹庙	陕西省韩城市大禹庙文管所	三岸
80	1A	汉中秦巴民俗村	陕西省汉中市宗营镇宗柏路	三岸
81	1A	堰水山庄	陕西省城固县堰水山庄	三岸

数据来源：2008年陕西省国家A级旅游景区景点名录。

二　陕西省体育旅游资源分类

按照体育旅游资源的分类方法，结合中华人民共和国国家质量监督检疫总局2003年5月1日发布实施的《中华人民共和国旅游资源分类、调查与评价国家标准》，通过大量的调查分析，我们对陕西各地域体育旅游资源进行了较系统的分类（见表5-3、表5-4、表5-5）。

表5-3 　　　　　　　"一圈"体育旅游资源分类表

	主类	亚类	代表性资源
自然资源大类	地文景观类	山体 洞穴	华山、太白山、翠华山、王顺山、南宫山、骊山
	水域景观类	湖泊 瀑布 河流	黄河支流、渭河、泾河、黑河
	生物景观类	植物景观 动物景观	朱雀森林公园、黑河国家森林公园
	综合自然景观类	自然保护区 森林公园	朱雀森林公园、太平森林公园
人文资源大类	历史遗迹	汉文化 三国文化 近代革命活动遗址	秦始皇兵马俑、华清池、八路军办事处、杨虎城纪念馆
	古代建筑	古代庙宇 古代民居著名 景观建筑	司马迁祠、香积寺、化羊庙、广新园民族村、咸阳黄土民俗村
	宗教	佛教文化 道教文化 天主教	大雁塔、小雁塔、楼观台、慈恩寺
	人类活动	民俗 婚俗 传统节庆活动 体育赛事	重阳节、社火、皮影戏、秦腔

表5-4 "二线"体育旅游资源分类表

	主类	亚类	代表性资源
自然资源大类	地文景观类	山体 洞穴 沙漠	毛乌素沙漠、宋长城遗址
	水域景观类	湖泊 瀑布 河流	黄河支流、壶口瀑布、榆林红碱淖
	生物景观类	植物景观 动物景观	老山森林公园
	综合自然景观类	自然保护区 森林公园	安康千家坪森林公园、安康三道门森林公园、陕西佛坪国家级自然保护区
人文资源大类	历史遗迹	汉文化 三国文化 近代革命活动遗址	武侯墓、张良庙、王家坪革命圣地、延安凤凰山革命遗址
	古代建筑	古代庙宇 古代民居著名 景观建筑	褒斜道、石门及其摩崖石刻、熨斗镇仿古街
	宗教	佛教文化 道教文化 天主教	南宫山、香溪洞、仙人洞、两合崖、龙王山、天柱山、擂鼓台、双溪禅寺、金堂寺、八仙悟真观、铁瓦殿
	人类活动	民俗 婚俗 传统节庆活动	安塞腰鼓、陕北大秧歌

表 5 – 5 　　　　　　　　"三岸"体育旅游资源分类表

	主类	亚类	代表性资源
自然资源大类	地文景观类	山体 洞穴	南宫山、宁陕新场乡花石溶洞、洛南云蒙山
	水域景观类	湖泊 瀑布 河流	瀛湖、汉江、南湖石门国家水利风景区
	生物景观类	植物景观 动物景观	陕西汉中洋县国家朱鹮自然保护区、陕西长青国家自然保护区
	综合自然景观类	自然保护区 森林公园	安康千家坪森林公园、安康三道门森林公园、陕西佛坪国家级自然保护区
人文资源大类	历史遗迹	汉文化 三国文化 近代革命活动遗址	汉阴三沈、石泉鬼谷岭、古汉台、武侯墓、张良庙
	古代建筑	古代庙宇 古代民居著名 景观建筑	褒斜道、石门及其摩崖石刻、熨斗镇仿古街
	宗教	佛教文化 道教文化 天主教	南宫山、香溪洞、仙人洞、两合崖、龙王山、天柱山、擂鼓台、双溪禅寺、金堂寺、八仙悟真观、铁瓦殿
	人类活动	民俗 婚俗 传统节庆活动 体育赛事	安康龙舟节、汉阴油菜花节、恒口桃花节、紫阳茶文化节、汉中民俗村

三　陕西省体育旅游发展现状

从陕西体育旅游的发展来看，"一圈"主要是观赏性体育旅游项目，但近几年未举办过大型的体育赛事和有影响力的项目开发。"二线"和"三岸"区域虽然富集优良的体验参与性体育旅游资源，但体育产品的开发仅限于粗放的初级开发，硬件设施落后，地区发展不平衡，市场主体不成熟。

（一）体育旅游发展处于初级阶段

随着社会经济的快速发展和人们生活品质的提高，体育旅游理念已深入人心，体育旅游产业发展不断升温。但陕西作为一个旅游大省，体育旅游发展长期停滞在静态观光型旅游当中，开发观念落后，政府主导力度不够，开设的体育旅游线路和项目结构单一，体育旅游资源空间整合和产品组合不够合理，市场定位不够准确，体育旅游管理机制不完善，体育旅游市场滞后，处于发展的初级阶段。与其他地区相比还有很大的差距。

陕西体育旅游应变静态观光为动态体验休闲旅游，通过健身休闲、体育赛事的引爆作用，在较短的时间内吸引参赛者和大批旅游观光者，并以其丰富的体育文化形态、特色化的休闲环境和良好的服务吸引了众多的旅游者和投资者，促进陕西地域体育旅游可持续发展。①

（二）体育旅游硬件设施建设落后

体育旅游的目的地一般都远离现代化的城市，常常处于偏远的乡村或者野外。需要特殊的设备，旅行社与旅游地只注重眼前利益，对体育旅游发展前景缺乏长远规划，不愿对其进行投资，旅游的配套设施不完善或落后。②

陕西体验参与型体育旅游资源主要分布在秦岭北麓和南麓，近几年陕西省加强交通建设，新修高速公路和环山旅游线路，交通状况有了大的改善，但配套设施未能跟上，集行、游、住、食、购、娱于一体的综合性配套设施不够完善，表现最突出的是信息畅通和住宿工程建设，游客进入秦岭山脉，手机失去信号，对体育旅游安全不宜，在很大程度上阻碍了陕西体育旅游的开发和发展。陕西体育旅游发展应根据本区域资源性质、目标市场特征、地区供给能力和客源规模等，

---

① 由文华等：《基于文化多样性的陕西省体育旅游发展策略研究》，《成都体育学院学报》2010 年第 2 期。

② 王玉良等：《中国体育旅游发展现状与对策研究》，《河北师范大学学报》2008 年第 1 期。

完善旅游配套设施。这其中既包括增加旅游地吸引力的各种旅游设施，也包括能够提供规范化服务。

（三）体育旅游政府主导性不强

政府主导型发展模式是当前我国区域经济发展的主流，体育旅游也不例外。尤其陕西体育旅游产业的发展，不管从规模、产业结构等方面都处于初级阶段，市场发展不够成熟。这就需要政府主管部门积极发挥其职能导向作用，为体育旅游产业的发展创造良好的环境。制定相关政策、法规，鼓励、扶持各级各类体育企业投资体育旅游产业的开发，规范体育旅游市场竞争机制。

根据陕西旅游局官方网站数据显示，目前注册的 352 家旅行社当中没有一家专门的体育旅游旅行社或主管政府机构。政府主导性不强，一些体育旅游活动主要由俱乐部经营组织，旅行社参与较少，致使服务的专业性偏低。体育旅游的线路、组织活动和主题缺少创新。政府应对有条件进行体育旅游项目开发的地区进行统一管理。

（四）体育旅游市场主体不成熟

体育旅游产业发展需要成熟的市场条件。目前，陕西省体育旅游市场大发展的社会氛围尚未形成，没有明确的体育旅游形象策划与定位，没有专门的体育旅游营销机构，体育旅游产品的生产者、经营者和消费者等市场主体尚不成熟，体育旅游产品仅依赖普通的旅游市场进行推销。

从需求来看，陕西区域内部体育消费的意识和观念还有待转变，消费能力和水平较低，体育旅游市场规模较小，缺乏具有竞争力的、大规模的体育旅游旅行社，体育旅游的资源优势还没能转化为产业化发展优势，缺乏真正意义上的体育旅游产品。

（五）体育旅游地区发展不平衡

由于陕西各地区经济结构和地区之间经济发展的不平衡等因素，政府投入体育和旅游基础设施的资金有限，导致目前陕西省体育旅游热点地区主要集中在关中地区和陕南地区，其他地区发展相对落后。跟关中地区相比，陕北体育旅游发展缓慢，要充分发挥陕北现有的红色特色体育旅游资源，让它得到最大程度的发展。

（六）体育旅游的服务质量较差

虽然陕西省体育旅游资源丰富，但由于体育旅游发展还不成熟，存在着方方面面的问题，而服务质量差是其中一个比较突出的问题。游客在整个旅行游览过程中得不到满意的服务。旅游服务质量高低的标志是旅游者的满意程度和旅游产品提供给旅游目的地的社会效益和经济效益。然而，陕西省体育旅游专业服务人员缺乏，且尚无培训标准。总体来说，陕西省体育旅游的服务质量还不能满足现在市场的需求。

第三节　陕西省体育旅游者行为特征分析

行为科学是研究人的行为或人类集合体的行为，在心理学、人类学、社会学、经济学、政治学和语言学等的边缘领域协作的一门科学。行为科学通过研究人的行为规律，以调节人与人的关系，并实现预测和控制人的行为。人是社会的主体，体育旅游活动的主体是体育旅游者，体育旅游者的行为特征对体育旅游的开发具有一定的关联和影响，因此基于行为科学来研究体育旅游的发展具有很重要的意义。

一　参加体育旅游动机分析

旅游动机是推动人从事旅游活动的内部动力。表 5-6 数据显示，陕西省关中、陕南、陕北地区参与体育旅游人群的 3383 份问卷分析表明，游客参加体育旅游的动机排在前 3 位的分别是娱乐休闲、增强体质、调节精神。因此，我们可以看出，旅客出来旅游不单单是简单的观光旅游，而是通过体育旅游进行娱乐休闲、增强体质等多元化需求。另外，有一些游客选择寻求新的生活方式和增长知识陶冶情操为目的的体育旅游。陕西体育旅游发展应该加强娱乐休闲、体育锻炼方面的产品开发，满足游客不同的需求。

表5-6　　　　　　　　参加体育旅游目的统计一览表

参加体育旅游的主要目的	人数	百分比（%）
娱乐休闲	615	18.20
增强体质	605	17.90
调节精神	590	17.40
减肥健美	401	11.90
保健康复	263	7.80
寻求新的生活方式	255	7.50
增长知识陶冶情操	205	6.10
体育文化交流	188	5.60
冒险猎奇	184	5.40
说不清	61	1.80
其他	16	0.40
合计	3383	100.00

二　体育旅游次数

从表5-7过去3年参加体育旅游次数的统计来看，在游客中参加过体育旅游的占很少一部分，从陕西关中、陕南和陕北总的统计来看，4768个调查对象中只有18.20%参加过体育旅游，只占极少部分，81.80%没有参加过。说明体育旅游在陕西的发展还处在初级阶段，有很大的发展潜力。尤其加大对陕南和陕北体育旅游的开发，让更多的人参与到体育旅游当中来，扩大体育旅游客源市场。

表5-7　　　　　过去3年中参加体育旅游次数统计表

地域	频数/总数（%）	是	否	合计
关中	频数	422	1916	2338
	总数（%）	8.90	40.20	49.10
陕北	频数	239	982	1221
	总数（%）	5.00	20.60	25.60

续表

地域	频数/总数（%）	是	否	合计
陕南	频数	206	1003	1209
	总数（%）	4.30	21.00	25.40
合计	频数	867	3901	4768
	总数（%）	18.20	81.80	100.00

三　体育旅游的认知

从表5-8游客对体育旅游的认知来看，人们对体育旅游的认知度不高，关中地区只有3.20%、陕北只有2.40%和陕南1.80%的游客知道体育旅游。关中22.70%、陕北11.00%和陕南10.40%的游客不知道体育旅游。因此，宣传和组织就成为充分利用体育旅游资源和发展的关键。陕西体育旅游需加大宣传力度，利用大众媒介和广告等方式对已开发的和即将开发的体育旅游产品进行大规模的宣传和促销。

表5-8　　　　　　　　体育旅游认知度调查一览表

地域	知道	百分比（%）	有一点概念	百分比（%）	听说过	百分比（%）	不知道	百分比（%）
关中	154	3.20	563	11.80	541	11.30	1080	22.70
陕北	115	2.40	297	6.20	284	6.00	525	11.00
陕南	86	1.80	359	7.50	268	5.60	496	10.40
合计	355	7.40	1219	25.50	1093	22.90	2101	44.10

四　体育旅游信息来源

表5-9数据显示，关于旅游信息获取主要来源于互联网，占48.7%，电视获取占31.9%，朋友介绍占12.1%，而利用报纸杂志及广播获得旅游信息的用户相对较少。因此应该充分发挥媒体、广告的宣传作用，加强旅游产品的宣传和促销力度，提高知名度，加强人们体育健身的意识，让国内外旅游者全面了解陕西经济发展、历史文

化、自然风光、社会活动、旅游服务实施和体育旅游景点的内容、服务项目、特色以及有关注意事项等，吸引广大国内外旅游者的兴趣，创建体育旅游网站是宣传体育旅游和方便体育旅游者查询相关信息的有效手段，激发旅游者旅游观光、参与、了解、认识陕西体育旅游的好奇心理，扩大旅游客源，推动陕西体育旅游事业快速发展。

表5-9　　　　　　　　体育旅游信息来源渠道统计表

信息获取渠道	人数（人）	百分比（%）
网络	422	48.7
电视	277	31.9
报纸杂志	44	5.1
广播	9	1.0
户外广告	6	0.7
朋友介绍	105	12.1
街头传单	4	0.5
合计	867	100.0

五　影响参加体育旅游的因素

从表5-10可以看出，游客是否参加体育旅游与旅游地开展的体育项目和价格高度相关，有33.9%的游客选择旅游地开展的体育项目为第一考虑因素，33.1%的游客把体育旅游价格作为第一考虑因素。

因此，体育旅游当中所开展的体育项目在体育开展中有至关重要的作用，我们要设计出既有丰富的体育项目而且价格实惠的体育旅游产品。采用低价占领策略，即以相对低廉的价格，力求在较短的时间内让更多的旅游者接受体育旅游产品，从而获得尽可能大的市场占有率的一种定价策略。这种定价策略有助于尽快打开销路，缩短推出期，获得长期稳定的市场份额，争取体育旅游产品迅速成熟完善；同时还可以让许多竞争者望而却步，减缓市场竞争的激烈程度[1]。

---

① 周红等：《我国体育旅游产品的营销策略探析》，《商业现代化》2007年第2期。

表 5 - 10　　　　　　　　　**影响参加体育旅游的因素表**

影响因素	频数	百分比（％）	有效百分比（％）	累计百分比（％）
旅游地开展的体育项目	294	6.2	33.9	33.9
举行活动与比赛规模	118	2.5	13.6	47.5
价格因素	287	6.0	33.1	80.6
气候状况	54	1.1	6.2	86.9
人文因素	15	0.3	1.7	88.6
自然地理风光	20	0.4	2.3	90.9
基础设施状况	77	1.6	8.9	99.8
其他	2	0.0	0.2	100.0

第四节　陕西体育旅游开发条件分析

一　区位条件

区域位置条件对旅游者的吸引力是非常重要的，区域条件好的旅游景点、景区因为其优越的地理位置而增强了吸引力。相反，品位极高的自然资源和人文资源，由于区域位置条件不利，很难得到很好的开发。

陕西位于我国西部、黄河中游，南北狭长，东邻山西、河南，西连甘肃、宁夏，南抵湖北、四川、重庆，北接内蒙古，是中国毗邻省、市、区最多的省份。在地理位置上是中国大西北的门户，是连接中国东、中部地区和西北、西南的交通枢纽，在中国区域发展宏观布局中具有承东启西、连南带北的战略地位和区位优势。对西部地区经济结构优化升级发挥重要的辐射和带动作用，是西部大开发的"桥头堡"和"第一阶梯"。其中"一圈"，西·咸一体化的规划建设为整个陕西体育旅游的发展起到核心指挥作用。"二线"，发达的高速公路贯穿陕西南北，具备了体育旅游区域集聚发展的区位条件。"三岸"，沿岸富集体育旅游自然资源，形成天然的区域辐射和联动。

二　生态条件

陕西以秦岭、北山为界，将全省划分为地理、文化、气候截然不同的三大地区：关中平原、陕北黄土高原和陕南秦巴山区。三大生态自然区域有着丰富独特的体育旅游资源，为发展体育旅游业提供了良好的自然生态条件。根据 2010 年 5 月最新陕西省国家 A 级旅游区（点）名录数据显示，陕西省现有 5A 级旅游区（点）3 家；4A 级旅游区（点）27 家；3A 级旅游区（点）40 家；2A 级旅游区（点）29 家；1A 级旅游区（点）5 家。其中 5A 级的生态景区就有 1 家；4A 级生态景区 9 家；3A 级生态景区 21 家；2A 级生态景区 10 家。

"一圈"，背靠秦岭北麓。秦岭北麓是关中城市群的水源涵养地与重要的生态屏障区。从潼关至宝鸡由东向西沿途背靠秦岭，发育有为数众多的河流，直接流入渭河的就有 150 余条，其中较大的河流约有 70 多条，这 70 多条河所在的山谷被称为秦岭"七十二峪"。秦岭"七十二峪"的出山口俗称"峪口"，是秦岭北麓重要的地貌因素之一，蕴含着丰富的绿色资源、生态资源、环境资源、空气和水资源，是陕西人文之都的文化标识，是西安经济发展和人民生活的生命线。[①]

"二线"，西安至榆林、西安至安康两条高速公路贯穿陕西南北，沿路有世界上绝无仅有的黄土地质遗迹，黄土地貌类型齐全、景观优美，黄土地层发育完整。拥有中国第二大瀑布壶口瀑布，拥有中国大沙区之一毛乌素沙漠，拥有第四纪黄土地质遗迹洛川黄土国家地质公园，有美誉太极图之称的延川黄河蛇曲地质公园。

"三岸"，渭河、汉江和延河，为三秦大地造就了一个山清水秀的风光旅游区，流经汉中、安康、商洛、陕北等地。地处秦岭之南、大巴山之北，汉江是陕西省水、热资源最丰富的地区。境内自然风光

---

① 杨松茂：《秦岭北麓"峪口型地域"深层次开发研究》，《西北大学学报》2009 年第 5 期。

旖旎，美不胜收，被誉为西安的后花园。漂流惊险刺激，被誉为"西北首漂"。

三　人文历史环境

陕西作为中国古人类、中华民族文化和中华文明的重要发祥地。历史源远流长，在绵延五千年的历史长河中不仅展现了朝代更替的变化历程，铸造了民族盛衰、强弱易势的历史刻印。同时，也孕育和创造了丰富深邃的物质文明和精神文明，造就了一大批光照千古的文化巨匠，他们为人类留下了完整性、丰富性、灿烂的人文历史资源。所有这些深厚的人文历史底蕴为发展体育旅游提供了难得的文化历史的软实力，使得体育旅游产品更加丰富多彩。

四　交通条件

任何旅游者要实现从定居地到目的地之间的旅行，都必须借助良好的交通条件和运输工具这两个载体。旅游交通是旅游业发展的首要条件，是区域旅游产业形成和发展的基础，是发展体育旅游必不可少的先决条件。便捷的交通能够满足游客方便的时空选择需求，对旅游资源的开发、旅游服务质量的提高等都具有重要意义。

2009 年 6 月，国务院批复了《关中—天水经济区发展规划》，大西安建设规划对路网提出了更高要求，按照省政府的要求，同时也按照大西安规划的发展思路，交通部门将对西安路网进行优先调整。

陕西省高速公路网规划中，将建成"两环六辐射三纵七横"，简称"2637"网，即 2 条环形线（西安绕城高速和西安高速大环线）；6 条以西安为中心的辐射线，即西安—禹门口线、西安—商州线、西安—漫川关线（去武汉、福州）、西安—汉中线（去成都）、西安—长武线（去银川）和西安—旬邑线（陕甘界）。除了"2637"网外，陕西省还规划了 18 条联络线，涉及西安—咸阳北环线、法门寺连接线等，长约 1675 公里。

在规划、建设完成后，西安、关中将与陕北形成 2 条高速通道，与陕南形成6条高速通道。届时，以西安为中心，全省将形成28个高速公路出省通道，比原规划新增7个。由西安驾车出行，可通过高速公路实现当日就可到达所有周边相邻省（区）的省会城市。

关中环线（系在关中大地上的金腰带），是陕西省形成大旅游圈的一条主干道，是"一线两带"建设的配套项目，也是陕西规划的"一纵三横两环"次骨架公路网的重要组成部分。环线规划总里程约475千米，路线起自渭南临渭区，经渭南、西安、宝鸡及咸阳市的14个县（区），主要路段采用城市快速干道四车道设计。

2010年12月24日，西安至成都客运专线（陕西段）开工建设，全长510千米，形成西北、西南与中东部地区便捷的快速客运通道。西安至成都的旅行时间将由目前的13小时缩短至3小时以内，运输里程缩短约300千米，连接了成渝和"关中—天水"两大经济区，对促进区域经济社会协调发展具有重要作用（见图5-1）。①

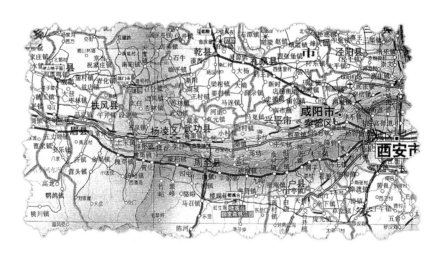

图5-1 关中环线路线图

---

① 李艳：《西安至成都客运专线（陕西段）建设动员大会举行》，《陕西日报》2010年12月25日。

第五节　陕西体育旅游开发总体思路及原则

一　陕西体育旅游开发总体思路

抓住"西·咸一体化"、"关中—天水经济区"战略发展机遇，树立体育旅游助推陕西旅游业大发展的理念，依托陕北黄土风情、陕南青山绿水、关中人文历史资源，利用陕西优越的区位交通优势，淡化行政区域，整合体育旅游优势资源，依据全省各个区域的不同地理特征和环境承载条件，重点突出"体育、人文、山水"三大主题，构建以体育旅游与文化旅游、生态旅游、城市旅游、景区旅游相结合的，多区域联动的"一圈二线三岸"区域体育旅游发展模式。最终实现体育旅游业在关中、陕北、陕南不同区域各尽其力、各具特色、各有生机，整体、协调、跨区域发展，打造陕西体育旅游品牌，深化产品开发，丰富体育旅游产品结构，推动陕西旅游产业转型和结构优化，培育陕西特色的体育旅游产业一体化环境。

定位（Positioning），是由著名的美国营销专家艾尔·列斯（Al-Ries）与杰克·特罗（Jack Trout）于20世纪70年代提出来的，是对产品在未来的潜在顾客的脑海里确定一个合理的位置，其目的是在潜在顾客心中得到有利的地位，令产品与众不同，建立鲜明的品牌，使其成为某个类别或某种特性的代表品牌。这样当消费者产生相关需求时，便会将定位品牌作为首选，从而形成竞争力优势。[①]

体育融合人文、山水是陕西体育旅游主题定位的主要内容。2009年，陕西省委、省政府将人文陕西、山水秦岭作为陕西省旅游业发展的新定位和形象宣传口号，为培育陕西国民经济战略性支柱产业，促进旅游业又好又快发展指明了奋斗的方向，陕西作为中华文明重要的发祥地，历史悠久，文化积淀深厚，周、秦、汉、唐等13个王朝在此建都，在中国历史上留下辉煌的长卷；秦岭山水吸收过长江之灵

---

① ［美］特劳特、里夫金：《重新定位》，谢伟山等译，机械工业出版社2010年版，第16页。

气，滋滔滔黄河之神韵，是千百年来豪杰论剑、道家修身的室外佳境。秦岭深处的奇山险峰、幽洞、溪流湖泊和众多的珍稀动植物形成了风格各异的主题公园，有望打造成国家级生态型休闲度假胜地。陕西独特的自然景色，聚塞上风光、平原美景和江南意趣于一体，处处散发着大自然的气息。

董宪民这样解读，"人文陕西"高度概括了陕西多元化历史文化，在全国乃至世界范围内具有不可替代性，历史、文物、宗教、民俗等多门类文化优势可包含其中；"山水秦岭"，集中反映了陕西以秦岭为主体，丰富多彩的自然山水风光特色。浓缩历史，凸显自然。

陕西体育旅游开发总体思路必须紧紧依托陕西富饶的人文和山水，围绕"体育、人文、山水"的主题，由过去单一的文物旅游，逐步发展形成以西安为中心、辐射全省的集体育旅游、历史文化旅游、自然生态旅游、宗教文化旅游、乡村旅游、红色旅游、民俗旅游、科技旅游、休闲度假旅游于一体的多元化的体育旅游产品体系，由静态的观光旅游发展到动态的、体验型、参与型的体育旅游项目，建成一批在国际上具有强大影响力的知名体育旅游景区（点）。

二 陕西体育旅游开发原则

（一）坚持以政府主导

政府主导是旅游产业发展的核心。旅游业的综合性特点，决定了其发展必须充分借助政府确立发展目标，运用政府协调社会力量的主导作用，从而有效地实现旅游业自身的发展和其他相关行业的协调发展①。坚持政府主导原则，一切从实际出发，尽快对陕西省的生态旅游资源、民俗民情资源、乡村旅游资源等各类适合开发体育旅游的资源进行全面而系统的整合，发展陕西体育旅游。

（二）以体育旅游产业为导向

随着人们生活方式的不断改变，随之各种新兴的消费市场形成，体

---

① 张琼亮：《湖南旅游产业发展存在的问题与对策研究》，《湖南社会科学》2006年第2期。

育旅游作为一种让人们在旅游的同时能够得到身体的锻炼和心情的愉悦，受到大家的追捧，形成了大规模的消费群体和巨大的市场。对稳定市场供求，促进地方经济发展，提供就业机会和实现社会稳定起到了积极的作用。作为新的经济增长点和第三产业中最具有活力与潜力的行业，旅游业被看成是发展第三产业的龙头，而体育则被认为是大众消费的新热点。构建体育旅游资源开发模式，以旅游业和体育产业的发展为导向，既能发展体育中的旅游事业，也能充分发展旅游中的体育事业。[①]

（三）以体育旅游资源为依托

体育旅游的产生和发展有赖于体育旅游资源。一个区域体育旅游业兴旺与否、效益高低与否，首先取决于体育旅游资源的丰富与否，取决于体育旅游资源开发价值的大小。由于体育旅游的特殊性，单单地靠一些体育运动项目和组织一些活动是不能满足体育旅游的要求的，体育旅游的实现必须以体育旅游资源为载体，依托体育旅游资源而真正实现它的价值和魅力。体育旅游只有依托自然界或人类社会中存在的能对体育旅游者产生吸引力的体育旅游资源才能实现它的功能，产生经济、社会、生态效益。

（四）以游客需求为主体

体育旅游产品，作为一种产品范畴，首先必须实现它自身的使用价值，然后才能体现出它的价值。而这种价值的多少主要由消费者消费产品的满意度来衡量。因此，体育旅游的开发也要以游客的需求为主体进行有针对性的开发，游客需要什么样的产品，我们就设计什么样的产品。这样体育旅游市场才能做大、做强，因为这样才有体育旅游大市场。[②] 体育旅游者一般都是以体育和旅游为共同目的，体育旅游者在旅游过程中参加体育活动，在体育活动中实现旅游过程。这是体育旅游者区别于大众旅游者的主要特征。体育旅游者在整个旅行活动中都会直接或间接地参与体育活动。但由于体育旅游的特殊性和游客个体的差异性，不同的人群对体育旅游项目的喜爱程度和满意程度也会不一样。比

---

① 周立华：《体育旅游资源"多类多元"开发模式构建》，《北京体育大学学报》2005 年第 10 期。

② 欧阳梅：《体育旅游产品的特点及市场细分》，《安康学院学报》2007 年第 3 期。

如，年轻人喜欢野外探险、滑雪、漂流、野营、攀岩、潜水等刺激性的项目，而年龄大的喜欢登山、徒步、钓鱼等一些运动量适中的项目，因此，发展陕西体育旅游需结合旅游者参加体育旅游动机，量身定做体育旅游线路和产品，要满足游客的需求，以游客的需求为主体。

第六节　陕西省区域体育旅游开发模式构建

根据陕西省体育旅游资源特色、空间布局及开发条件，将陕西省体育旅游总体布局的形体框架概括为："一圈、双核、三联动型"结构（见图 5 - 2）。

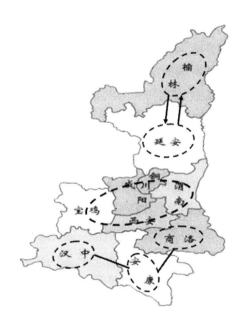

图 5 - 2　陕西体育旅游"一圈、双核、三联动型"空间结构图

一　西安大都市体育旅游圈构建

旅游圈的形成是旅游活动空间相互协作、选择的结果，从理论上描述这种选择，其基本要点如下：旅游作为一种不同于其他常规经济空间的经济活动，其活动空间规律和区位布局的选择形成特有的旅游

区位现象。从动态的角度考察，旅游目的地的演变过程即从初期较孤立的数个中心地逐步发展成为具有一定空间网络结构的发展轴线；以一个中心位置为旅游目的地，其周围不同距离分布着旅游点；旅游点在一定条件下形成集聚，集聚在一起的旅游点形成一个统一的旅游域。旅游域是以一点为中心开展旅游所到达的地方，旅游域构成旅游业空间结构的基本单元。若干旅游域之间所形成的相互依赖的关系即形成旅游圈①。从对体育旅游资源进行开发规划的角度而言，构建体育旅游圈的模式是指为了获得最佳经济、社会和环境效益，以体育旅游资源为核心组成具有一定地理范围的协作区域，其最终发展目标是使本旅游圈内交通和通信联系网络化、体育旅游资源开发利用集约化、旅游经济发展均衡化、旅游接待规范化。

根据陕西区域体育旅游资源、市场分布不平衡的现实情况，突出西安旅游出入人数多、承载力大的特点，以"两环六辐射三纵七横"放射状多圈层便利交通网为纽带，形成与周边咸阳、宝鸡、渭南、铜川4个中小城市优势互补、资源共享、市场共通、利益共有的城市圈体育旅游产业一体化格局，四城联动打造西安大都市体育旅游圈，构建陕西体育旅游核心发展区（见图5-3）。

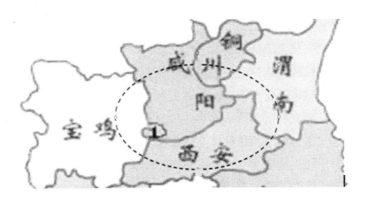

图5-3　西安大都市体育旅游圈空间结构图

---

① 钟学思：《桂林体育旅游开发模式研究》，博士学位论文，广西师范大学，2008年，第35页。

进一步加大西部重点区域西安大都市体育旅游圈开发力度，着力培育经济基础好、资源环境承载能力强、发展潜力大的重点经济区，形成西部大开发战略高地，辐射和带动周边地区体育旅游产业发展。

二 延安和榆林双核联动

陕北地区是世界上绝无仅有的黄土地质遗迹，黄土地貌类型齐全、景观优美，黄土地层发育完整。拥有中国第二大瀑布——壶口瀑布，拥有中国大沙区之一毛乌素沙漠，拥有第四纪黄土地质遗迹洛川黄土国家地质公园，有美誉太极图之称的延川黄河蛇曲地质公园。这些都为陕北的体育旅游资源开发提供了天然的条件。黄河流经陕北地域，形成了特殊的地质景观，也形成了水域资源。拥有罕见的沙漠绿洲——红碱淖湖区。水域面积 67 平方千米，湖内有 580 亩的半岛——红石岛，岛上沙滩洁净，灌木丛生，野生禽类 30 多种，是陕西省最大的内陆淡水湖，素有"大漠明珠"之美誉。陕北拥有蟒头山国家森林公园、劳山国家森林公园和"四山"森林公园 3 处。延安万花山、延长县翠屏山、子长县龙虎山、志丹县九吾山等为代表的自然生态绿色资源，具有丰富性、至高性、唯一性、垄断性。九吾山位于志丹县东南 45 千米永宁镇的松树坪，是一座集红色旅游、道教文化、革命文化于一体的森林公园。

延安和榆林为双核心，以城市—城市或资源—资源空间关系为特征，不管是城市还是资源，双核在区域中的地位和等级相当，形成市场共轭或资源互补或两者兼而有之的合作关系。

以延安市为中心的传统文化体育旅游核心区：

革命传统文化资源丰富。有枣园、杨家岭、凤凰山、王家坪、中国抗日军政大学、陕甘宁边区参议会礼堂等革命遗址。历史文化旅游资源内涵突出，互为一体。有华夏儿女寻根祭祖的黄帝陵和轩辕庙、建于唐代的宝塔山，保护完整的宋代石刻群洞，如钟山石窟、万佛洞、千佛寺石窟等石窟寺，修建于秦代的秦直道等历史古迹。人文景观文化旅游资源有黄河壶口瀑布、洛川黄土、黄河乾坤湾等地质奇观，宝塔山、凤凰山、清凉山，以及蟒头山国家森林公园等自然景观，可以开展越野、登山、探险、漂流等活动。黄土风情文化旅游资源保留完好，独具魅力。全市目前推出了以民间艺术为表演形式的23个项目，形成了两大系列的民间文化品种，其中安塞腰鼓、洛川蹩鼓、陕北说书、安塞剪纸4个项目被列入国家首批非物质文化遗产保护名录。

延安的体育旅游发展交通四通八达，延安公路是陕西省"三纵四横五辐射"公路网络的北线枢纽中心。西安至延安、包头高速公路全线贯通；开通了多条通往旅游景点的公交线路、旅游专线。铁路方面，延安至北京、上海、西安、榆林、安康开通了直达旅客列车。西安至延安高速铁路复线已开工建设。民航方面，延安至西安、北京均有往返航班，国家民航总局已批准试航延安至重庆、广州和延安至武汉、上海两条航线。①

以榆林市为中心的自然生态体育旅游核心区的选择：

榆林有万里长城镇北台雄浑壮美，大夏国都统万城遗址雄风犹在，陕西最大的内陆湖泊红碱淖。民俗有热情奔放的大秧歌、高亢激昂的信天游，以其浓郁的黄土风情和丰厚浑朴的生活底蕴，风靡海内外。

榆林有包头到神木、朔州、延安等铁路。高等级公路包神府、榆靖西省道为干线的公路网络。空运方面：榆阳机场现在每天开通榆林至西安、北京等地的航班。水运方面：通航里程394千米的东部黄河水运集中于东部边境，作为公路、铁路南行东运的补充通道。榆林以生态体育旅游为主线，榆林建城是国务院批准的历史文化名城，位于陕西省最北部，地处陕甘宁蒙晋5省（区）接壤地带。境内有著名的"四河四川"：无定河、秃尾河、窟野河、佳芦河，皇甫川、孤山川、清水川、石马川。北部沙区有200多个内陆湖泊，其中红碱淖是陕西最大的内陆湖泊，总面积67平方千米，总

---

① 李鸿亮等：《陕北特色体育旅游产业发展模式构建研究》，《西安体育学院学报》2010年第5期。

蓄水量达10亿立方米。综上所述,陕北区域内体育旅游产业充分利用延安、榆林"内"、"外"环境的优势、四通八达的交通路线、充足的迎宾设施和良好的经济支撑,选择资源型协调发展方式,以延安、榆林两市为双核心区,由于延安红色文化体育旅游和榆林自然生态体育旅游在陕北区域内发展互不矛盾,同时还可以达到互相弥补推动区域内体育旅游产业协调发展,实现区域内体育旅游产业良性可持续发展(见图5-4)。

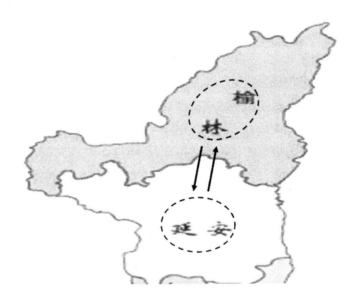

图5-4 榆林和延安双核联动空间结构图

三 汉中、安康、商洛三市联动

陕南具有旅游战略集成优势和地缘优势,是连接我国西北地区旅游和西南地区旅游的关键通道。一道东西绵延近千里的秦岭,分开了我国的中部地区,也为三秦大地造就了一个山清水秀的江南风光旅游区——陕南。陕南包括汉中、安康和商洛3个地区,这里有着优美的自然景观和丰富的历史文化遗迹。

从地图上看,陕南3市大致处于我国版图几何中心区域,北上可到宝鸡、西安;南下可达成都、重庆;东去可到武汉,可以说陕南是我国横贯东西、直通南北的必经之地。境内阳安线、襄渝线、西康线、西合线为陕南3市提供了对外联系的便捷通道；从安康市穿过的襄渝线，是我国西南地区东出的重要通道；西康铁路又是打通我国南北的大通道；穿境而过的108国道、210国道、312国道、316国道，使得陕南成为东进西出、南来北往的交通要道，区位优势十分明显。西汉、西康高速的建成通车拉近了陕南与关中的时空距离，使得汉中、安康融入西安都市生活圈。此外，穿秦岭入汉中的西成铁路客运专线建成后，西安、汉中、成都之间乘火车行程仅2小时。利用这一区位优势，陕南可大力开发体育旅游客源市场，既可发展近程基础市场：以西安、十堰等3小时车程圈的旅游圈市场，中程旅游圈市场：以陕北、武汉、重庆、成都为目标，远程旅游圈市场：以北京为主的环渤海市场；以上海为主的长三角市场；以广州、深圳为主的珠三角市场。又可积极开发过境旅游客源市场，使这些客源市场互为补充，共同开拓陕南体育旅游客源。

汉中市地处秦岭之南、大巴山之北、汉江上游，北控关中，南蔽巴蜀，东达襄邓，西带千陇。安康市地处重要的南北过渡地带，北靠秦岭，南依巴山，北接西安。两市是秦巴山地的重要组成部分和北亚热带季风地区的一部分，也是陕西省水、热资源最丰富的地区。具有一批秦巴汉水自然风光和人文景观特色的景区、景点，境内自然风光旖旎，美不胜收，河渠纵横，山明水秀，资源丰富，物华天宝，被誉为"西北小江南"、"秦巴聚宝盆"、"西安的后花园"。现有佛坪、长青国家级自然保护区及洋县朱鹮自然保护区、天台山国家森林公园和褒河、紫柏山、五龙洞、黎坪、牢固关等省级森林公园。汉中"两汉三国"文化底蕴厚重，知名的景点有：褒斜道石门、拜将台、武侯祠、张良庙等。曹操、杜甫、陆游等许多历史名人都曾留下了诗词墨宝。因具有两千三百多年的悠久历史，于1993年被国务院批准为历史文化名城。据调查，汉中市共有640个旅游资源单体，平均密度为0.02个/平方米。其中自然旅游资源单体总数为90个，占汉中市旅游资源单体总数的14.35%；人文旅游资源单体总数为537个，占汉中市旅游资源单体总数的85.65%，其独具魅力的自然景观和深厚的历史、文化沉积，为发展旅游业提供了丰富的资源和基础条件。①

安康古称金州，地处重要的南北过渡地带，北靠秦岭，连接西安，南依巴山，南连三峡、张家界著名国家旅游区，东接湖北道教圣地武当山以及神农架自然保护区，西邻汉中三国遗址，汉江由其西向东横贯，是秦巴山地的重要组成部分和北亚热带季风地区的一部分，也是陕西省水、热资源最丰富的地区。境内自然风光旖旎，美不胜收，被誉为"西安的后花园"。代表景点有：瀛湖、南宫山、香溪洞、千家坪、三道门、平河梁、擂鼓台等一批具有秦巴汉水自然风光和人文景观特色的景区、景点。安康还是中华民族重要的发祥地之一，人文史可上溯到新石器时代，战国时期已成为"秦头楚尾，一大都会"。悠久的历史，孕育了灿烂的文化，历史遗迹遍布全境，有古遗迹、古窟寺、摩崖石刻及近代文物遗址650余处，道教、佛教、伊斯兰教、天主教等寺、庙、观、堂集中于安康市区。这些自然和人文景观为安康旅游的发展提供了强劲的动力。

商洛市位于陕西东南部，秦岭南麓，地处豫鄂陕3省交界，距离西安市110千米，因境内有商山和洛山而得名。东与河南省的灵宝、卢氏、西峡、淅川县市接壤；南与湖北省的郧县、郧西县相邻；西、西南与陕西省安康市的安康、宁陕、旬阳和西安市的长安、蓝田县毗邻；北与陕西省渭南市的潼关、华阴、华县相连。商洛市自然资源丰富，素有"南北植被荟萃、南北生物物种库"之美誉，商洛风光独特，清泉、曲溪、碧潭、飞瀑异彩纷呈，奇峰、怪石、苍山、云海至臻奇妙，柞水、洛南、山阳溶洞，钟乳林立、千姿百态，被誉为"北国奇观"，丹江漂流惊险刺激，被誉为"西北首漂"，仙娥湖、天竺山、月河等资源美不胜收。商洛历史悠久，据考证早在一百多万年前的旧石器时期，这里就有先民活动，留下了无数的历史遗迹。这些资源都是发展商洛旅游得天独厚的优势。

汉中、安康和商洛3市，总体地貌为"两山夹一川"，境内秦岭

---

① 徐映雪等：《汉中市旅游资源特征分析与评价》，《干旱区资源与环境》2007年第8期。

和巴山蕴含了丰富的山岳型、河谷型、山林型自然资源，山峰、谷地、奇特山石、洞穴等资源是其自然特色的典型代表。从景区分类构成上看，汉中高品质景区以历史文化，尤其是"两汉三国文化"为代表，安康高品质旅游景区以山水和生态为代表，商洛高品质旅游景区也以生态著称。汉江横贯陕南，境内"河流密布，沟壑交织"，水面多有山体环绕，形成美丽的山河风光。商洛地跨长江、黄河两大流域，特定的地理位置形成了独特的山、洞、水自然风光。所以陕南旅游资源的特色可以概括为：山水自然资源和两汉三国文化资源为精华。

以城市—城市或资源—资源空间关系为特征，不管是城市还是资源，3市在区域中的地位和等级相当，形成市场共轭或资源互补或三者兼而有之的合作关系，既有市场共轭，又有资源互补，形成共生性3市联动发展模式。3市在旅游资源、旅游业发展水平和经济联系等方面的高相关和互补性可大大提高陕西省旅游业的整体竞争力和发展水平（见图5-5）。

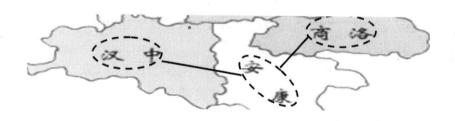

图5-5　汉中、安康和商洛3市联动空间结构图

四　陕西体育旅游空间结构合作模式

旅游空间结构是指旅游经济客体在空间中相互作用所形成的空间聚集程度及聚集状态，它体现了旅游活动的空间属性和相互联系，是旅游活动在地理空间上的投影，是区域旅游发展状态的重要的"指示器"①。

———————————

① 卞显红：《城市旅游空间分析及其发展透视》，中国物资出版社2005年版，第9页。

陕西体育旅游需依托陕西体育旅游资源、文化地域的相关性，淡化陕西行政区域组合大旅游空间结构，淡化陕西省陕北、陕南和关中地区行政区域划分，实现陕西大体育旅游区域合作；通过旅游食、住、行、游、购、娱六大要素流动，建立旅游目的地与客源地的深层次联络。建立城市优势互补、资源共享、市场共通、利益共有体育旅游产业一体化格局。

（一）近邻合作

西安、咸阳、汉中、安康、延安和榆林6市，突破行政区域的限制，整合资源，共享市场，避免旅游景区、项目近距离的重复建设，提高资源的经济效益，在于提高城市旅游竞争力和塑造整体旅游形象。依托"西·咸一体化规划"历史机遇形成"一圈"区域集聚发展，依托西安至榆林和西安至安康2条便利高速形成"二线"体育旅游发展带，依托渭河、汉江、延河3条自然河流流域发展"三岸"延安体育旅游发展，全面提高陕西体育旅游区域整体竞争力。

（二）中远程合作

陕南和汉中与相邻四川以相同的山水载体或主题，联合组织策划旅游活动，将资源产品在跨地域间得到有机的链接组合。串联川、滇、藏三省（区）的"茶马古道"。

西安抓住西部大开发历史机遇向西串联陕、甘、宁、新、青5省（区），为此西北5省（区）通过旅游区域合作，统一规划、联合开发，打造"古丝绸之路"中远程合作体育旅游。

"关中—天水体育旅游长廊"，借"关中—天水经济区规划"国家战略高度，6市（宝鸡市、渭南市、商洛市、铜川市、咸阳市、西安市）1区（杨凌）中程协助，区域联合打造"关天体育旅游"。

以"秦直道"为线索，陕北延安、榆林、内蒙古等中程结合共同发展，重点开展"秦直道"沙漠穿越产品。以秦文化为主体设计饱含秦直道文化、内蒙古草原文化和陕北黄土风情的体育旅游产品。既满足人们对民俗文化和历史文化的需求，又是旅游休闲的好去处。

第七节　陕西地域体育旅游重点产品开发选择

树立体育旅游助推陕西旅游业大发展的理念，构建以体育旅游与文化旅游、生态旅游、城市旅游、景区旅游相结合的多区域联动的"一岭一圈六岸一红"核心区域。

一　陕西体育旅游核心区域选择

（一）秦岭为核心的体验参与型体育旅游

体验参与型体育旅游是适应当前旅游市场发展需求的产物，它是以一定的旅游资源和旅游体育设施为基础，以旅游商品的形式，能为旅游者在旅行活动中，提供健身、娱乐、休闲、交际等各种服务，使旅游者在参与活动中获得更多舒畅而独特的体验。

陕西秦岭山脉横贯东西，蜿蜒于我国中部，涉及我省的 6 个地市。依托秦岭山脉优越的生态资源，变生态优势为经济优势，形成以秦岭山脉为纽带、南麓陕南与北麓关中区域联动，构建陕西体验参与型为主的体育旅游带，构建以秦岭山脉优越的生态自然资源为核心的越野、徒步、探险、定向越野等多元化的体验参与型体育旅游产品体系。

（二）西安大都市圈体育观光旅游圈

形成以西安大都市圈为框架，以关中环线为通道的西安、咸阳、宝鸡、渭南、铜川 5 城联动的观赏性体育旅游圈。

（三）五大水系水域体育旅游区

形成以黄河、渭河、泾河、延河、丹江、汉江六大水域资源为依托的陕西水域体育旅游带。

（四）红色延安功能区

形成延安独具特色的体育旅游与红色旅游结合带。延安作为革命圣地，随着红色旅游地位的不断提升使延安这个相对偏远的地带越来越被人们关注，红色旅游业也为延安带来了不错的经济收益。红色旅游资源为陕北开展红色体育旅游提供了区位对比优势。依托红色旅游业，在景区开展形式多样的红色体育项目。比如，延安保卫战景区采

223

用真枪实弹实景表演，真实再现 1947 年保卫延安的战争场面，使一辈子也无法得到战争体验的旅游者，能亲身参与体验。经过惊心动魄的战争，延安保卫战景区显现出军民欢庆胜利的热闹场面，又融合了陕北民歌信天游、热情奔放的拥军秧歌以及粗犷豪放的安塞腰鼓，成为革命圣地延安黄土风情的集中展示。

二 陕西体育旅游重点产品开发选择

体育旅游产品作为旅游市场的一种复合新产品，是以体育资源为基础，凭借各种体育旅游资源和设施条件，通过各种体育活动来规划、设计、组合，能够为旅游者带来体育效能、旅游效用和满足其体育旅游需求的全部要素的总和。

为使陕西体育旅游资源得到充分的开发和利用，突出陕西体育旅游项目特色，依据陕西省关中、陕南、陕北地区体育旅游资源分布情况，陕西体育旅游产品应重点发展以下产品。

（一）地文景观类产品

地文景观旅游资源是指能对旅游者产生吸引力、可以为旅游业开发利用的地文景观物象，它既可以是地表高低起伏的地势形态的变化，又可以是地表多姿多彩的组成物质的地区差异与呈现，还可以是地下岩层中保留下来的古生物遗迹和深入地下的岩洞、暗河等。①

陕西地文景观主要以山体和峪口地形为主。秦岭山脉连绵起伏，西起甘肃、东至河南，长约 800 千米、宽二三百千米的庞大的身躯，横卧陕西中部，南北交汇，东西融合，使得这里形成奇峰怪石、险拔俊俏的地形地貌和高山草甸、溪流飞瀑的无限风光，在北麓关中、南麓陕南孕育了集雄、险、奇、幽、峻、秀、美于一体的很多名山；秦岭拥有"七十二峪"，峪口景观与山体景观和水域景观相伴而生，峡谷两侧的山体高耸，峭岸陡壁遮天，峡谷河水穿流其中，急湍奔腾。可开发登山、徒步穿越、探险、野营等参与体验型体育旅游产品。

陕南地处秦巴山区，地文景观资源十分丰富。陕南总体地貌为

---

① 马耀峰等：《旅游资源开发》，科学出版社 2005 年版，第 48 页。

"两山夹一川"：北部的秦岭山脉、南部的大巴山区及中部的汉水谷地、丹江平原。秦岭山脉北陡南缓，至汉中盆地边缘已成低山丘陵。秦岭山脉中褶皱和断裂形成了许多深邃的峡谷和山岳风光。碳酸岩分布面积广，形成许多岩溶地貌，在地表形成石牙、石笋、漏斗、落水洞、陡峭的谷峰、天然桥、石沟，在地下形成大大小小的溶洞、地下湖、地下廊道、石钟乳、石柱、石鼓、石佛、石龙及地下暗河。地表石骨嶙峋，峰林突兀，水流稀少，地下千疮百孔，水声潺潺，构成完美的石灰岩岩溶地貌景色，形成雄、奇、险、秀、幽美学特征的地文景观，具有开展骑游、徒步旅行、登山探险、攀岩、岩降、驾车、滑翔、跳伞、野营、牵引伞滑翔、避暑消夏、度假疗养等多种体育旅游功能，可供开发这类型体育旅游项目的代表景点有：南宫山、云蒙山、黎坪国家森林公园、宁陕新场乡花石溶洞、柞水溶洞等（见表5-11）。

表5-11　　　陕西地文景观旅游资源及可开发产品一览表

地域	代表性资源	可开发产品
关中	华山、太白山、翠华山、王顺山、骊山	徒步旅行、登山、探险、滑沙、野营、沙漠穿越、拓展训练、沙地排球、沙地拉丁车、沙疗等
陕南	南宫山、宁陕新场乡花石溶洞、柞水溶洞、洛南云蒙山	
陕北	万花山、延长县翠屏山、子长县龙虎山、志丹县九吾山、毛乌素沙漠、宋长城遗址、洛川黄土国家地质公园、秦直道	

陕北地区是世界上绝无仅有的黄土地质遗迹，拥有第四纪黄土地质遗迹洛川黄土国家地质公园，黄土地貌类型齐全、景观优美，黄土地层发育完整。随着生态旅游的升温，拥有中国大沙区之一的榆林毛乌素大漠风光自然资源以其独特的景观和独有的神秘感，越来越受到人们的青睐，毛乌素沙漠与湖泊红碱淖沙水合一，形成沙漠旅游资源的最大特色，其中的湖泊、沙坡头旅游景点最受游客喜爱。针对喜欢

猎奇的游客开展的探险游，如沙漠徒步（骆驼）穿越、自驾越野车、沙漠生存挑战等。沙漠边缘地区可以利用沙漠的特性发展一些沙漠娱乐项目，将沙漠观光与沙漠娱乐结合起来增强趣味性。目前已开发的沙漠娱乐项目主要有赛马、射箭、滑翔、滑沙、驼队探险等形式多样的沙漠旅游活动，其中重点加强秦直道穿越项目的开发和建设。

（二）水域景观类产品

水域景观就是各种形态的水体在地质地貌、气候、生物以及人类活动等因素的配合下，形成不同类型的水体景观，即水域风光，如波光粼粼、波涛汹涌的江河，轻柔幽静、清澈透明的湖水，壮观奔放、飞流直下的瀑布，秀美清丽、其妙无穷的泉水等。

陕西地跨黄河、长江两大流域，有着非常丰富的水域自然资源，秦岭是陕西水源涵养地，背靠秦岭，发育有众多的河流，直接流入渭河的就有150余条，其中较大的河流有70多条，这70多条河所在的山谷被称为秦岭"七十二峪"。

陕南地区具有丰富的河、湖、泉、瀑等水体资源，境内汉江横贯全境，河流密布，穿流于群山峡谷之中，蜿蜒曲折，形成了美丽的山河风光。主要水系有汉江、嘉陵江和丹江水系。汉江长1570余千米，流域面积15.9万平方千米，是长江水系各支流第二。渭河，中国黄河的最大支流，流域范围主要在陕西省中部。泾河，泾河以清澈著称，奔流千里与混浊的渭河相汇，仍能见到它清澈的一半，"泾渭分明"、"泾清渭浊"的成语由此而生。泾河绵延数百里的范围内，茂林修竹，郁郁葱葱，百花争妍，鸟雀嘤嘤，被国家列为自然保护区。壶口瀑布，中国第二大瀑布，位于山西省吉县和陕西省宜川县之间，滚滚黄河水至此，500米宽的洪流突然被两岸所束缚，在50米的落差中翻腾倾涌，声势如同在巨大无比的壶中倾出。陕北榆林拥有罕见的沙漠绿洲——红碱淖湖区。水域面积67平方千米，湖内有580亩的半岛——红石岛，岛上沙滩洁净，灌木丛生，野生禽类30多种，是陕西省最大的内陆淡水湖，素有"大漠明珠"之美誉。黄河流经陕北地域，形成了特殊的地质景观，也形成了水域资源，有美誉太极图之称的延川黄河蛇曲地质公园。

陕西体育旅游可选择区位条件好的河、湖、泉、瀑等水体资源，跟周边山体、峡谷、森林和人文景观配套有机结合起来，构建水域景观类产品。通过水域景观开展游泳、航模、潜水、水翼、水上划撬、冲浪、徒步旅行探险等体育旅游项目（见表 5－12）。已开发的宁陕漂流、岚河漂流、汶水河漂流、丹江漂流、汉江的徒步旅行探险等，还有瀛湖、红寺湖、南湖、石门水库、十八丈瀑布等水体资源为划船、漂流、水上滑板、垂钓等提供了较好的场所，是疗养休闲的最佳去处。

表 5－12　　　　　陕西水域景观旅游资源及可开发产品一览表

地域	代表性资源	可开发产品
关中	渭河、泾河、黑河、黄河支流、杨凌水上运动中心、岚河、丹江	漂流、游泳、划船、潜水、溯溪、冲浪、水上滑板、垂钓、红碱淖水上运动、壶口瀑布飞跃等
陕南	瀛湖、汉江、南湖石门国家水利风景区	
陕北	黄河支流、壶口瀑布、榆林红碱淖、延川黄河蛇曲地质公园	

（三）自然生物景观类产品

生物资源包括植物资源和动物资源，陕西独特的地理条件和气候特征孕育了丰富的生物资源。素有"南北植被荟萃、南北生物物种库"之美誉，是地球上同纬度生态最好的地方，拥有西北第一家由联合国教科文组织授予的"世界人与自然生物圈"的佛坪自然保护区和有"生物资源库"之美誉的长青自然保护区。根据 2010 年 5 月最新陕西省国家 A 级旅游区（点）名录数据显示的 104 家 A 级旅游区中，就有 4A 级的生态景区 5 家，3A 级的生态景区 6 家，2A 级的生态景区 7 家。

这些区域可以开发体育旅游的植物资源丰富，可以开展跳伞、高尔夫、滑草、野营、野餐等项目，还可开展赛马、射箭、登山、攀岩、狩猎、探险、骑游、驾车科学考察等体育旅游项目（见表 5－13）。

227

表 5 - 13　　陕西自然生物景观类旅游资源及可开发产品一览表

地域	代表性资源	可开发产品
关中	朱雀森林公园、太白森林公园、黑河国家森林公园、太平森林公园、五龙洞森林公园、凤县通天河国家森林公园、金丝大峡谷国家森林公园	探险、公园定向、徒步穿越、登山、攀岩、狩猎、探险、骑游、野外定向等
陕南	陕西汉中洋县国家朱鹮自然保护区、陕西长青国家自然保护区、安康千家坪森林公园、安康三道门森林公园、陕西佛坪国家级自然保护区	
陕北	蟒头山国家森林公园、劳山国家森林公园和"四山"森林公园、老山森林公园	

（四）历史遗迹产品

历史遗址，是指人类社会发展历史中各类社会活动所遗留下来的一切活动痕迹和遗物，包含除现代人类活动产物之外的所有历史时期、所有表现和存在形式的历史产物。包括古遗址、古墓葬、古战场、石窟艺术、古建筑及附属文物等，它代表着先民的智慧，反映着先民的文化，折射着先民的光辉。

陕南是中华民族的重要发祥地之一，也是汉文化主要发祥地，还是我国移民文化的重要展示窗口。目前汉中已经建立起了"两汉三国"品牌文化，代表的景区景点有：古汉台、张良庙、武侯祠、武侯墓等，还有距今一万余年的洛南梁土坪乡旧石器时代晚期的河口遗址和商州市三贤乡紫金城古文化遗址、西汉时的商镇"四皓墓"、建于唐代的山阳县城的"丰阳塔"、洛南县"唐李密冢"、建于金代的丹凤县棣花二郎庙、建于明代的丹凤"船帮会馆"和商州市东龙山双塔等石建筑群，以及华阳古镇、褒斜道、石门及其摩崖石刻、张骞墓祠、蔡伦墓祠、擂鼓台、白云寺、香溪洞、八仙馆等这些旅游景点均可以开展徒步旅行、骑游、驾车、登山等体育方式。此外，陕南地理位置重要，向来是兵家必争之地，明末农民起义领袖李自成在商洛屯兵养马，重振军威，东山再起。清初农民起义军白莲教首领王聪儿率军转战过商洛。在革命战争年代，南洛曾是鄂豫陕革命根据地的中心区域。汉中和安康境内也都到处有古代和近现代战场遗迹，如汉中博物馆、川陕革命纪念馆、宁陕毛楚雄纪念碑、牛蹄岭等，这些景区景点是开展真人 CS、骑马射箭、徒步穿越、登山等体育活动的理想场所。

陕北榆林有万里长城镇北台雄浑壮美，大夏国都统万城遗址雄风犹在，西北地区最大的道教群白云山道观巍峨壮观。秦直道高原沙漠穿越沿途能够领略沙漠的荒凉、感受沙漠风情，在体育旅游活动中体会生命的奇迹和生活的艰辛。

陕西历史遗址类旅游资源及可开发产品见表 5 - 14。

表 5 - 14　　　　陕西历史遗址类旅游资源及可开发产品一览表

地域	代表性资源	可开发产品
关中	古城墙、阿房宫遗址、大明宫遗址、蓝田猿人遗址、西安半坡遗址、宝鸡诸葛庙、党家村	登山、徒步穿越、骑马射箭、各遗迹之间的定向比赛等
陕南	汉阴三沈、石泉鬼谷岭、古汉台、武侯墓、张良庙、褒斜道、石门及其摩崖石刻、熨斗镇仿古街	
陕北	桥山上城遗址、赵桌遗址、秦昭王长城遗址、七里村石窟、刘至诚孝行坊、镇北台	

（五）人类活动产品

人文活动类旅游资源是指那些以社会风情为主体，反映社会风貌、人文意识、人文教育以及人文文化等内容，可以被旅游业开发利用的活动性、过程性旅游资源①。主要包括文化、民间习俗和传统节庆。

陕南节庆形式多样，内容丰富，代表节庆有中国安康汉江龙舟节、汉阴油菜花节、恒口桃花节、西乡赛茶节、西乡樱桃旅游节、城固生态旅游节、荷花节、牡丹节、老君山旅游登山节、张良庙旅游

———————

① 王德刚等：《旅游区开发与管理》，清华大学出版社 2009 年版，第 124 页。

节、紫阳茶文化节、陕南民歌节、武侯祠春节文化庙会、武侯墓清明文化旅游节、张骞文化旅游节等,这些节庆活动有的自身就带有很多体育活动形式,有的节庆活动在举行时还进行大型文艺表演、自行车拉力赛、垂钓比赛及传统庙会等活动。它融戏剧、舞龙、技巧、杂耍、舞蹈、演唱于一体,地方色彩浓郁。

陕北地区特定的地理位置、历史文化、民俗民情造就了这一地域所特有的黄土文化、高原文化、边塞文化及独具特色民间传统体育和民间艺术。民间传统体育中,有"华夏第一鼓"美誉的安塞腰鼓,场面宏大的洛川蹩鼓、宜川胸鼓、黄龙猎鼓、志丹铁扇鼓共同组成延安"五鼓",有变化万千的陕北大秧歌、走高跷、摔跤等,吸引游客亲身参加到表演的行列之中,并融入到欢乐、刺激的氛围中,给旅游者带来视觉、听觉、触觉的全方位冲击。

在关中,社火是一年中比较重要的节庆活动,关中社火历史悠久,形式多样,在民族民间文化艺术的生态环境下有其历史与现实的意义。表演内容有高跷、舞龙舞狮、杂耍、转陀螺、采莲船、武术、秦腔、器乐演等,其融生活与艺术于一体,富有原始、质朴、粗犷、热烈的艺术个性,极具渲染力,汉中民族、民风的延伸和结晶。随着时代的发展,不断赋予它新的内涵,使其富有坚实的艺术魅力和社会基础。在体育旅游文化方面如果能开发和利用社火这一资源,无疑会为陕西的体育旅游添加一份难能可贵的资源。

陕西人文活动类旅游资源及可开发产品见表 5 - 15。

表 5 - 15 　　　陕西人文活动类旅游资源及可开发产品一览表

地域	代表性资源	可开发产品
关中	秦腔、大社火、舞龙舞狮、韩城行鼓	参与型体育娱乐、民族特色节庆比赛、民族传统体育表演、端午节龙舟竞渡、重阳节登山、清明节远足
陕南	安康龙舟节、汉阴油菜花节、恒口桃花节、紫阳茶文化节、汉中民俗村	
陕北	安塞腰鼓、陕北大秧歌	

第八节　陕西地域体育旅游发展战略及对策

一　陕西体育旅游发展战略

（一）淡化行政区域，组合大旅游空间战略

随着世界经济一体化、区域经济集团化进程的加速，旅游业区域合作步伐也在不断地加快。中国旅游业的国内、国际合作也呈现出蓬勃发展之势，近年来与周边国家和地区广泛开展了旅游开发合作、旅游研究合作。各地旅游业出现了突破本地区、本系统、本行业界限，形成了跨行业、跨地区协作发展的良好开端和普及之势。进入90年代后，中国旅游业"大旅游、大市场、大产业"的格局初步形成。

陕西体育旅游的发展要依托陕西体育旅游资源、地域和文化的相关性，淡化陕西省关中、陕南和陕北地区行政区域划分，突破行政区域的限制，整合区域资源，共享市场。以"西·咸一体化"都市体育圈为中心，以"二线"快速交通干道辐射南北纵轴为纽带，以"三岸"自然山水形成的三大区域为集化区所构成"一圈二线三岸"地域体育发展的空间布局，是推动陕西地域体育发展的原动力，是迈向西部体育强省的加速器。提高陕西体育旅游区域整体竞争力，实现陕西大体育旅游区域合作，增强陕西体育旅游产品的吸引力。

（二）体育旅游"向农村挺进"，农村包围城市战略

陕西省丰富的体育旅游资源大部分分布在农村，体育旅游市场空间和需求潜力巨大。因此，建立陕西省农村体育旅游联动机制。把智慧和力量凝聚到农村的发展，解决陕西省城乡区域发展不平衡、经济社会发展不协调的突出问题，加强社会主义新农村建设，推动陕西农村经济社会全面发展。打造大景区，形成大容量，构建大循环。

（三）"中部崛起"战略

位于陕西中部的关中地区地处陕西中心要地，在全国区域经济布局上，具有承东启西、东联西进的区位优势，在西部大开发战略中具有重要的战略地位，2009年6月25日，国家正式发布《关中—天水经济区发展规划》，标志着以西安为中心的国家经济区的设立，大西

北经济社会发展"发动机"正式发动。因此，先重点加强、大力发展关中地区体育旅游产业的发展，然后带动陕南、陕北体育旅游发展。

（四）品牌带动战略

陕西旅游品牌化正处于发展初级阶段，为了适应体育旅游发展潮流，参与体育旅游竞争，增强陕西体育旅游的竞争力，要牢固树立陕西体育旅游产品品牌意识，塑造陕西体育旅游鲜明品牌形象，使体育旅游产品品牌化。

确立人文陕西、山水秦岭两大优势和特色，整合陕西体育旅游资源，重点突出大特色，全面提升综合素质和文化品位，集中力量打造一批有影响力的体育旅游品牌项目，打造精品，推出品牌，保持强大的竞争力。

（五）精品赛事战略

陕西大型国际体育赛事十分缺乏。大型体育赛事对承办地的旅游业具有十分显著的影响，能够改善当地基础设施和旅游形象，增加到访的旅游者人次，能够激发旅游动机，通过举办水平高、影响大、效益好、历史长的精品赛事，利用大型运动竞赛开展体育旅游宣传和促销，形成一个以竞赛竞技观赏旅游为核心，外延至各项旅游服务的庞大竞赛体系，着力构建"一县一品牌、一山一特色、一乡一景点、一地一活动"。

（六）人才战略

体育旅游市场的竞争最终是人才的竞争，加快体育旅游经营管理人才培养是促进体育旅游发展的一个重要举措[①]。体育旅游企业的发展、体育旅游服务的质量在很大程度上取决于从业人员的专业知识、工作态度与工作经验。

因此，要建立陕西省体育旅游的新格局，必须发挥人力资源开发的整体效益。整合各类资源，通过制定政策措施，充分调动旅游行政部门、培训中心、旅游院校、旅游行业协会和旅游企业等多方面对体

---

① 邢亮：《山东省体育旅游空间结构分析及布局模式研究》，硕士学位论文，曲阜师范大学，2008 年，第 21 页。

育旅游业人力资源的重视，相互支持，优势互补，形成人力资源开发的多方联动，发挥整体效益。

二 陕西体育旅游发展对策及建议

（一）制定陕西体育旅游发展规划

正确判断目前国内外体育旅游的发展形势，明确体育旅游业在陕西省国民经济发展中的地位和作用。把体育旅游业作为陕西旅游突破口和创新旅游战略的主要思路和做法，深入总结其他地区发展体育旅游业的成功经验，作为陕西省制定体育旅游发展战略的重要依据，加强宏观理论研究，准确分析陕西体育旅游发展现状，力争形成一个具有科学性的、前瞻性的体育旅游发展战略规划，以指导陕西旅游业全面发展和体育事业的健康快速发展。

（二）加快体育旅游重大基础设施建设

在当前扩大内需、增加投资的情况下，要把体育旅游基础设施建设作为投资的重要方面。加大对体育旅游基础设施、公共服务设施的投入力度，加快旅游线路、旅游景区以及相关交通、餐饮、住宿、购物等设施建设。在陕西建设一批具有陕西特色和一定竞争优势的体育旅游重点景区、大型体育旅游项目，以及体育旅游综合服务设施。

（三）加快形成旅游产业体系

体育旅游的特殊性，必须适应旅游便利化、舒适化的要求，紧紧围绕体育旅游吃、住、行、游、购、娱六要素，大力发展丰富多彩、各具特色的餐饮、住宿、交通、游览、购物、娱乐等旅游产业，针对城乡、国内外不同旅游消费者，满足不同层次的多样化需求。按照发展大旅游的理念，加快发展旅游相关产业，积极探索发展体育旅游业与其他产业相结合的交叉产业，尤其加强与体育产业的结合力度。

（四）加强体育与旅游部门合作

改革开放以来，体育产业与旅游业都保持着较快的发展速度，对国家经济发展所起的作用与日俱增。但因为行业从属不同，相互交融与渗透不多，造成体育资源、旅游资源得不到有效的开发和利用。体育旅游是体育与旅游的结合，发展体育旅游需要体育部门与旅游部门的大力协作，开展以体育为吸引力的旅游消费活动，通过招商引资及与其他经济活动相结合，使旅游业和体育产业双赢。

（五）突破发展观念

转变发展观念，把思想观念从不适应、不利于科学发展的认识中解放出来，树立科学发展的观念。实现陕西体育旅游新跨越、新崛起，必须用科学发展观武装头脑，把观念转到科学发展上来。突破陕西依靠旅游资源的粗放型体育旅游发展观念，协调发展观念，将体育旅游开发融于区域建设之中，做好政府主导的情况下向政策导向和市场化发展，推进市场经济规范下的大旅游发展。实现体育旅游与区域社会经济共同可持续发展。

（六）创新体育旅游产品

目前，随着人们生活方式的转变，游客旅游需求呈多样化发展，单一的体育旅游产品已满足不了游客的需求。陕西旅游要结合生态、文化等旅游积极开发新产品、新项目，优化体育旅游产品功能结构和空间结构。推进体育旅游产品社会化、社会产品旅游化，满足游客新的需求。

（七）创新管理机制

通过调查显示，陕西省目前还没有设立专门的体育旅游监管职能部门，处于无政府的状态。陕西体育旅游应加大管理力度，规范体育旅游环境，推进体育旅游行业标准化建设。强化体育旅游管理部门机构能力建设，加强宏观管理。

小结

体育旅游资源丰富，消费人群广大，消费需求层次多元化。优越的区位、生态、交通、人文历史条件为发展体育旅游产业提供了良好的发展基础。但陕西的体育旅游还处于发展的初级阶段，政府主导性不强、缺乏监管部门、人才资源匮乏。

陕西体育旅游的发展存在体育与旅游相互交融与渗透不多，造成体育资源、旅游资源得不到有效的开发和利用。应加强体育与旅游的结合，发展体育旅游需要体育部门与旅游部门的大力协作，开展以体育为吸引力的旅游消费活动，通过招商引资及与其他经济活动相结合，使旅游业和体育产业双赢。体育旅游的发展要淡化陕西行政区域，实施组合大旅游空间战略；"向农村挺进"，农村包围城市战略；"中部崛起"战略；实施品牌带动战略；精品赛事带动战略；人才战略。

陕西体育旅游应发挥政府部门的主导作用，制定发展规划；加快重大基础设施建设；加快形成旅游产业体系；加强体育与旅游部门的合作；突破发展观念；创新体育旅游产品；创新管理机制。联合各地区、各行业，共同打破行业、地域的限制和束缚，积极整合陕西体育旅游资源，互相联手打造陕西省体育旅游产业的发展平台，促进体育消费新热点和经济发展新增长点的形成，体育、人文、山水完美结合，实现陕西"一圈二线三岸"地域体育产业大发展，促进陕西整个体育产业乃至陕西经济的快速发展。

第六章　发展模式文化内涵:传统体育项目发掘及地域体育文化传承

第一节　相关概念界定

　　体育作为一种文化现象，它的形成和发展与人类文化的进步有着密不可分的联系。纵观历史，世界上任何一种盛行的体育项目都源自某个国家、某个民族或是某个地域的社会生活环境，由其地域性传统体育项目衍生而来。随着各地区、各民族的文化交流与融合，通过国际间的体育交流和文化传播，这些传统体育项目不再局限于地域内发展，而逐渐演变为国际性体育竞技项目。这些不同地域、不同民族的传统体育项目的发展形态反映了其独特的传统体育文化特质，而传统体育文化所具有的特质和模式是一个民族或地区经过千百年的历史积淀而沿袭下来的。传统体育文化是地区社会文化中不可或缺的部分，直接展现地区人民积极向上、乐观健康的生活状态，成为人民生活必需的精神食粮。在经济飞速发展的今天，传统体育项目因其简便、易行和强大的健身娱乐功能深受人民群众的喜爱，又因其悠久的历史、丰富的内涵，在物质文明和精神文明建设暨弘扬民族精神、传承爱国主义教育中具有重大作用，同时为人们创造着不可估量的经济价值。

　　在西北地区，随着西部大开发战略的实施，"城镇化"进程加快，传统体育项目受到外来体育项目的强烈冲击。加之地方保护措施不够，传承乏人，传统体育项目正在被边缘化或逐渐消失。本研究的目的在于：以陕西传统体育项目为基点，分析传统体育项目的功能价值并对陕西地域体育文化进行研究，解析陕西地域体育文化特征及内涵；抓住西部大开发机遇，结合全民健身之热潮，就陕西当前经济发展状况提出陕西地域传统体育项目发展布局与规划；为"一圈二线三岸"陕西地域体育发展模式提供理论依据与支撑。

本研究从史料研究入手，以地域体育文化为基点，通过对陕西区域的地理人文环境及传统体育项目的研究，概括总结出该区域体育文化的特征。同时借助优化可利用资源发掘推广具有地域特色的体育项目，通过区域间互动，促进体育旅游、休闲、娱乐一体化地域传统体育经济发展模式。从而提高区域体育资源的开发与利用率，为传统体育项目发展提供生存及可持续性发展的道路，建设西部体育强省。

一　地域文化

地域文化或称"区域文化"，是我国类型文化中的一部分。其"地域"通常是指古代沿袭或俗称的历史区域，以该区域的历史地域为中心展开的文化探讨。由此，地域文化带有明显的历史烙印和痕迹，其文化底蕴和涵盖范围深远、广大。

二　体育文化

体育是人的一种身体活动方式，它在强健人类肌体的同时，还以它特定的文化内涵对人们的文化人格的形成产生重要的影响，是人类文化现象中与人类自身关系最为密切的文化形式之一。所谓体育文化，是指一切体育现象和体育生活中展现出来的一种特殊的文化现象，是人们在体育生活和实践过程中，为探寻身心健康发展，通过竞技性、娱乐性、教育性等手段，以身体形态变化和动作技能所表现出来的具有运动属性的文化。[①] 可以说，体育文化是体现人类身体教育

---

① 顾圣益：《中、西方体育文化的撞击与交融》，《上海体育学院学报》2002 年第 2 期。

智慧和身体练习实践能力的总和。① 体育文化以一种特殊的形式存在于人类所创造的文化中，是人类社会文化生活中不可缺少的一部分。它是人类社会文明的标志。

作为一种文化现象，体育文化的形成和发展与人类文化的进步有着密不可分的联系，因而不同地域、不同民族体育发展的形态也必然反映了其文化内在的规律性。体育具有传统的延续性优势，虽然在其发展演化过程中经历种种社会变革，但始终保持着传统、健身、娱乐的主要特点，数百年来成为各民族群众开展健身活动不可或缺的重要形式，这也正是传统体育生命力之所在，也决定了其具有民族性、实用性的特征。体育文化和其他文化一样集中体现和反映了一个时代、一个国家或民族的特征，透过体育文化可了解到一个国家或民族的行为方式、思维方式、审美观和价值观等。体育文化的范畴比体育本身要大得多，同时体育也在不断丰富着体育文化的内涵，从而推动整个社会文化的发展和人类社会进步。

三　地域体育文化

地域体育文化作为文化的属概念，是地域文化与体育文化交融的产物，是从地域文化的视角对体育本体进行分析和研究。因此，我们对地域体育文化的概念可以理解为：分布在以文化积淀为基础，因沿袭历史而形成的地理范围内，人们所从事与体育相关的物质产品与精神产品的总和。②

第二节　陕西传统体育项目发掘整理与传承

《体育史》一书中把"传统体育"界定为"近代以前的体育竞技娱乐活动"，《民族体育》《体育人类学》中定义为"传统体育是某

---

① 童昭岗等：《人文体育——体育演绎的文化》，中国海关出版社 2002 年版，第 35 页。
② 温佐惠等：《西部民族传统体育发展的地域体育文化理论探微》，《成都体育学院学报》2008 年第 1 期。

一个或几个特定的民族在一定的范围内开展的，未被现代化的，且至今还有影响的体育竞技娱乐活动，是具有民族特色的体育活动"。

传统体育，是各民族长期历史发展的产物，是各民族政治、经济、文化、生活的一种特殊反映，具有典型的民族性特点。它可以从一个侧面来展现一个民族的日常生活和心理状态，鲜明生动地反映各民族的社会和历史面貌。传统体育以其浓郁的民族风情和乡土气息成为各族人民文化生活的重要内容，传统体育活动成为各族人民群众喜闻乐见的体育活动，并被看作是民族兴旺发达、生活幸福吉祥的一个象征，因此具有极强的生命力。

它与其他体育活动相比具有以下特征：

（1）民族性：指传统体育体现在特定的民族文化类型中，并作为其基本内容而存在的民族文化心理素质的特征，是对于特定文化类型的最高层次的概括。传统体育经过几千年的承袭、发展、演变之后已成为人们心神、意志、审美情趣的特殊标志，内化在民族体育活动中。①

（2）历史性：传统体育的发展进化是民族历史发展的必然。它不是单一的文化，而是各种义化交融构成的复合体，随着历史的变迁其文化内容的结构、模式或风格也在不断地变化。

（3）传统性：文化发展的一个基本规律是文化的积累和变革，当我们考察历史文化的积累性和变革性时，一些相对稳定、长期延续的内在因素在文化积累中一再被肯定，在文化变革中也仍然被保留，这就是传统。传统体育作为民族传统文化中的一颗璀璨的明珠，也是历史的结晶，是活的生命。它有着传统的延续、继承的优势，虽然在其发展、演变过程中经过种种变革，或扬弃、或丰富，但它始终保留着传统的特点。

（4）传承性：传承性是指传统体育文化在时间上流传的连接性，同时也是传统体育的一种传递方式。传统体育文化既是被传承的，也是被不断发展和创造的。

---

① 牛亚莉：《论民族传统体育的科学内涵及其特征》，《社科纵横》2009 年第 1 期。

一 陕西地域传统体育项目内容及分类

常言道，"一方水土养一方人"，某一地区的自然环境不仅决定了该地区的经济水平，同时也决定了该地区的文化特点与发展进程。不同的地理环境产生不同的体育活动，地理环境的差异导致了不同风格和特色的传统体育项目的形成，这些项目多数具有天然的地理依附性以及民族性、历史性、传统性和传承性。

陕西是我国传统文化和传统体育项目的重要发源地，有着深厚的历史文化积淀。西安自古为"文武盛地"，是著名的十三朝古都。悠久浓厚的历史文化影响和渲染着陕西的地域文化，是陕西珍贵的历史文化资源。民族传统体育随之源远流长，异彩纷呈。陕西建省以来，由于气候、经济、文化等多方面原因的影响及长期以来形成的划分习惯，被分为关中、陕北、陕南三大核心区域。关中平原广袤肥沃，陕北黄土高原延绵不断，陕南秦巴山地高大险峻，三地区自然环境不同，风俗迥异，地理风光、文化特色的多样性使得陕西拥有丰富的地域传统体育项目，这些项目独具特色，因地域不同而不同，地域之间又相互联系，相互影响，它们有共性，又有差异。陕西传统体育项目依托关中、陕北、陕南三大区域为开展基础，长期以来逐步发展，形成了稳定的地域传统体育特点及独特的地域文化。

（一）关中地区传统体育项目及分类

关中位于陕西省中部，号称"八百里秦川"，是陕西经济文化活动的中心地区，南有秦岭，北有高原，东（潼关）与山西、河南等省相邻，西（宝鸡）与甘肃等省交界。关中地区以它独特的地理位置自古占据优越地位，在秦汉隋唐时代，发展成为中国古代黄河文化的中心。从西周始，先后有秦、西汉、隋、唐等10代王朝建都于关中平原中心，历时千余年。关中平原地势自西向东逐渐降低，西部地势较高，至平原中部，"原畴宽平，土脉膏润"，地势逐渐下降。这些台原结地顶部宽平，既有利于农耕，又可免灾洪水的淹没，是生产生活的理想之地，自然条件最为优越，是陕西人口的重要聚集区。其中以西安为中心的城市群是全国十六个重点建设地区之一，在全国经济建设中具有重要战略意义。

1. 关中地区竞技类传统体育项目

【武术】在关中一带历史悠久，从西周时就有大型"讲武"活动。春秋战国时期，战争频繁发生，武风甚兴，武术竞技性进一步增强。公元 702 年，武则天推行武举制度，习骑练武者增多，西安民间练武成风，大多数练习者主要是为了考取功名。随着习武者的增多，习武目的不再是单一的考取功名，继而转向健身方向发展。明清时期西安地区的武术发展成了多个固定流派，主要有红拳、少林拳、形意拳、内家拳、梅花拳、动静太极拳等。另外，西安一带回族武术也逐渐形成风格，主要有十路弹腿、心意六合拳、查拳等，且与其他流派相互渗透贯通。① 西府宝鸡地区，武术活动亦比较盛行。凤翔府乃用兵重地，历代驻有重兵，他们把研习武术、锻炼腰身拳脚作为提高战斗力的基本要求。

史料记载，"古雍州暨西北一带乃民族战争频发之地，民多劲悍，尚气力，善骑射，以武勇著称，习拳之风甚兴，向以'红拳'驰名"。② 在陇县、凤翔县、扶风县、长武县、三原县等地方志中均有武术高手记载。其中三原县的"鹞子高三"在红拳的基础上自创了高家拳（亦称"三原门"），授徒传艺，成为陕西拳术一大流派。其弟子中以杨杰之名气最盛，被武林界誉为"云里显圣"、"一代神腿"。1960 年，杨杰应邀出席了国家体委在北京召开的全国武术表演会，当场表演了高家拳、通臂拳、六合枪、南阳大刀、八仙剑等，博得满堂喝彩。

武术在历史上不仅成为民众强身健体的一项活动，还为提高军队战斗力起到了不可磨灭的重要作用，故武术在关中地区的开展十分广泛。

【细狗撵兔】是流行于陕西蒲城一带的一种民间竞技活动，在固定节日里，由狗主人带细狗逐猎兔子。蒲城细狗撵兔竞技活动每年农

---

① 《西安市志》（第六卷·科教文卫·体育志），西安出版社 2002 年版，第 811 页。

② 《凤翔县志》，陕西人民出版社 1991 年版，第 740 页。

闲时在细狗爱好者中定期举行，主要撵兔日有：元宵节、端午节、腊八节等。节日当天，蒲城周边县、市，乃至来自西安、山西、甘肃、河南的细狗爱好者为自己的爱犬穿衣挂彩，放开缰绳，信狗驰骋追逐，加上成千上万名看热闹的群众，山呼海啸，蔚为壮观。

细狗，也称之为细猎狗，是一种源自古埃及的犬种，尖脸，垂着两片长耳朵，身材细瘦挺拔，动作灵敏，奔跑有力，矫健凶狠。古埃及的自然环境与关中地区类似，因此细狗不适合在潮湿的环境下生存。而野兔喜欢在平原地区繁衍，因此，细狗作为猎犬被引入中国之后，很快就在古代关中地区人们所喜爱的走狗逐兔活动中成为主角。①

关中人喜爱细狗，更喜爱细狗撵兔，是不争的事实。关中平原千里，物产丰茂，极适宜野兔的繁衍生存。细狗是野兔的天敌，农民最初用细狗撵兔是出于保护自己的劳动果实的目的，随后演变成一项户外活动。细狗撵兔的最佳时节为冬春两季，这时地无庄稼，野草枯萎，视野开阔，更没有踩踏庄稼的顾虑，任尔驰骋追捕。

细狗撵兔，历史悠久。早在《史记·李斯列传》中就有"牵黄犬俱出上蔡东门，逐狡兔"的记载，汉时蒲城属皇室上林苑的一部分，司马相如《上林赋》中有"兔园夹池水"的记述，可见蒲城当时已是皇室猎兔的狩猎之域，唐太祖李渊、太宗李世民也分别猎于（蒲城）伏龙塬和尧山。农业大县的特定环境，加上唐时京兆赤县的特殊地位，使唐皇室狩猎娱乐活动流传于蒲城民间，产生出细狗撵兔的民间竞技活动习俗。

由于农村经济兴盛，许多有钱人也加入到细狗撵兔行列中来。蒲城、大力、高陵等县先后成立了细狗协会，选举了狗司令。优良的细狗每只价格飙升到三四十万元，最贵的超过百万元。近年狐狼绝迹，野兔泛滥，庄稼损失严重。许多乡村邀请细狗协会帮他们灭兔，协会不收费用，慷慨应诺。因此，养狗撵兔的人越来越多。细狗撵兔不仅气势磅礴，扣人心弦，而且对锻炼身体、释放情绪、增强团结、减少

---

① 资料来源：华商论坛，http：//bbs. hsw. cn/read - htm - tid - 2752746. html。

兽害、增产增收、和谐生态也有十分积极的意义。①

【摔跤】多在农闲或村中节会时进行的一项技巧竞技比赛，以青壮年为主要参加对象，分力大和技巧角力摔跤。

【玩石锁】因石头被凿为锁形，故称石锁。是成年练武者进行力量训练的主要方法。石锁重量不一，根据个人力气大小及技术水平高低递增重量。

【游泳】关中地区自古就有"八水绕长安"之说，这八水指"渭、泾、沣、涝、潏、滈、浐、灞"八条河流，渭河和泾河为主要河流。盛夏之际，沿河地区的青少年就会下河戏水且泳姿各样，主要有"狗刨"、"蛙游"、"仰游"等。

2. 关中地区休闲娱乐类传统体育项目

【闹社火】关中社火具有悠久的历史，先秦时期称为"社虎"，是一种民间驱鬼酬神的礼仪。新春来临之际欢聚踏歌，膜拜神灵，驱逐魔鬼，祈求新的一年风调雨顺，五谷丰登。现今社火逐渐淡化了"神"的含义，更多是表现一些历史人物和神话传说，且多为英雄侠义之士和祈祥祝福的内容。社火至今已经基本上演变为一种民间文艺表演活动。过年闹社火，已成为关中地区重要的民俗文化景观。

【咸阳牛拉鼓】由数百人表演，场面宏大，气势壮观。它是用一头剽悍、健壮的"秦川牛"拉着直径 1.5 米的大鼓，走在队伍前列，后面紧跟数面直径 0.8 米的中型大鼓和直径 0.4 米的小鼓，分三层排列，接着是百余名锣、鼓手。咸阳牛拉鼓以其气势磅礴、雄浑沉厚被誉为"威风锣鼓"，具有浓厚的民间气息。它的历史悠久，据传起源于秦代，作为战鼓使用，后来逐渐成为一种民间娱乐活动，盛行于民间传统的社火节目。

【荡秋千、放风筝】是关中民俗中传统的体育娱乐活动，多为妇女、儿童所喜爱。关中各地方志均有记载，在农历三月，"清明节"前后，"士女设秋千游戏，三日不举女工"。儿童作纸为鸢及各种形式，以长绳系之，乘风走曳，谓之"风筝"。在麦田、打麦场等宽阔

---

① 资料来源：橡树摄影，http://www.xiangshu.com/read.php? tid = 1752055。

空旷之地，迎风奔跑，比赛高低，既锻炼身体，也培养耐性。

【踏青】关中地区大部分地方"踏青"一般是在农历三月清明节前后，与祭祖坟相结合，也有专门进行郊游活动的。也有个别地方志记载踏青时间不同，在农历二月初二。

【登高】即是在九月九日"重阳节"，人们携酒登高。这种活动并不像"踏青"活动那样普遍，参加此类活动多为"士人"，《新续渭南县志》载：九月九，士人携酒出游，曰"登高"。

3. 关中地区游戏类传统体育项目

【斗鸡】一腿独立，另一腿盘屈胯前，双手或单手握脚，使膝盖向前突出，以单膝攻击对方，被击出场外、双脚落地或失去平衡倒下者为输。不允许利用头和手，包括手臂、肘关节等部位作为攻击武器。在安康、汉中也多有开展，而且还创出了不少技击方法。

【打水漂】是人类最古老的游戏之一，据推测从石器时代就开始了。是临河居住的人们常玩的一种体育活动，具有很强的地域特点。水漂要打得好主要靠手腕用力的技术，撇出去的石头在水面上弹跳次数越多越好。

【打陀螺】"陀螺"一词最早出现于明朝，明末时，刘侗在《帝京景物略》中这样记载："陀螺者，木制，如小空钟，中实而无柄。绕以鞭之绳，卓于地，急掣其鞭。一掣，陀螺则转，无声也。"这说明玩打陀螺在我国有着悠久的历史，是流传广泛的一种游戏。但由于以往是在闭塞的环境中交流，流传下的叫法也是不同的。

【滚铁环】是80年代以前盛行的一种传统游戏。玩法：手持铁钩，推动铁环在地面上滚动，人跟着滚动的铁环跑，努力保持铁环不倒。滚铁环的窍门是手中的铁钩要抵在铁环下方三分之一的位置，推铁环的力量要朝向倾斜的一方，还必须达到一定的速度，这样铁环才不会倒地。一般是男孩儿常在村舍边玩耍，而且学校也经常组织各种比赛活动，看谁走得远、跑得快。集体竞赛项目有：50米或100米竞速、100米障碍（如绕树丛、过水坑）、4×100米接力赛等。

【抓子】是一种抛接子游戏。七八十年代在关中地区很流行，关中地区抓子游戏多为抓5子，除了抓5子外，还有抓7子、9子两种，游戏方法相同。

【叩坎】所用的道具是铜钱，玩法是寻找有台阶的地方，将铜钱竖持，用力将铜钱向地上掷去，铜钱弹起后落于台阶之上，越多越好，上到最高处者，就拥有"投射权"，后可在自己铜钱处向其下的他人铜钱投射，看其精准性。

【打面包、掷饺子包】打面包、掷饺子包玩法相同而使用的工具形状不同，一个像面包是方形的，一个像饺子是八角形的，都是男孩用捡来的烟盒纸折的。由两个以上的小孩玩耍，一人折四五个面包或饺子，一方先放到地上一个，另一方用力向地上的甩下去，如果地上的被反弹过来（翻个儿）了，那么这个就可以被他拿走。如果翻不过来，另一个人拿起刚才他的再甩。

【打弹球】所用弹球就是玻璃球，由两个以上的小孩玩。玩法是：先轮着把自己的弹球碰到墙上，谁的球反弹滚得远，谁就先用自己的球以拇指的力量绷出打别人的弹球，打到了就拿走，打不到就停在那里，由第二远的继续打，就这样轮着打。这种游戏在乡村很常见，只要孩子有空就能在墙根见着玩弹球的小朋友。

【跳皮筋】大约从 70 年代末开始流行，至今仍深受女孩们喜爱。跳皮筋本身很简单，只要找一根有弹性的绳子如松紧带、橡皮筋等都可以玩耍，有变化的是玩法和伴唱儿歌。儿歌一般比较押韵，是跳皮筋时的节奏，女孩们唱着儿歌，在皮筋上蹦来蹦去，并用脚把皮筋来回缠绕，时而绷紧时而放松。

【跳绳】是传统的民间体育活动项目，跳绳分为长绳和短绳，参加人数有单人、双人、多人、集体等，比赛方式多样，跳绳花样有 10 余种之多，跳绳至今仍然很活跃，且被列入小学生体育锻炼标准之一。

4. 关中地区棋类传统体育项目

【丢方】一些地方也称"下方"、"搭方"，在关中地区流传广泛。饭后工余，席地设局，画地成格为方盘，枝叶、土块为棋子，双方布局对垒。其玩法、规则因地方不同而有所差异。《周至县志》载："方有七花五花之分，又有围方、田方、带斜三种规则。七花 49

245

码，五花25码，先下码者多一子后走，后下码者少一子先走。"《户县志》载："搭方方法，县南各乡与县北各乡大同小异，县南乡多搭八方，县北多搭七方，走马有长、短腿之分，还有双方和单方之分，对垒前双方协商拟定规则。"

【狼吃娃】是农村很普及的益智游戏。据传关中的狼特别多，旧社会的年馑时，狼会从围坐纳凉的人群中叼走孩子。主要流行于关中中西部地区。田间地头、山坡路边皆可进行。"狼吃娃"的"子儿"就地取材，"盘子"随地一画，两个人就可"开战"了。"狼"是3个"子儿"，"娃"是15个"子儿"，分别可用土块、砖块、石块、瓦片、柴棒"扮演"。"盘子"是在地面上画出长宽大体一致的五线格子。"狼"和"娃"阵营各自占据一个交叉点。"狼"不同的是要隔一个交叉点布防。游戏规则是："狼"和"娃"都只能按规定的线路行走——全行横竖直线，一个交叉点落脚，不许越位。"狼"吃"娃"时，"娃"的后边不能有"子儿"，两只"狼"在同一位置不能吃"娃"，谓之"双狼不掐娃"，"娃"就可以趁机逃离"狼"口。"娃"是迂回包剿的战术围"狼"，只要几个"娃"将"狼"团团围住，或逼到死角旮旯，"狼"就得出局，输一个"子儿"。长顺的"狼"横竖穿窜，天命的"娃"步步为营，不过二尺左右的"盘子"上，"狼"撵"娃"甚嚣尘上，"娃"围"狼"杀声震天。

关中地区传统体育项目内容分类汇总见表6-1。

表6-1 关中地区传统体育项目分类一览表

分　类	项　目
竞技类传统体育项目	武术，细狗撵兔，摔跤，玩石锁，游泳
休闲娱乐类传统体育项目	闹社火，咸阳牛拉鼓，荡秋千，放风筝，踏青，登高
游戏类传统体育项目	斗鸡（撞拐），打水漂，打陀螺，滚铁环，抓子，叩坎，打弹球，跳皮筋，跳绳
棋类传统体育项目	丢方，狼吃娃

（二）陕北传统体育项目及分类

陕北，东临黄河，与山西一河之隔；北依长城，与内蒙毛乌素沙漠接壤；西接甘陇、宁夏；南通陕西关中，其传统体育文化受到相邻民族文化的深远影响。例如：陕北秧歌曲就受到山西、宁夏、内蒙民歌和地方小调的影响；骑射、赛马等传统体育项目受蒙古草原游牧文化的影响。中国共产党在延安的 13 年间，传统体育项目得到了极大的扶持和推广，群众喜闻乐见的武术、摔跤、舞蹈、跳绳、踢毽子、爬山、游泳和滑冰等活动在各级政府和团体、部队都积极开展。陕甘宁边区根据具体情况，结合民俗习惯，因地制宜地开展民族化的传统体育项目，为传统体育文化的发展赋予了另外一种色彩。

1. 陕北竞技类传统体育项目

【武术】在陕北地区流传甚广，不论套路式武术还是对抗式武术都很盛行。自明清时起，人们为考取武举、健身自卫而广泛习之。据《延川县志》载，"武术是县内流传历史久远的体育活动"。历代县志均有记载。《绥德县志》载，"武术活动始于明清，一般在边远山区比较盛行，群众习练拳械的目的在于健身自卫。其项目主要有刀、枪、棍、棒、三节鞭、九节鞭、剑术、拳术等"。练习的主要组织形式有个人自学练的，有拜师随师练的，也有自发组织起来练的，练习时间一般没有严格限制，几乎是一年四季都在进行。

【角力】在延安地区主要指两项民间传统体育活动，即斗牛和摔跤。延安地区流行斗牛之风俗，是衡量后生强悍的标准之一。在农村，斗牛是青年喜爱的项目。当黄昏放牛归槽之时，可以看到一群小伙子把牛群圈住，这时会有一个后生把右手拇指和食指猛地插入牛鼻孔，然后把牛拉到众人跟前，一场斗牛的角力赛就要开始了。当牵牛的后生让牛随他转圈时，一位后生两臂一伸，只听"嗨"一声，把一条半大不小的牛给抱起来，获得在场围观者赞叹不止。此时，也有人不大服气，向前用双手将牛搂住，随后抱起来就地转了一圈、两圈……这种斗牛之习俗实属练武的项目之一，在延安农村世代流传着。人们除了斗牛，还进行两人角力。有时也会将一对抵架的公牛给拉开。

人与人之间的角力，即摔跤运动，在延安地区，不只是男人之间进行角力，有时也有男女之间进行角力。男女角力，按风俗讲，男女只限平辈之间，或者爷孙辈、无亲缘关系的人之间进行。比赛时，多为一男对两女、三女、四女，也有一男对一女的。比赛后，如果男子输了要受女子们的戏闹，或被一阵乱拳敲打，或将鞋扒了扔下沟底，男子只好低头认输，甚至受孩子们的嘲笑；如果男子赢了，却不能戏闹妇女，只能让其中一个妇女给他点一袋烟。这种近似原始的娱乐方式，无疑是一种培养坚强性格和锻炼身体的好办法。靖边农村流行的摔跤有站着的摔跤，也有抱身体、抓上衣的摔跤。站着的摔跤以摔倒对方为胜；抱身体、抓上衣的摔跤，不允许抓裤子，一方被摔倒后可以继续角斗，致使对方某处触地不能再动为胜。另外还有一种是两人互抱，用脚踢对方小腿下部，以踢倒为胜。摔跤活动在庆阳、盐池、横山等地区也很盛行，具体方法大同小异。

【举石】是中国古老的民间传统体育活动，在城市和农村都很盛行。这种举石活动是受古代武举活动影响而流传下来的，其内容形式多种多样，如举石锁、举石担、揭碌碡（也称石滚）等。清代武举考试中有举石，按重量分为三号：一号300斤石，二号250斤石，三号200斤石。举石要求是必须离地一尺。

【爬木城】是宁夏回族中流行的一种民间体育活动，这项活动在军队中较为盛行。盐池县警卫队的爬木城设备是用粗木料制成的一个长4米、宽3米的木框，中间以横木相间隔，如梯墙形状固定在地面上，称为木城。比赛爬木城时，参赛者在规定的距离之外，听到号令后快速向木城奔去，以先爬到木城顶端为优胜。

【狩猎】在陕北地区是群众喜爱的一项民间传统体育活动，其中陕北和陇东地区，每年的冬季是狩猎黄金季节。延安地区的打猎历史悠久，甚为讲究。有的是单人行动，有的是集体行动，也有的是带着猎狗行动。延安地区进山打猎时，规矩很多，不可冒犯。如进山打猎时要讲黑话，把狩猎叫"皮鞋子"，野猪叫"黑头"，猎枪叫"捻子"，猎刀叫"利子"等。他们进山后视猎狗如人，大家在一块吃饭时，不能说"不吃了"，要说"下次再吃"。碰到打猎不顺利时，猎人们要惩罚"山神"，即每个狩猎者把裤腰上拴着的一个四五寸长的木头人——"山神"取下来，吊在树枝上，用木棍猛抽，嘴里还要骂些难听的话。惩罚完毕，猎人又要端一杯酒敬山神，希望山神体谅他们打猎人的艰辛，多放些野兽让他们猎取。这种旧社会留下来的风俗，猎人们现在很少采用，如若采用，也不过是一种娱乐罢了。狩猎活动不仅在农村盛行，边区的机关部队和学校里，也有不少狩猎爱好者。他们利用节假日狩猎，获取猎物是次要的，爬山越岭追捕猎物，借以锻炼身体则是主要的。延安时期，朱德、任弼时、叶剑英、杨尚昆等同志喜欢利用假日上山打野鸡。他们用的是土枪，还进行比赛，看谁打得多，要求打天上飞的，不打地上走的。

2. 陕北休闲娱乐类传统体育项目

【打社火】是陕北一带的叫法，其他地区叫闹社火或耍社火。社火一般分为两种类型：场地社火和高台社火。较为流行的内容有：狮子、龙灯、竹马、小车、花鼓、彩船、马故事、柳木腿、地故事（地溜子、跑红灯）、车亭、抬亭、背亭（延安称高抬）等。高跷表演的参加者以男人居多，技巧有简有繁，表演者将两条腿绑在两根五尺左右的木棍上，化装成各种戏剧人物进行表演，是城乡群众乐于从事的活动。跑旱船，又叫板水船，两人表演，一人（多为男扮女装）手持纸糊的彩船，扮作乘船者；一人（多扮为老翁）手持舢板，扮作撑船者。表演时，两人在鼓乐伴奏下一边唱，一边进行多种多样的动作表演，很受群众喜爱。

【扭秧歌】是陕北盛行的一种民间舞蹈，虽然扭秧歌属于舞蹈却不同于一般的舞蹈，在锻炼身体、调节生活等方面有特殊作用。旧社会，扭秧歌一般都是男人参加，40年代新文艺运动以后，出现女子上场扭秧歌。这时期的扭秧歌，不分老少、爷孙、父子和夫妻，可谓与天同乐，情趣无穷。一场秧歌由很多角色组成，延安地区的秧歌流派也很多，最有特色的要数延安北乡的过街秧歌、排门秧歌、大场秧歌、走灯秧歌以及南乡的老秧歌。这些秧歌基本上都是由踢场子、打腰鼓、扳水船（跑旱船）、跑竹马等组成的。例如，踢场子有天地牌子、双葫芦、枣核乱开花、十盏灯、十二莲灯灯套灯、八仙过海、双瓣蒜、齐王乱点兵等。此外，还有五大洲、小蝴蝶等，场牌不下百种。

【打秋千】也称荡秋千，是我国历史悠久，流行广泛的一项很有锻炼价值的民间传统体育。每年春节至清明期间，陕北、陇东一带城乡荡秋千也已成俗。一般是在空旷场地或村头装上秋千架，也有利用两棵大树绑秋千架的。打秋千是男女老少都乐于参加的一个项目，但妇女参加者居多数。有些地方，姑娘们打秋千时，还喜欢唱这样的歌词："春暖来花开呀不可跨，二八佳人去玩耍，来到秋千下，前脚蹬来后脚勾，前蹬后勾多自由，身上凉飕飕，鸭红缎裙扑闪闪，长腰细颈飞半天，快乐似神仙……"

【踏青】是一项我国古代民间传统体育活动且历史悠久。早在汉代，"人日"（农历正月初七）已有郊外踏青的习俗，到了唐代更为盛行；边区时期，每年清明节仍有踏青风俗流行着。清明时节，春回大地，万物丛生，人们出外郊游，在扫墓的同时，顺便进行着踏青活动，以增进身体健康。

【放风筝】也称放纸鸢，是中国民间传统体育活动，历史悠久，种类繁多，深受群众喜爱。每年清明节前后参加此项活动者居多。1937 年 3 月，延安市举行放风筝比赛，参赛者有 100 多名青年，风筝有 70 多个。

【登高】是中国古代的旅游活动，也是中国民间传统体育活动，相传始于汉代。登高，时值仲秋季节，秋高气爽，空气清新，重阳节（阴历九月初九）来临时，城乡盛行出外郊游登高。

【打腰鼓】是一项深受群众喜爱的民间传统文体活动。延安地区的打腰鼓分为两种类型：一是安塞腰鼓，格调古朴，场面壮观；二是洛川蹩鼓，气势雄伟，刚健有力。这两种腰鼓，多在欢度节日，庆祝丰收和胜利时表演。安塞腰鼓演出时，阵容庞大，调动有方，一个队最少也有 60 多名鼓手，有时几个队合起来表演。在器乐伴奏下，鼓声雄壮，场面壮观，充分体现了陕北人民憨厚、朴实、热情、开朗、坚强的英雄气质。洛川腰鼓演出时布阵十分严谨，具有明显的军事体育训练色彩，不论从表演者的装饰上、打鼓动作上，还是从表演时的队形变化上，都能体现出民间活动的体育价值。

3. 陕北游戏类传统体育项目

【打尜】古代称打尜，是一项历史悠久的中国民间传统体育活动。明代《帝京景物略》中记载"小儿以木二寸，制如枣核，置地而棒之，一击令起，随一击令远，以近者为负，曰打尜"。至清代，民谣说"月入腊，空闲场上去打尜"，说明此项活动多流行于春、冬两季。尜，是用一根拇指粗的坚硬木料，截成 15 厘米左右长，两头削尖制成。打尜棍（或板子）用一握手把粗、半臂长之棍制成。基本打法是，把尜放在地上，用手中的打尜棍打尜的一端，使其蹦起，再用打尜棍迅速击尜，让其飞远。游戏采取比赛法，最少两人，也可组队。比赛时，先在地上画一直径 1 米左右的圆圈（或方城）。先打者将尜从圆圈内击远，对方拾起尜向圆圈内丢。丢不进圆圈，先打者就地再打一次，然后根据离圆圈的远近，向对方要尺，若要得准确（含不到圆圈中心）可记下成绩，若要得不准确（指超过圆圈中心），先打者计算失误，让对方打尜或对方将尜丢进圆圈内，可进行交换。这样双方反复进行后，谁先要到预定的尺寸，谁就算赢方，输方要受罚。罚的方法是：赢方将尜放在圆圈里向外击，输方跑到尜的落地处，将尜夹在膝窝中，用单脚跳回圆圈，口中同时呼"哞——"等语或学羊叫，声音要亮，不能中途断声，否则还要重罚。

【打瓦】是用瓦片、石板或瓷片磨制成半圆形器材，一般在平坦大道上，十字路口或打麦场上进行的一项民间体育活动。参加人数最少两人，多则十余人，男女不限，四季流行。基本打法是跳、紧走、弯腰、抬腿、甩臂等。主要内容是头核头，二核头，弯镰，交杆，三顺三斜，黄狗钻洞，三踢，三跳，柳树盘根，铡草，喂牛，怀娃，研墨，掂袋子，背锅，干老爷，湿老爷，争先锋。打瓦游戏简单易行，在陇东一带村镇盛行。

【顶膝盖】也有地区称斗鸡。将一腿弯曲抱起，用膝盖和对方相斗，抱起的腿落地为输，多在冬季进行。

【打毛蛋】历史悠久，是青少年喜爱的一项体育活动。毛蛋多以棉花、羊毛做蕊，用线缠成圆球形状，似垒球大小。打毛蛋多在院庭或广场上进行，方法有三种：拍毛蛋，是在原地拍打球，以连续拍打次数最多者为胜；绕腿打毛蛋，是在拍打毛蛋过程中，一腿抬起，毛蛋从腿下穿过，双腿可以交替抬起，以累计次数最多者为胜；转身打毛蛋，是在拍打毛蛋过程中，原地转180度，以累计次数最多者为胜。比赛结束后，负方要给胜方"上毛"，所谓"上毛"，是指由负方和胜方各出一人，负方将毛蛋抛起由胜方用脚踢，踢起后，负方用手去接，接不住继续上毛，若接住毛蛋，"上毛"结束。打毛蛋可以一对一，二对二，也可以根据技术水平高低一对二，一对三。

【耍水】是夏秋季节盛行的活动。旱原地区利用涝池水，山川地区利用河渠水，沿河地区利用河水，进行潜水、打水仗等活动。打水仗多为儿童参与，玩耍时排成两行，相互击水，以使对方睁不开眼睛求饶为止。

【揭碌碡】多在庄稼收获以后，年轻人聚集场上的一种比赛。看谁把碌碡横着揭的次数最多，就算优胜。这是一项简单易行的力量性传统体育项目，在农村很受青年人喜爱。

【翻跟头】在农村打禾碾场季节最为兴盛，多利用禾场或松软耕地为练习场。无时间规定，以翻跟头次数多少决定胜负。

【骑兵打仗】是先由3人组成支架，形状似马，上骑一人手持木刀。练习时，可以组成两队，一队为红军，一队为白军，双方展开骑战，以拿下对方帽子为胜。这种习武性的游戏，往往是红军一方获胜，是政治寓于体育活动中的一项竞争较强的儿童游戏活动，主要流行于边区学校和城乡儿童团里。

【抬飞机】是边区儿童经常参加，赤卫军、游击队的小伙子也喜欢参加的一项富有习武性的游戏。飞机由两人组成支架，一人在前，一人在后，后者双手搭在前者双肩上，低下头，上抬一人，双臂伸开，两腿并拢，形似飞机。练习时，每架飞机可以模仿飞机起飞、俯冲、编队飞行等。编队飞行至少要三架，多则十多架，可在长机指挥下，一会儿变成"一"字形一会儿变成"人"字形。

【抓特务】始于1939年，是根据边区华池县悦乐区五乡青年救国会主席李建英带领儿童团员执行任务时，盘查了一个带驳壳枪的便衣特务，立即送到了区保安科的情节编排的。抓特务游戏活动的方法是：活动前，由一人扮演特务，并用手帕蒙上双眼，待其他游戏者散开隐蔽后，一声哨响，扮特务者摘下蒙眼手帕，四处探头活动。当扮演特务者进入包围圈时，"抓特务！"一声令下，隐蔽的儿童们可以手拿木质大刀、红缨枪等，争相追赶特务，扮演特务者此时可以四处逃窜，设法冲出包围圈。游戏时，场地上你追我赶，喊声四起，十分热闹，是一项很受儿童们喜爱的军事练习游戏活动。

【打铆球】也称"打拦子"或"打木球"，是宁夏回族同胞喜爱的民间传统体育项目，两人或数人均可。打铆球的球是木质，由直径2厘米、长3厘米的圆木制成。球棒是牧童用的鞭杆子，长粗不等，一般是80厘米长、直径21厘米的木棍。球场30米长，20米宽，设中场线，两边底线处各挖一个直径约10厘米的小坑，名叫"牢"。打铆球方法是：开始一个人站在牢边，手持球棒，一头朝上，一头朝下，虎口处留出8厘米一截，扭下边球棒头将牢打一下，口说"磕牢"，接着将球击出，并说"牛铆"。若击中球，不管球被打多远，对方拾起球在原地向牢内投掷，击球者可以用球棒护住牢口，设法将球再次拦击，待球落地后，由落地处向牢外用球棒丈量，两棒算一个累计单位。若开始打球者未击中球，或对方将球投入牢内，开台打球者算下台，让对方开始打球。以上是最基本的打法，随着打铆球技术的提高，打铆球时还可以增加许多新花样，最后以"合哨"结束。打铆球是以预先商量好的数字为标准，即多少个累计单位为一个哨。合哨时，击球者站立牢边，如前法将球击向远处，口说"拦子"，待球落地后，对方以球的落地点用单腿跳的办法向牢处跳跃，嘴里还要说一套歌词。打铆球在盐池县城乡很普遍，玩耍者以儿童居多。这种活动很类似宁夏回族同胞的木球运动。

【赶老牛】俗称鬼转子，或打木猴，是一项儿童喜爱的游戏活动，学名曰：打陀螺。边区儿童称其为打汉奸。"老牛子为半臂长的木棍，上系一绳子。玩耍时，先用鞭子绳将老牛缠住，一手扶老牛于地上，一手用力抽鞭子，让老牛在地上转动，然后再用鞭子不断抽打老牛，让其旋转不停。赶老牛可以进行比赛，一是看谁能在最小的范围里转动，一是看谁的老牛旋转的时间最长。

【击木】俗名叫"打抬（原文是木字和台组合的字）"（译音），它是一种历史悠久的民间传统体育游戏。具体玩法是：在平坦处，画两条线，一条叫底线，一条叫顶线，距离不作严格规定，一般都在10米左右。玩耍者各持一木棒（大小不限），站在底线处将木棒往顶线处投掷，待木棒落地后，以最接近顶线者为主攻方，其他人为被攻方。随后，比赛正式开始。

【持子儿】也称抓子儿游戏，是女孩子所喜爱的一项传统活动。持子儿游戏的子儿，一般用大拇指头大的石子，或砖块磨制的子儿，也有的用羊拐骨当子儿。子数不限，一般多为5个子儿。玩耍时，以一子儿为天子儿，抛于空中，然后用多种方式将其余4个子儿放下又抓起，但天子儿不能落地。如果天子儿落地，应算失误，让对方持子儿，游戏重新开始。胜负以谁最先一次性完成规定的动作来决定。

【打水漂】是一种水上游戏。在平静的池塘边，用力将薄石片或瓦片贴着水面向远处漂，使水面上击起一串水花。边区时期，男孩子喜欢结队在池塘边打水漂。打水漂可以组队比赛，参加者各选石片或瓦片五至十块，最后以水花数累计算分，多者为胜，负者受罚。

【瞎子捉拐子】是儿童普遍开展的传统游戏。开始玩时由数人站成一个圆圈，手拉手地连起来，扮瞎子者用手帕蒙住双眼，扮拐子者把一只手同一条腿用绳子绑在一起，拐子在人的圆圈中边吹口哨边变换位置，扮瞎子者根据哨声捉拐子，最后以瞎子捉住拐子为胜。

【传手帕】也称击鼓传花游戏，亦是儿童的游戏项目。活动时，孩子们围成一个圈，准备一方手帕，选一人用手帕蒙住眼，在圆圈外打鼓，当鼓声敲起后，围成圆圈的孩子们开始一个一个接传手帕，鼓声停止，手帕落在谁手中，谁就要受罚。

陕北民间传统体育游戏的内容非常丰富，种类繁多，除上面介绍的以外，还有踢毽子、跳绳、跳皮筋、取雨、吊罐子、抓兔子、打枷板、羊斗狼、捉鳖、补裤裆、打梭、割韭菜、打沙包、踢方、瞎子摸鱼、捉迷藏、跑风车、打水枪、响麻鞭、打雪仗、爬树、攻城等。

4. 陕北棋类传统体育项目

【乡土棋】俗称"丢方"，是边区城乡群众世代喜欢的棋类活动。

棋盘随处可画，棋子随处可取，简便易学，老少皆宜，道旁、田头、山坡、庭院，均可摆棋角逐。

【跟集】由3人玩耍，各定3个数，甲为1、4、7；乙为2、5、8；丙为3、6、9。每人持6个小子儿（小石子、羊粪蛋、土圪垯等均可），各方用一个代表放置于家中"十"字上，留下5个捏在手中秘密出数，出几个或一个都行。3个人捏子儿的拳头碰在一起，同时亮数，3人之和若是1、4、7，由甲走一站，若是2、5、8，由乙走一站，若是3、6、9，由丙走一站，无数都不走。出一次数只准走一站，首次走在家门口十字上，凡有十字都是站口，走一站口即住店，再出现自己的和数前进一站。走到城内中心"十"字停留一次（不停也可以），为之在闹市跟集，谓之踏站。在这里若被人赶上，即后退一站。第十一站入庙，第十二站烧香停走一次。烧完香回返，同样一站一站往回走，走到家中"十"字上下蛋，出现己方的一次和下一个蛋，即将手中子儿放在家中一个。先下完蛋者为胜者，不下蛋以先到家中为胜也可以。负者受罚唱歌、出洋相等。跟集游戏在盐池流行广泛，牧人、小孩最喜爱。此外，还流行有五棋、六棋、七棋等弈法，玩法比四棋要复杂一些，但基本弈法没有多大变化。

陕北地区传统体育项目内容分类汇总见下表（表6-2）。

表6-2　　　　　　　陕北地区传统体育项目分类一览表

分　类	项　目
竞技类传统体育项目	武术，角力，举石，爬木城，狩猎
休闲娱乐类传统体育项目	打社火，扭秧歌，打秋千，踏青，放风筝，登高，打腰鼓
游戏类传统体育项目	打杂，打瓦，顶膝盖，打毛蛋，耍水（游泳、打水仗等），揭碌碡，翻跟头，骑兵打仗，抬飞机，抓特务，打铆球，赶老牛，击木，持子儿，打水漂，瞎子捉拐子，传手帕等
棋类传统体育项目	乡土棋，跟集

（三）陕南传统体育项目及分类

陕南不同于关中、陕北，以山川秀丽而居。地处我国内陆腹地，是黄河流域文明和长江流域文明及东西南北各种地域文化的交汇地带。由行政区划分来看是属于陕西，但周边又与中、西部相关省穿插相接，形成了特殊的接合部。北有秦岭，南有巴山，气候湿润，雨量充沛，四季分明，具有适宜农作物生长的良好气候条件。嘉陵江纵穿南北，汉江横贯东西，提供了丰富的水利资源。良好的气候，丰富的物产，两山夹一川的地势结构十分突出，是陕西农林特产和有色金属资源的富集区。陕南地区资源丰富，物华天宝，被誉为"西北小江南"和"秦巴聚宝盆"。独特的地理环境给生长在这里的人们提供了一个较为舒适的客观生存环境，日出而作，日落而息，只要不发生大的自然灾害，凭借当地的丰富资源就足够顺利地生存下去。

从古至今，陕南地区文化受到多种外来文化的影响，其原因是外地居民或自愿或被迫地大量迁移至此。史料记载，陕南地区从甘肃、贵州、云南、四川、湖北等地迁来的居民数以万计，外来移民的生活习性加之陕南特殊的地理位置使得陕南社会文化均呈现丰富多彩之势。例如，现今陕南的洋县、城固一带关中移民居多，秦文化的色彩浓重，他们更多的是尊崇北方文化的传统，进取意识浓厚，注重功利，较少注重仁义礼乐。汉中地区的镇巴县、西乡县、南郑县、宁强县则较多承传了巴蜀文化的特点，人们较注重享受，故其饮食文化繁荣。安康地区受湖南、湖北的影响较多，自然烙上了楚文化的烙印。楚文化中的超逸之气和浪漫的情怀同时也影响了陕南人，许多人追求个体的价值和精神自由，对生活持乐观态度，但对于区域总的发展却不太关心。[①]可以说，独特的地理位置造就了这里复杂多样的文化，同时又使其在与周边文化的交流、碰撞中显示出巨大的包容性。

此外，在陕南区域文化的形成和发展过程中，儒教、佛教等宗教都对其产生过影响。但发展、成熟于汉水流域并对陕南区域文化起着

---

① 姚秋霞：《论汉水上游文化中的崇祖意识与该区域的发展》，《广西社会科学》2007 年第 11 期。

主导作用的是道教文化。道教各派中创立最早的一个教派——五斗米道，就是在汉水上游的汉中盆地发展壮大，并建立了政教合一的政权。①"五斗米道作为一种宗教文化资源，对汉中地域文化的形成产生了广泛而深入的影响。"巫鬼风俗和老庄思想是道教文化的两块奠基石，其老庄思想则以老子《道德经》为主要经典，"不尚贤，使民不争；不贵难得之货，使民不为盗；不见可欲，使民心不乱。是以圣人之治，虚其心，实其腹，弱其志，强其骨；常使民无知无欲，使夫知者不敢为也。为无为，则无不治"，人民生活价值取向侧重于"逍遥"人生。②从春秋战国时期起，在汉水中上游地域就充满了"老庄"的氛围，陕南文化被浓厚的道家思想渲染，对陕南人的生活方式、生产方式、思维方式及价值观影响至今。

1. 陕南竞技类传统体育项目

【武术】开展得比较普遍，除了古时人们为了考取武举的原因之外，这主要是与当地的地理环境和人文环境有关。陕南位于川陕楚豫四省通衢，"北瞰关中，南蔽巴蜀，东达襄邓，西控秦陇"，"东南通吴越荆楚，西南连滇贵秦蜀"，自古为兵家冲突之地，"盗贼出没之乡"，百姓为了防身护院大多选择武术练习，也可达到强身健体的目的。③据安康地区志载，明清时期，武术活动在安康甚为兴盛。外来商贾及当地富绅为使子弟应试武举，平民为护家防身，特别在八大公馆和各种帮会建立之后，不同风格的武术流派和武术套路功法也随之传进来。④像清朝中、晚期到民国初年，来安康的武林高手有玄正刚、强得功、石逢春、唐彦彪、黄奎等，给安康留下了八仙棍、穷人棍、钩镰枪、开山斧、狼牙棒、锐耙等珍贵的武术套路；安康已故武林老寿星王树森则给安康留下了空手夺刀、空手夺枪、大链枷群枪、

---

① 梁中效：《试论汉水流域的历史文化特征》，《汉中师院学报》2003年第2期。
② 李风兰等：《五斗米道的历史地位及其影响》，《汉中师院学报》2003年第3期。
③ （嘉庆）安良市地方志编纂委员会编：《汉阴厅志》卷九《艺文上》，第189页。
④ 安康市地方志编纂委员会编：《安康地区志》，陕西人民出版社2004年版，第1339页。

刺儿拐、拐子群枪、十趟腿等武术套路功法。① 杨天成、姚德元老拳师给安康留下了"十大盘"武术基本功法。清末，虽然重文轻武，但当地人民群众尚武精神尤盛，城乡到处都是拳社、武馆、堆子（练武场俗称）；门派纷繁，套路颇多。70年代，安康青少年习武成风，有几届中学生几乎是人人都能操练一套安康地方传统套路。汉中地区习武者较少，汉中地区志载农村"有少数开展武术活动"，② 但在西乡县和洋县一带，练武者较多。商洛地区的武术活动也比较普遍。商州市志载，东乡孝义湾、杨斜、黑山一带，群众为防土匪劫掠，有尚习武艺之习惯。商洛地区的武术器械主要有刀、枪、链、单剑、双剑、八仙棍、连枷棍、黑虎鞭、春秋刀、流星锤、四门锤、七星锤、八卦锤等；拳术套路有撞锤四大功、大红拳、小洪拳、七锤子、猴拳、反背、对拳、四九拳等。

【汉江龙舟赛】起源于纪念战国时期因忧国忧民愤而投江的爱国诗人屈原这一传说。陕南人在每年端午（农历五月初五）划龙舟。一是用划龙舟来纪念屈原，二是表达人们对水神的崇拜，抒发人们驾驭神龙、征服水域之期冀。乡民们还说：哪一年赛龙舟，哪一年便风调雨顺，水清江平，农商昌隆，国泰民安；哪一年懈怠了，就会倒霉。于是，划龙舟活动便代代相传，发展成了陕南民间重要的体育活动之一。安康龙舟的制作十分考究，龙舟的龙头与龙尾或雄壮狰狞，或古朴自然，视经济发达、文化涵养而定。安康的龙舟龙头长约5尺，龙角高耸，龙目炯炯，龙口吞珠，龙须飘飘，煞是威风凛凛。龙尾5尺，翘起，龙鳞闪闪，仿佛踏云腾飞。龙身有"老白龙"、"老红龙"、"老黄龙"、"老青龙"等。为有利于减少水的阻力，其龙舟的船体为长弧流线型，底呈圆状，俗称月牙或黄瓜底。人们在无赛事时多把龙舟供奉于庙宇之中，待端午来临，祭祀焚香叩头之后披红挂彩、燃放鞭炮，方才请龙头舟下水，此为"点水"仪式。同时还有迎龙舟、祭龙舟、送龙舟等习俗。安康过去的龙舟赛有上水竞赛和下

① 谈俊琪：《安康文化概览》，陕西人民出版社1997年版，第271页。
② 汉中市地方志编纂委员会编：《汉中地区志》，三秦出版社2005年版，第1867页。

水竞赛。上水竞赛谓之为"争流"；下水竞赛谓之为"斗雄"。而"抢鸭子"和"抢彩球"则使龙舟活动更加丰富多彩。1945 年抗战胜利在即，安康再现"端午龙舟竞渡，江岸观者如云，河街自西关以上、小北门以下皆为之途塞"之壮观景象。新中国成立前，每年五月初三至初六，沿汉江的群众都要组织划龙舟赛事，连续 4 日，有时还形成举火夜赛之盛况；20 世纪 50 年代，除了民间自发组织的龙舟赛事外，政府也组织群众进行龙舟比赛。1958 年端午节，当时的安康县就举办了规模宏大的"安康龙舟竞赛"，汉江十里龙舟竞渡，两岸观者如云，时值西安电影制片厂刚刚初起楼台，即赶赴安康现场拍摄了汉江十里龙舟竞渡盛况之纪录片《庆丰收，赛龙舟》，安康龙舟赛也因此而闻名。龙舟赛事在安康地区发展的同时，周边区域龙舟赛事也逐步发展，汉中地区的洋县就有这样的习俗。每逢农历五月初五（端午节），就会开展划龙舟活动，每条赛船被装饰成龙头龙尾之状，由 16—20 人操控，数船同发，竞技速度，以先达目的地者为胜。竞赛时，围观者敲锣打鼓，呐喊助威，场面盛大。

【游泳】游泳是陕南地区开展极其普遍的一项体育活动，因陕南地区的水资源极其丰富，从而为游泳运动的开展提供了得天独厚的条件。汉江发源于宁强县北部，横贯陕西的汉中、安康地区，出白河县流入湖北。汉江流域，地下水丰沛，降水丰足，为陕西境内流量最大的河流。汉水对陕南体育文化有着深深的影响，陕南的安康地区全区会游泳者在 1976 年时就达到总人口的 7.5%，居全省之首。夏日，随处可见沿河两岸乡村、城镇的青少年下河游泳嬉戏。冬日，由于陕南气候接近南方，即使外界寒气袭人，仍挡不住游泳爱好者的热情。省内关中、陕北之地的游泳爱好者常因对户外江河之水的亲近和难耐在寒冬之时来安康、汉中畅游一番。在汉江冬泳更是陕南群众非常喜欢的冬季健身项目之一，起始于 80 年代末，已有几十年的历史，刚开始时人们的观念还不能接受它，游的人不多。经过十多年的实践和检验，冬泳的好处逐渐显现出来，参加的人员逐年增多。如今，冬泳已成为安康、汉中地区冬季体育运动的一大亮点。

【担子石、举锁子石、斗子石】这些活动在封建王朝时极为盛行。迄今，在乡村农户的庭院前后还放着这些石制品。这些体育活动用品大多是封建王朝武士们步入仕途训练力量和基本功用的，后来随着武术在民间的广为传播，一些武师们也用这些来训练徒弟们的武术基本功。这几种素质训练器械，由于现代体育训练方法、器械等的更新，已渐渐在民间消失，安康市的关庙、五里河西一带还偶尔可见其存物，但已属凤毛麟角。

2. 陕南休闲娱乐类传统体育项目

【闹社火】又称"耍灯"，它来源于古老时期对土地与火的崇拜。随着社会的发展，人们认识能力的提高，祭祀社火的仪式逐渐演变为一种民间娱乐活动，其规模盛大，内容丰富。

"闹社火"在陕南各县非常流行，一般在春节期间沿街、镇、村巡回表演。就近几年来该区域发掘整理的民间社火来看，至今流传在民间的社火种类有几十种之多，其中尤以舞龙、舞狮、彩旱船、高跷、高台芯子、蚌壳舞为盛行。汉中地区则分为单台社火和悬台社火两种类型并流传在秦岭以南的洋县、城固县、佛坪县一带。洋县社火融生活与艺术于一体，富有原始、质朴、粗犷、热烈的艺术个性和文化底韵，极具渲染力，是洋县古代舞蹈艺术发展延伸的结晶。随着时代的发展，洋县人民不断赋予社火以新的内涵，使其富有坚实的艺术魅力和社会基础，所以经久不衰。洋县社火在 1959 年庆祝新中国成立十周年文艺活动中，以悬台社火《穆桂英大破天门阵》先后赴省、京组装表演，受到朱德、习仲勋等党和国家领导人接见，誉满京城。西乡县当地更有俗话说"三年不耍灯，人死马遭瘟"。由此可见当地群众对社火的喜爱。"舞龙"、"舞狮"是陕南社火的形式之一，是一种兼蓄艺术美的魅力与强身健体之乐趣的民俗体育活动。舞龙又分为"火龙"、"彩龙"、"水龙"三种，"火龙"、"彩龙"通常在喜庆或丰收年景的春节，特别是正月十五元宵节尤甚。"彩龙"在白天舞，晚上则舞"火龙"，因为玩火龙时要大量的鞭炮、烟花助兴，所以人们称其舞"火龙"。"水龙"则是在夏季干旱时为祈求雨露、求神灵保佑的类似祭祀的活动。安康的火龙火狮玩得地道，明清时期最为鼎盛。据老人们讲：明末闯王李自成兵败兴安府（今安康）的车厢峡，李自成的十万大军损失一半，为庆贺李自成投降从顺，当时官府号令举行盛大的仪式，全城热闹非凡，"舞狮烧火龙，通宵达旦"。

陕南舞龙的制作，一般用篾和铁丝编成筐形，外面糊上皮纸，再画上鱼鳞甲，涂上色彩。头用竹子扎成，口大开。下颌有须，扎上龙角，显得古朴。龙身节与节间用布缝成筒状连接，彩绘其形。在龙身的每节中部插置龙杠，也叫手柄，耍龙人舞动时手执龙杠如飞。打眼看去火龙没有什么特殊，从头到尾几乎与舞龙一样，揭开龙身才能见到其中的不同特点：龙杠上面横着筒形牛皮纸糊成的灯笼，装有皮纸灯芯。那龙头和灯笼的牛皮纸是用鸡蛋清涂抹处理过，既光滑又不怕火烧；两目装电池，玩时打开，口中装有一颗转动的绣球，龙身长12节，象征着一年12个月，如遇闰年，则为13节。以往耍火龙与火狮子的人不能穿衣服，无论哪个季节都只穿一条短裤，脚踏草鞋，头缠红巾。全身涂抹一层鸡蛋清，达到光滑绝热的目的，火花喷到舞龙舞狮人身上烫灼不到。现代人们在玩火龙时则头上披上了红巾，预示红运当头，为安全起见身上穿着较为厚实的棉布衣服，以防被火花烫到。在农村灯节耍龙，每到一村，必到各户，农村有句俗话："宁灭一村，不灭一家。"耍龙每到一户，先由领龙人领着龙绕场一周，再到该堂屋里"参神"，走时主人将送给耍龙人礼物以表示谢意，这也在一定程度上体现了陕南人民淳朴正直的民风。陕南民间耍龙已成习俗，在当代，年年元宵节我们可以看到各种花样的舞龙表演，人们借助舞龙表达了对太平盛世、和谐社会发展的种种喜悦之情。现在，安康的火龙与火狮已列入地方非物质文化遗产保护名录，受到地方人民政府的重视。这对民俗体育文化的发展具有积极的保护作用。

【踩高跷】是中国民间传统体育活动项目之一，在陕南同样经久不衰。一般和年关过节时的其他社火形式一起表演，也有的在山神庙会时进行表演。解放以后，安康地区每逢各种物资交流会或重大喜庆节日都会踩高跷。安康的高跷做法与其他地方相同，其不同之处在于将高跷巧妙地与地方"哑戏"结合起来，踩高跷者不仅要脚踩高高的柳木来完成各种交叉步、秧歌步、劈叉、燕式平衡等，还要在高跷上扮出各种生、旦、净、末、丑角色，其哑戏也随着时代发展而不断变化。

【扭秧歌】这同样是洋县"地社火"的传统曲目，但是已经被现代人演绎得更加喜庆。每逢年关节假重大喜庆时，陕南地区各县城及街道办事处、企业行业、商界巨星纷纷组织起来"扭秧歌"，百十人的方阵，鲜亮整齐的装束，翻飞洋溢的红绸，铿锵有力的锣鼓……队伍前面的"摇婆"——都是男扮女装的丑角，东摇西拐、眉目浪滚、左顾右盼、前仰后翻、瞻前顾后地逗乐、取笑……

【跑旱船】洋县的彩船同样具有从传统文化中溢出的唐诗宋词的文化韵味。照旧是用绸布和竹子扎制成漂亮的彩船，配以"坐船"姑娘的妩媚、"撑船"艄公的滑稽，一路走来，一路表演，那诗歌一般的曲线，那宋词一样的豪放，就从姑娘的美目四盼和艄公的夸张中释放出来，点染一街两行的行人们的快乐和喜庆。

【耍水龙】是陕南流行的一种祈雨活动，带有较强的娱乐性。原逢大旱无雨时，由青壮年手持鲜活柳条编扎的"水龙"在街道游耍，所到之处人们便用盆、瓢舀水向其泼去。"水龙"身长 12 节，代表 12 个月，闰年 13 节。现在此活动不但在大旱无雨时举行，在盛夏天热时也被人们作为娱乐项目，深受男女老少的喜爱。

【骑竹马】俗称"玩竹马"或"跑竹马子"。新中国成立前夕，在陕南农村较为活跃，每逢春节或山神庙会时都要玩竹马，以示庆典。竹马是用竹子编成的直径一尺五左右的两个框子，再安上马头和马尾、糊上皮纸粘上马毛而成。玩竹马一般 10 人为一队，将马头与马尾用绳子固定在 8 个儿童身上，每人画上脸谱，手举竹鞭，口中不断喊着"驾！驾！驾"；而另外两人则由成年人来装扮，分别担当领竹马教官和压阵摆尾旗手。因二人除了指挥竹马做出各种武打花样外，还要在外场时表演翻跟头、下腰、蝎子走路、对拳等动作，故要具有一定的武术功底。在安康市五里一带，玩竹马还加上高空跳跃和地下盘腿走等武术动作，借以加大难度，增加演出效果。①

【荡秋千】如《古今艺术图》说："秋千，北方山戎之戏。齐桓

① 谈俊琪：《安康文化概览》，陕西人民出版社 1997 年版，第 296 页。

公北伐，此戏始传中国。"新中国成立前后，此活动在陕南城市和农村每年春节到处可见，多为少年儿童嬉戏玩耍用之。秋千，在陕南农村有两种：一种是前后荡踩的吊式秋千；一种为旋转式秋千。秋千比赛，则多以荡踩的高低和触及标志次数的多少判定胜负；荡踩的戏法也非常多，如"作揖秋"、"架尿罐"、"夹油鬼"、"放羊"等。这类活动不仅有一定的趣味性，还可调节脑平衡和人体内部功能，增进人们的身体健康。目前，在很多山区仍随处可见架于两树之间的简易秋千，以及城市、乡村、社区里健身路径中的各类秋千装置。

【放风筝】放风筝又称作"放纸鸢"或"放鹞子"，是中国民间传统体育活动项目，历史悠久。明清时期就有了很大的发展，不仅一般人家，就连像《红楼梦》中所描写的宝玉、黛玉那样的文弱公子、小姐也在大观园中放风筝。但放风筝游戏毕竟是儿童参加得多，成年人极少参加。其在陕南各地方志中少有记载，仅在城固县志中有在九月初九放风筝之说，"九月九日，登高，插茱萸、饮菊酒、儿童放风筝"。① 这可能与放风筝所需场所多是在开阔平坦的郊外，而陕南地区多为山地丘陵之故有关。尽管如此，现在在陕南的一些较为平坦的市区、街镇每逢春季还是可以看到孩童在风筝的牵引下快乐奔跑的身影。

【登山、踏青】多在农历三月初三清明节前后进行，"三月初三日，以酒肴游郊外山川，谓之'踏青'"，② 《宁陕厅志》（四卷，清道光九年刻本）亦有同样之记载。洋县是在二月初二"踏青选胜"，还有固定的登山活动，"二月二日，篙坪寺'药王大会'，官民俱往焚香，妇女以踏青选胜。三月三日，朝午子名山"。③ 固定型的朝名山活动，其实也是一种春游的形式，客观上也属于一种锻炼方式，这种活动在洛南县也存在。《洛南县志》（十二卷，清乾隆五十二年增刻本）载："四月八日，俗谓城西灵山是释迦经行处，远近男妇咸往

---

① 《汉南续修府志》（三十二卷，清嘉庆十九年刻本）。
② 《汉阴厅志》（十卷，清嘉庆二十三年刻本）。
③ 《汉南续修府志》（三十二卷，清嘉庆十九年刻本）。

祈祷,自初一至此,登山者不绝于道,邻郡、邻省简亦有至者。"①
由于陕南多是山地,所以人们的登山能力比平原地区较强,在安康的
十大怪现象中,有一怪是这样描述的:老人爬山比猴快,住惯大山不
怕陡,从小练成登山猴,七八十岁身板硬,登山如同平地走。在当
代,随着社会经济的发展,人们健身意识的增强,登山运动健身深受
广大陕南人群喜爱,人们在健身的同时又可欣赏秀美的山水风景,在
天然氧吧中,给心肺做一次彻底的净化。清晨,傍晚,沿山路而上进
行锻炼的人群络绎不绝,与陕南特有的山水融为一体,构成了陕南健
身的一道美丽风景线。

3. 陕南游戏类传统体育项目

【打尜】是一种古老的游戏,刘侗《帝京景物略》记载:"二月
二日龙抬头,小儿以木二寸制如枣核,置地而棒之,一击令起,随一
击令远,以近者为负,曰打尜尜。"尜的形制如枣核,即两头尖,中
间大。它与尜是同一形状,说明打尜可能均源于击壤之戏。这种游
戏,直到现在仍为儿童所喜爱。击者将长约三四尺的一根木棒持于手
中,将另一根长约二寸、形如枣核的木棒置于地上,用手中的长木棒
敲击地上的短木棒的一端,使之飞起,再用力击之,使之飞远;以近
者为负。负者需大声呼"打尜尜",边呼边跑,一口气把胜者击出的
短木棒拾回来。这种游戏,不仅可锻炼敏感的击敲技能,而且也能锻
炼奔跑的能力。它较投掷木块或砖瓦要复杂些,而且更有乐趣。

【撞拐(斗鸡)】一腿独立,另一腿盘屈胯前,双手或单手握脚,
使膝盖向前突出,以单膝攻击对方。被击出场外、双脚落地或失去平
衡倒下者为输。不允许利用头和手,包括手臂、肘关节等部位作为攻
击武器。在安康、汉中多有开展而且还创出了不少技击方法。

【打水漂】是人类最古老的游戏之一,据推测从石器时代就开始
了。陕南丰富的水资源随处可遇,故而打水漂游戏也成为临河边居住
的人们常玩的一种体育活动,具有很强的地域特点。水漂要打的好主
要靠手腕用力的技术,玩法就是用手腕的力量把石头撇出去,以石头

---

① 《洛南县志》(十二卷,清乾隆五十二年增刻本)。

在水面上弹跳数次为依据，次数多者为胜。

【爬树】与陕南人的日常生活有较大关系，日常生活中，砍树取柴、整枝、上树割胶等都需要有爬树的本领，于是爬树比赛就活跃起来，后逐渐演变成竞技性游戏活动。在丘陵、山区一带青少年中流行。一般选择几棵粗大而光滑的树，上设标记，参赛者统一上爬，以取下标记为胜。时至今日，在陕南的部分地区，还有 70 岁的老人爬树割胶的景象，可见其爬树功底深厚。

【打陀螺】"陀螺"一词最早出现于明朝，明末时，刘侗在《帝京景物略》有这样的记载："陀螺者，木制，如小空钟，中实而无柄。绕以鞭之绳，卓于地，急掣其鞭。一掣，陀螺则转，无声也。"这说明玩抽陀螺在我国有着悠久的历史，是流传广泛的一种游戏。但由于以往是在闭塞的环境中交流，流传下的叫法也是不同的。在凤翔抽陀螺叫"打木猴"，周至叫"魔鬼神"，而陕南则叫"贱痞子"、"打猴"。随着时代的发展，陀螺也与时俱进，花样百出，但在电动陀螺出现之后，木制以鞭抽转玩者在市区范围已难寻其迹，只有少数经济落后的贫困山区还有孩童进行此类体育活动。

【滚铁环】是 80 年代以前盛行的一种传统游戏，玩法：手持铁钩，推动铁环在地面上滚动，人跟着滚动的铁环跑，努力保持铁环不倒。滚铁环的窍门是手中的铁钩要抵在铁环下方三分之一的位置，推铁环的力量要朝向倾斜的一方，还必须达到一定的速度，这样铁环才不会倒地。一般是男孩玩儿常在村舍边玩耍，而且学校也经常组织各种比赛活动，看谁走得远、跑得快。集体竞赛项目有：50 米或 100 米竞速、100 米障碍（如绕树丛、过水坑）、4×100 米接力赛等。现在会玩滚铁环的人不多了，不过在陕南部分地区仍然还有该项目的竞赛组织活动。比如，在安康市安康学院的每年一届的田径运动会中，滚铁环都被列入趣味竞赛项目，不过参加者多为中老年教师，年轻人少有参与。主要是当下的年轻人在其成长过程中未曾玩过此类游戏，不懂技巧与乐趣所在。而年长者对该项目的热爱很大程度上是满足其心理需要，重温儿时的乐趣。

【抵杠】亦称抵棍，是我国四川羌族的一种传统体育活动项目。

随着历史上几次移民活动，以及各地间物资、经济和文化交流，这项民间传统体育项目在陕南部分地区农村开展起来。清末民国年间及20世纪50年代尤为盛行。[①] 玩法：以木棍五六尺为械，二人各执一端，用力抵向对方，以被推出圈外者为输。是体力和技巧的较量，亦有翘抵、腹抵、颈抵、手掌抵等变化。

【抓子】是一种抛接子游戏，流行于七八十年代。陕南地区抓子则除了抓5子外，还有抓7子、9子两种，游戏方法相同。

【打弹弓】在城乡学校和农村孩童中是一种常见的体育活动。陕南弹弓制法有两种：一是用一根细钢筋做成叉形，用两根橡皮固定在叉上，再连上弹兜即成；二是就地取材，用叉形木制作，其他同上。比赛有击远、击准两种形式。

除上述以外，还开展有很多形式的体育游戏活动。

【搬碌碡】流行于汉中的洋县一带。一人出场，将大碌碡连续搬起放倒，搬放次数多者为胜。民国时期，洋县镇江村农民田念生，一次竞赛能搬放大碌碡210次之多，令观者惊叹。[②]

【叩坎】所用的道具是铜钱，玩法是寻找有台阶的地方，将铜钱竖持，用力将铜钱向地上掷去，铜钱弹起后落于台阶之上，越多越好，上到最高处者，就拥有"投射权"，后可在自己铜钱处向其下的他人铜钱投射，看其精准性。

【打面包、掷饺子包】打面包、掷饺子包玩法相同而使用工具形状不同，一个像面包是方形的，一个像饺子是八角形的，都是男孩用捡来的烟盒纸折的。由两个以上的小孩玩耍，一人折四五个面包或饺子，一方先放到地上一个，另一方用力向地上的甩下去，如果地上的被反弹过来（翻个儿）了，那么这个就可以被他拿走。如果翻不过来，另一个人拿起刚才他的再甩。

【打弹球】在汉中有些地区称之为"打蛋儿"，所用弹球就是玻璃球，由两个以上的小孩玩。玩法是：先轮着把自己的弹子球碰到墙

---

① 艾文仲：《白河县志》，陕西人民出版社1996年版，第514页。

② 李智主：《洋县志》，三秦出版社1996年版，第740页。

上，谁的球翻弹滚得远谁就先用自己的球以拇指的力量绷出打别人的弹球，打到了就拿走，打不到就停在那里，由第二远的继续打，就这样轮着打。这种游戏在乡村很常见，只要孩子有空就能在墙根见着玩弹球的小朋友。

【跳皮筋】大约从 70 年代末开始在陕南流行，至今仍深受女孩们喜爱。跳皮筋本身很简单，只要找一根有弹性的绳子如松紧带、橡皮筋都可以玩耍，有变化的是玩法和伴唱儿歌。儿歌一般比较押韵，是跳皮筋时的节奏，女孩们唱着儿歌，在皮筋上蹦来蹦去，并用脚把皮筋来回缠绕，时而绷紧时而放松。

【跳房子】是过去女孩子们经常玩的一种游戏，在地上画出"1、2、3、4、5"五个格子，将沙包或瓦片放置在 1 号格子内，在单脚跳跃过程中将沙包或瓦片依次踢入 2 号格子至 5 号格子，再按同法将沙包或瓦片踢回 1 号格子。如果有人在踢的过程中出现压线、出格或连穿两格的现象，算失败一次，下一轮重新从第一格跳起。

【拔河】古称施钩、拖钩等，是人数相等的双方对拉一根粗绳以比较力量的对抗性体育娱乐活动。拔河的场地要求很简单，只要有宽5 米以上、长 20 米左右的一块平坦土地，就可进行拔河活动。现代一般的拔河方法是：在地上画两条平行的直线为河界，由人数相等的两队在河界两侧各执绳索的一端，闻令后，用力拉绳，以将对方拉出河界为胜。安康在新中国成立前后，拔河活动从城镇到农村、企事业单位、学校随处可见，现在，安康城区每逢年关、节假仍有小型拔河比赛。

【跳绳】是安康传统的民间体育活动项目，分为长绳和短绳，参加人数有单人、双人、多人、集体等，比赛方式多样，跳绳花样有10 余种之多。安康跳绳至今仍然很活跃，还将跳绳活动列入小学生体育锻炼标准之一。

【耍板凳】曾在安康民间也较为多见，一两人或三人用板凳耍，做出隔、跨、推、挡、撞等各种武术动作，由于由武术动作组合而成，后来也成为老拳师带徒传武之技艺。目前，由于社会发展，长条凳减少以及现代体育活动普及化，加之耍板凳需要一定的力量与技巧，这项活动渐渐消失了。

【逮树猫】80 年代时期白河地区儿童间非常流行的一种游戏，类似于其他地区的躲猫猫游戏。但"逮树猫"实际上是一个非常危险的游戏，就是大家都爬到树上，通过拳头剪刀定输赢的办法确定一个人，把他的眼睛蒙上，让他摸黑在树上找其他人，找不到一直找，找到了交给下一个人，依次类推。这种游戏，对参与游戏的人来说，需要具有一定的攀爬能力、平衡能力与协调能力，在游戏中，人很容易从树上摔下来，轻者受伤，重者甚至摔成残疾。所以大人通常严禁小孩子玩这个危险的游戏，但由于那时孩子可玩的东西太少了，这个活动又非常刺激，所以大家往往想方设法逃过大人的眼睛，乐此不疲。

【杀羊】此活动有两种形式，一种组织方法类似"老鹰捉小鸡"，一种同"猫捉老鼠"游戏，在旧时安康农村儿童参与此活动较多。现在随着学校体育的发展，在各级各类学校的体育活动游戏中仍较为多见，只是名称发生了变化，这也是不同地域间的经济文化不断交流互相融合的一种体现。

4. 陕南棋类传统体育项目

陕南地区棋弈不仅有着悠久的历史，并且有很强的地域特点，他们常常就地取材，在地上画出棋盘，拾上几片树叶、树枝或是石块便开始下棋娱乐了。

【丢方】一些地方称"下方"、"搭方"等。陕南安康地区"丢方"是一种近似"围棋"的传统体育活动项目，是由横竖 7 条直线组成的棋类游戏，一般为两人对弈，丢方的棋子有 49 颗，分别由 25 个和 24 个两种不同颜色的子组成。丢方开始，对手用划单双或猜宝形式确定谁先丢子，先丢者持 25 子，后丢者持 24 子，待全部放完子，便开始打方，后丢先打子，此后每成一方打掉对方一子，成一线打掉对手两子，成一周打掉 3 子。如果一小棋成方又成周，可打掉对方 5 子，直到对方无法反抗，便可宣布取胜。

【和尚围庙】是安康民间传统棋类活动项目之一，始于何时，已无从考证。它玩法简单易学，老幼皆可，可随手在地上画一个横、竖五条直线连成的等比方框，再用对角虚线连起来，最后在棋盘上方正中用一个十字连起来的菱形庙与棋盘连接即做成棋盘。下棋时，和尚在庙内，围兵由 16 个同颜色的子分别把守在庙的周围。比赛开始，围庙兵卒先开庙门，让和尚出逃，边走边吃围兵，一般是担子式吃法，即每次吃两子。如果和尚将围兵吃得只剩 4 子时围庙将宣告失败，如果和尚被逼进庙内，直至上顶，无路可走，即宣告围庙成功。安康的夹油糕、捉王八等棋类与和尚围庙差不多，只是子的多少有所不同而已。

【赶场】又称9步棋或3人棋，也就是说先走完9步为胜，此类棋只限于3个人比赛。比赛开始前，在地上画一棋盘，3人分别各点3个数字，即1、4、7，2、5、8，3、6、9。每人手中拿3个小石子，作为"赶场"用，每人再捡一子为"母子"，放在各人面前的零步。赶场开始，每人随意暗中取出几子，3人同时展开手。将手中小石子相加，如得数为"8"，则占"2、5、8"的人走一步母子；如得数为"9"，则占"3、6、9"的人走一步母子。偶尔3人手中均空，即为空场，继续反复出，反复加，个人挨步走，最后先上顶端者为胜。比赛通常采用三局两胜或五局三胜制。"赶场"作为安康民间体育棋类游戏一种，多在乡村中开展，如今城乡间已无从寻其踪迹。

【五行棋】此棋是安康市汉滨区旅游局局长阮岗侠历时5年，反复研究后获得的新发明，已于2005年7月下旬获得发明专利证书。该五行棋棋盘沿袭传统文化中八卦图的形状，系八边形对称图案，棋盘中心则是表现"阴阳转换"、"天人合一"的太极图谱，八边形自太极图谱向8个方向辐射，最终连为一体疏而不漏。辐射而出的八边形，将棋盘分成"天"、"地"、"人"3个层面，并分布着10个布棋位。行棋时，双方棋子均按五行相克规则吃杀对方，若"金"棋遇到"火"棋，将被克杀。颇为奥妙的是，棋盘中心的太极图谱极具"生克制化"的中国哲学思想，也是棋盘中的"变棋位"。若相克的"金"棋被"火"棋追杀，在棋路允许情况下，"金"棋可以行进变棋位，然后根据相生规则"金"棋便生"水"棋。在这种情况下如"火"棋不重新择路布局，生成的"水"棋掉头后便将克掉"火"棋。棋手弹指间，演绎和传承着浓郁的中国传统文化，让人在娱乐中感悟我国深邃的哲学思想。

陕南地区传统体育项目内容分类汇总见表6-3。

表6-3 陕南地区传统体育项目分类

分　类	项　目
竞技类传统体育项目	武术，汉江龙舟赛，游泳，担子石、举锁子石、斗子石
休闲娱乐类传统体育项目	闹社火，踩高跷，扭秧歌，跑旱船，耍水龙，骑竹马，荡秋千，放风筝，登山、踏青
游戏类传统体育项目	打杂，撞拐（斗鸡），打水漂，爬树，打陀螺，滚铁环，抵杠，抓子，打弹弓，搬碌碡，叩坎，打面包、掷饺子包，打弹球，跳皮筋等
棋类传统体育项目	丢方，和尚围庙，赶场，五行棋

二　陕西三地传统体育项目分类对比

纵观陕西三大地区挖掘的传统体育项目，都是陕西民族文化的原始积淀，涵盖了竞技、娱乐、民族、地域性特征及艺术观赏性和趣味性，集中反映了各地区之间生存区域与生存环境、生产劳动与生活方式、文化积累与传播的异同。将陕西关中、陕北、陕南三地挖掘的传统体育项目分为竞技类、休闲娱乐类、游戏类和棋类四大类，并进行参照对比（见表6-4），陕西三大地区的传统体育项目虽因地域不同、环境不同、民俗不同各有特点，独具特色，但仍有很多项目之间具有共性，可相互联系，相互影响。

竞技类传统体育项目中，武术、摔跤（角力）、举石、游泳在三大地区均流传甚广。武术得以盛行，除了清代武举制度的推行、人们为了考取武举而习武的原因之外，还与当地的地理环境和人文环境有关。关中平原因其地理位置的重要在东汉时一直是重兵驻守之地；陕北黄土高原气候变化，北方游牧民族因生存环境的困难而被迫大举南下，从而产生了民族间的争战与融合，使陕北成为北方游牧民族与中原王朝的必争之地，因而陕北也成了古代战争的重镇，素有"上郡咽喉"、"北门锁钥"之称，是抵御外族入侵的边防要塞之一，故武术在这两个地区具有广泛的群众基础，当地民风均强悍尚武。陕南位于川陕楚豫四省通衢，"北瞰关中，南蔽巴蜀，东达襄邓，西控秦陇"，"东南通吴越荆楚，西南连滇贵秦蜀"，为兵家冲突之地，"盗贼出没之乡"。当地百姓为了防身护院大多选择武术练习来达到强身健体的目的，传承至今。为生存，同恶劣的自然环境斗；为争夺地盘，兵事纷争；为扩充势力，就得练兵黩武；在战争中孕育与创作，在生活中扩大与丰富，在体育活动中继承与发扬，在交往中维系与承传。"争强好斗"、"尚武强悍"成为陕西的习俗、民风。

表6-4　　　　关中、陕北、陕南三地传统体育项目分类对比

分类	对比	关中	陕北	陕南
竞技类传统体育项目	共有	武术，摔跤（角力），举石，玩石锁，游泳		
	特色	咸阳牛拉鼓，细狗撵兔	狩猎，爬木城，赛马，打腰鼓（安塞腰鼓、洛川腰鼓）	龙舟赛，舞龙，舞狮，耍水龙，骑竹马
游戏类传统体育项目	共有	打尜、斗鸡、打水漂		
	特色		打毛蛋，爬树，持子儿，打铆球等	抵杠，叩坎
棋类统体育项目	共有	丢方		
	特色	狼吃娃	跟集（玩法同赶场）	和尚围庙，赶场，五行棋

游泳运动开展广泛，是因为关中有渭、泾、沣、涝、潏、滈、沪、灞"八水绕长安"；陕南有汉江、丹江；陕北虽属缺水之地，但流经的河流也不少，有延河、黄河、北河、石马河等。夏季，青少年们纷纷下河游泳、嬉戏；冬季，陕北接近内蒙古气候，河水纷纷结冰，儿童利用自制的滑板和冰车等开展冰上活动。陕南气候接近南

方，即使外界寒气袭人，仍挡不住游泳爱好者的热情，在汉江冬泳。如今，冬泳已成为安康、汉中地区冬季体育运动的一大亮点。省内关中、陕北之地的游泳爱好者常在冬季来汉江畅游一番。

虽流经陕西的河水不少，但唯有陕南地区水资源最为丰富，拥有陕西境内流量最大的河流——汉江，故龙舟赛就成了陕南地区独特的传统项目。赛龙舟活动最先起源于对爱国人士屈原忧国忧民义愤投江行为的一种纪念，在纪念屈原的同时也弘扬和激励着人们的爱国主义精神。在龙舟竞渡过程中，选手们为求胜利团结一致、勇敢拼搏，无形间培养了人们积极进取、奋力拼搏和团结向上的精神，充分体现了陕南的地域文化特色。陕北地区以秦汉文化为主体，融合北方草原文化等少数民族文化于一体，使狩猎、赛马活动成为陕北特色，极具陕北半农半牧民族风格和地域特色。

休闲娱乐类传统体育项目中，三地区均有闹社火、荡秋千、放风筝、踏青、登高的活动，这些活动与当地民俗、节令、宗教信仰密切相关，多在岁时节日与迎神赛会时进行。优越的自然条件使得陕西自古成为农业重地，而农业生产又受天气时节影响，加之生产力水平低下，人们对自然界缺乏客观的认识，认为"万物皆有灵"，为求"神灵欢娱、降幅驱恶、风调雨顺、五谷丰登"于是在一些重要节日对所谓的神灵寄予"祭拜"感情，由此得到精神上的安慰与鼓舞。随着科普知识的宣传，群众对世界的科学认识增强，神权统治逐渐消亡，体育活动中许多娱神的成分也逐渐淡化。起初由"娱神"目的出发而进行的活动逐渐演变为人们放松、休息和娱乐的活动，甚至基本背离了早先的信仰内核，转而以交际、喜庆、娱乐形式存活于少数民族生活之中。随着时代的发展，此类活动从内容到形式都更加丰富多彩，传统体育项目自然成为节日庆典里的重头戏。可以说，民俗节日是传统体育得以继承和发展的一条重要途径，这些活动使人们在娱乐的同时又达到了一定的健身效果。关中、陕北、陕南都有这些活动，但也稍有差异。如关中地区咸阳牛拉鼓，据传起源于秦代，作为战鼓而用，以其气势磅礴、雄浑沉厚被誉为"威风锣鼓"，后来逐渐成为一种民间娱乐活动，盛行于民间传统的社火节目；陕北地区的安塞腰鼓，格调古朴，场面壮观；洛川腰鼓，气势雄伟，刚健有力，独具陕北特色；"舞龙"、"舞狮"、耍水龙是陕南社火中的特色。现在，安康的火龙与火狮已列入地方非物质文化遗产保护名录，受到地方人民政府的重视。

总的来说，关中、陕北、陕南三地差异不大，但各有特色、亮点，均体现了陕西人渴望和平、幸福的美好愿望，充分显示出劳动人民丰富的智慧，以及祈福纳祥的美好愿望。

棋类传统体育项目中，除象棋、围棋外，丢方在三地最为普及，但具体的对弈规则各地之间存有差异，在各地方志中均有记载。关中的狼吃娃，陕北的跟集（同陕南的赶场），陕南的和尚围庙、赶场、五行棋等在玩法上都是就地取材，在茶余饭后，两人席地设局、画地成格为方盘，枝叶、土块为棋子。这些各样的棋弈，都是劳动人民智慧的结晶。

游戏类传统体育项目中，关中、陕北、陕南三地差异不大，均有打杂、斗鸡、打水漂等，特色不明显，多为儿童之间游戏，但普及情况不一。关中、陕北地区类似打杂、斗鸡等竞技性明显的游戏普及较广。陕南封闭而又特有的地理环境与安于现状的民风，使得以跳绳、跳皮筋、打沙包等休闲娱乐为主的游戏项目在此地区广为开展。

第三节　基于传统体育项目的陕西地域体育文化传承与发展

从搜集整理的传统体育项目看，这些传统体育项目均与该地域文化紧密相连。不同地域的传统体育项目体现了该地域人民生活的精神风貌和文化特点，是地域文化在体育层面上的一个反映。同时在这些不同类型的民族传统体育活动中，也能够反映和透视出不同地域文化的特征与差异。不同的地域体育文化造就了不同地域的传统体育项目，不同的传统体育项目反映着不同的地域体育文化特点与内涵。因此，地域文化与传统体育紧密相连，相辅相成。长期历史积淀下形成的地域文化对当地传统体育项目的形成与发展具有重要的影响，而传统体育因与地域文化特征紧密相连而构成了当地地域文化的一个有机组成，两者是一种含属关系。

一 陕西传统体育的演变、形成与发展

（一）战争的需要

关中平原由于地理位置重要，在东汉时一直是重兵驻守之地；陕北黄土高原是北方游牧民族与中原王朝的必争之地；陕南位于川陕楚豫四省通衢，亦为兵家冲突之地，"盗贼出没之乡"。古时的陕西人或为抵御外族入侵或为强身健体、保家护院，使武术在全省得以开展普及。另，"遇到敌人突袭，击鼓报警，传递信息；两军对阵交锋，以击鼓助威；征战取得胜利，士卒又击鼓庆贺"[①]，这时产生了如安塞腰鼓、洛川蹩鼓、咸阳牛拉鼓等后人作为体育项目的、群众喜闻乐见的内容。

（二）宗教祭祀的需要

体育产生萌芽和艺术产生萌芽一样，与人类日常生活、劳动、军事、娱乐都有着千丝万缕的联系。传统体育的萌发与各民族原始宗教信仰更有着直接的联系，许多传统体育项目的原型，来自于人们对所谓的"神灵"予以膜拜，以求神灵欢娱，为众人祛邪降福。陕西人本着"靠天吃饭，以土求存"观念，按照当地庙会习俗借助闹社火的形式，组成综合性的社火舞队表演，对神灵进行膜拜，以达到祈求神灵消灾免难、风调雨顺、五谷丰登、国泰民安之目的。可见，这些传统体育项目其原始动机都是"拜神"和"娱神"。随着人们科普知识的增强，原先祭祀活动的目的不再是为了"娱神"，而发展成为群众自己休闲娱乐的一种方式，其活动的内容和形式都更加丰富多彩。

（三）经济活动的需要

一定的生产、生活方式是一个民族或地区人民长期繁衍生息的重要条件，该地区人民的生产、生活方式受该地区地理条件、生态环境条件等的影响，其传统体育项目及其形成的宗教观念、审美情趣等体

---

① 叶中锋：《安塞腰鼓艺术风格探析》，《山东文学》（下半月）2009年第11期。

育文化现象也受到影响。从另一个方面来看，传统体育的内容和形式则从某个侧面反映了该地区生产、生活方式与社会风俗习惯。以陕北为例，陕北地域辽阔，生态环境条件复杂，人们为了适应该地区黄土高原气候和地理条件的影响，逐渐形成了类型多样的经济活动方式，总体上可分为：农耕型、畜牧型和采集狩猎型。在此特征基础上，各民族逐步形成了适应本民族经济发展的传统体育项目，如陕北的赛马、武术、角力、狩猎、骑兵打仗等。这些传统体育项目在历史发展过程中，表现出旺盛的生命力，其起源、发展变化也形成了一个较为完整的体系，不仅为本地域人民所喜爱，也与现代竞技体育的发展有着重要联系。

（四）运动本能和顺应自然生活节律的需要

由于人类获取生存资料已非纯粹依靠身体运动，生存需要的实际刺激已不能充分满足人类运动本能的需求。人们因此创造了运动娱乐，这是各民族体育原始起源的一个主要因素。这种植根于人类与生俱来的运动本能需求的活动，后来在人类精神需要和社会需要的双重作用下超越了自然本能，达到了更高、更复杂的文化境界，包括成为古代信仰的一种物化形态。[1] 大自然的一切活动都是有节律的，生活在大自然中的人也需要有所张弛，许多传统体育就是人们在劳动间隙，在田间、地头和草原、森林中因地制宜而创造的。

二 陕西传统体育地域体育文化特征

体育文化是从文化的视角审视体育各个领域的文化现象，其本身是相对独立的，有自身的特点。传统体育的活动方式是体育文化一个十分重要的方面，它能够发挥出体育文化最本质的教化民众、娱乐身心、丰富人们的业余文化生活的作用。不同地域、历史文化背景可以产生不同的传统体育项目，不同的传统体育项目彰显了不同的区域体育文化特征。

关中，因其地位重要，重兵驻守，不断的战争给人们留下了深深

---

[1] 李志清：《少数民族传统体育起源与变异探析》，《体育科学》2004 年第 1 期。

的烙印。唐代关中游侠之风盛行，关中游侠"民性强悍，好勇斗狠"的民风流传至今。武术、摔跤、打尜、斗鸡这些对抗、竞技性强的传统体育项目在关中的开展最为普及，展现了关中"风气刚劲、崇尚武节"的地域体育文化特征。

陕北，北临内蒙古、宁夏，西接、甘肃，东与晋地隔河相望，南邻渭北高原。这一地缘关系决定了陕北文化处于草原文化、三晋文化、秦文化、河套文化的共同影响之下，受多民族文化的影响，民风"热情奔放、悍勇威猛，豪迈粗犷"，广泛汲取了相邻地域民族文化的养料和成分，从而形成了陕北多元化、开放性的体育文化特征。

陕南，北邻关中，南毗四川，东接鄂豫，西通陇南，处于几大文化板块或地域文化的边缘交接地带。这种特殊的地理位置加之历史上几次外省移民所带来的文化汇合形成了陕南东西交融、南北荟萃的地域文化特色，滋润了陕南体育项目的兼容并蓄、博采众长的文化包容性特点。

总的来说，陕西地域体育文化由于受多文化思想的影响产生了其自身的特点和风格。

（1）宗教性：所有传统体育项目的产生都具有一定的历史文化背景，从陕西目前保留的这些体育项目中我们很容易发现多种传统体育项目都不可避免地打上了宗教的烙印，都具有宗教性特征。无论是从使用的道具、肢体的动作还是活动的礼仪形式上都具有很浓郁的宗教特色，最初这类体育活动形式都具有一定原始宗教性，有的项目就起源于宗教祭祀活动。

（2）节令性：传统体育项目的节令性也是很鲜明的。由于受到自然条件的限制，陕西民众在一年当中大多数时间都在辛苦劳作，很难有时间去参加一些游戏娱乐活动，往往只有在年末岁初，或者一些民族习俗日才进行一下娱乐活动，因此无论是陕北的秧歌、安塞腰鼓，关中的咸阳牛拉鼓，还是陕南的耍水龙、赛龙舟，以及其他类的体育项目都带有节令性特点。尤以过年前后的闹社火为大，包括的许多活动内容都带有明显的体育色彩。

（3）民族性：特定的地理位置创造了各方文化交融的条件。陕北地处多民族交融的边界地区，因此受到外来文化的影响和渗透，便产生了传统体育项目在内容和形式上的共有特征。比如说棋类传统体育项目——"丢方"，在陕北乃至整个陕西都有着广泛的开展和流传，并且在各地区有着不同的风格和游戏规则，还有像赛马、摔跤等项目带有明显的草原文化气息。陕南地区由于历史上几次外省移民所带来的文化汇合机遇以及交通的发展，造成了陕南这里的风俗与传统体育不是一种单纯的独立的文化形态，而是一种多文化习俗相交融的文化形态。陕南的民间社火"板凳龙"与川北达县一带的"板凳龙"十分近似。旬阳县蜀河镇的民间社火"站龙"是清末从湖北麻城传过来的，陕南的"抵杠"活动则源于四川羌族的一种传统体育项目。

（4）地域性：特殊的地域总会产生特殊的文化，特殊文化总会对该地域的体育项目产生影响。作为天下第一鼓的安塞腰鼓可以说是这种地域特性的杰出代表，鼓类体育项目形式很多，但唯独安塞腰鼓具有的那种生命力和独特魅力享誉国内外，应该说这是陕北地区独特文化的必然产物。还有陕南的龙舟赛也成为了标志性的传统体育项目。

（5）历史传承性：由于传统民间风俗具有传承性，因而传统体育项目也具有相应的传承性。传统风俗一旦形成，就难以抹去，代代相传，经久不衰。历史传承一直是传统体育项目的一个特征，在漫长的历史演变中各项体育项目内容都具有一定的功能，譬如安塞腰鼓、咸阳牛拉鼓的起源问题有一种说法就是产生于战争，作为战争中的一个必备器械而存在的，经历了千年的演变，虽然战争已经离我们而去，但与其相伴的体育活动形式却保留了下来，并发挥出新的功用，成为了一个地域独特的历史文化遗产。赛龙舟的习俗起源于秦汉时代，耍龙灯的习俗在汉代就相当盛行，玩彩船习俗据《太平广记》载，唐代就已流行。这些习俗流传至今，时间长达千年，可见民间习俗的影响力。也正因如此方使得传统体育项目也随着民俗的传承而代代相传。

（6）民俗性：经过漫长的、复杂曲折的历史融合，陕北、关中、陕南三地民俗融合了多民族的文化，代代相承，不断地发展演变，形成了稳定的具有自身特色民俗文化。从传统体育发展来看，一部分体育项目与民间风俗是紧密不可分的，如果没有了民间游乐习俗，就不会有社火、风筝、毽子、陀螺等各项体育活动，如果没有信仰崇拜习俗，就不会有舞龙、舞狮等带有祭祀性的传统体育项目。在民俗文化的影响下，陕西地域传统体育项目形式便具有明显的民俗特征，比如：陕北秧歌中的伞头所唱的内容带有非常浓郁的民俗内容，采用的语言和礼仪形式都是符合地域民俗要求的，另外在打社火中的转九曲等活动当中有严格的宗教仪式和民俗气息。总体而言，地域民俗深刻影响着传统体育项目的内容和形式。

三 陕西传统体育项目的功能与价值

（一）陕西传统体育项目的功能

1. 健身娱乐功能

陕西传统体育项目的健身性和娱乐性是由体育的竞技性和表演性所决定的。例如，"腰鼓"是陕北各地广泛流传的一种民间鼓舞形式，相传是从黄帝时代流传至今的民间锣鼓舞蹈。尤以延安地区的安塞县、榆林地区最为盛行，在主要流传地区，几乎是村村有鼓队，家家有鼓手。每年正月二十三黄章乡的黄章庵庙会、二月二望头村的高村庙会、三月三永乡阿寺村庙会、七月七北谷庙会，也常有腰鼓参加表演，群众上庙敬神时，鼟鼓作为"鼓乐前导"和独具特色的社祀仪仗是庙会祭祀时不可缺少的组成部分。另外，每到农闲季节，各乡都有自己的庙会，十里八乡的村民们抬出锣鼓，欢聚一场。在未见其形时，数十里外早闻斗鼓之声，如雷贯耳，山鸣谷应。及至近前，则如闻虎啸狮吼，地动天摇。击鼓会的高潮就是斗鼓，斗鼓不仅要比力气和耐力，还要比智慧与技巧，一队鼓手奋勇挑战，另一队鼓手立即做出回应，用惊天动地的鼓声应战。尘土漫处，只闻鼓声激，不见击鼓人，空气似乎也燃烧了起来，人影飘摇，惊心动魄。观众围在鼓手的周边，呼号呐喊，以至面红耳赤、声嘶力竭。腰鼓已经作为陕北民众健身的一种方式，它最初主要是以音乐舞蹈的形式活跃在人们的生活习俗之中。在袁占钊编著的《陕北文化概论》中，陕北大秧歌、安塞腰鼓、洛川蹩鼓、宜川胸鼓等传统项目被列入音乐舞蹈类，充分说明了陕北民间传统体育的娱心功能。人们在参与活动达到锻炼身体、增强体质目的的同时，又得到了道德洗礼、意志锻炼及自身精神上极大的满足。这种深刻的心理体验过程和特点，在一般体育活动中是难以亲见和领悟的。

2. 民族精神凝聚与激励功能

同一民族、同一地区的群众之间有着强烈的亲切感，这种亲切感产生于熟悉的生活环境、生活习惯以及熟悉的地域传统体育习俗，它们把同一民族同一地区的群众紧密吸引在一起。陕北地区传统体育的民族精神凝聚力不仅体现在对本民族文化、风俗习惯的认同，更体现在对中华民族荣辱与共的精神激励。陕甘宁边区时期，旧秧歌得到改进与提高，领头的伞头改为持木制镰刀斧头的工农形象，创造了具有新内容的秧歌剧，如《兄妹开荒》《夫妻识字》《十二把镰刀》等。其中，"翻身秧歌"、"胜利秧歌"等新秧歌在全国得到了普及。这些形式多样的传统体育项目，充分展现了群众的民族自豪感和认同感。

3. 文化传承与教化功能

传统体育是一种综合性的民族文化，它包含着人们的价值观、伦理道德观、审美观以及人们的行为模式。传统体育是民族风俗文化之一，民俗文化的传承更多表现为靠行为性的感染来实现。地域民俗影响着区域群众的行为方式，还维系着该群体的文化心理。陕西传统体育文化传承功能体现于活动内容的讲究上，如陕北地区的狩猎，农村进山打猎时，规矩很多，不可冒犯，如进山打猎时讲黑话，把狩猎叫"皮鞋子"，野猪叫"黑头"，猎枪叫"捻子"，猎刀叫"利子"等。安塞腰鼓中的"沿门子"结束后，邻村之间的腰鼓队还要互相拜年，彼此互访，进行交流演出等。这些看似很平常的传统体育行为，却透视出陕北民众对民族文化的理解与尊重。同时，通过这种言传身教、行为的感染使本民族的文化习俗得以传承和发展。

（二）陕西民间传统体育的价值

1. 历史文化价值

陕西传统体育的历史文化价值体现在它所蕴含的丰富的历史文化

信息。历史上陕北、陕南这一带长期为多民族错居杂处之地，且族源纷繁，多元性与多样性的同一造就了陕北、陕南文化容纳、吸收及同化外来文化的能力，这些文化习俗融会的印迹也体现在了传统体育的行为之中。如较为突出的陕北打腰鼓，人们通常头扎白毛巾，身着羊皮袄，脚蹬长腰靴，这些服饰打扮流露出蒙古文化在陕北地域的融合，也反映了这一带民众的生活环境的艰苦和生活习俗的见证，对了解这一地区的历史文化具有重要意义。陕西传统体育项目内容丰富，形式多样，有安塞腰鼓、陕北大秧歌、高跷、社火、赛龙舟、耍水龙等。以社会影响较大的安塞腰鼓、龙舟赛来看，其市场开发价值体现在表演功能、民族文化理解的窗口功能、自娱自乐健身强体的体育功能。从观赏的角度看，其表现的震撼力、豪迈的击打形式总能给人视觉上的冲击；从民族文化的角度看，它是民族文化的窗口。开发陕西传统体育资源，不仅能满足各消费群体的体育消费需求，而且也是对传统体育的保护与传承。

2. 审美价值

气势恢宏的安塞腰鼓，其审美价值在于通过动作中的闪展腾挪、蹿蹦跳跃等不断变化的形体表现，通过演练时刚与柔、快与慢的节奏变化，时而像惊魂脱兔，时而又彪悍狂放、通达干练的性情体现，使我们获得一种悦目的美感。从这种美感中我们能得到一种理解、一种想象、一种领悟，随着认知范围的日益扩大和加深，愉悦的心情也就会自然而然地产生，从而达到悦心的感受。

3. 健身价值

陕西传统体育的健身功能也体现出其健身价值。早在远古以前，陕西民众就有用各种传统体育形式锻炼身体的习惯。每年的清明祭祀之后，人们常进行一些踏青、郊游、荡秋千、放风筝、牵钩、植树等民间体育活动，这在南朝梁宗懔的《荆楚岁时记》和宋代庄季裕的《鸡肋编》等文献中都有记载。安塞腰鼓这种民间艺术舞蹈，其特点是动作幅度大，在舞台上蹿蹦跳跃、大开大合，以各种不同的姿势击打腰鼓，从而体现出一种强烈的阳刚之美。一次训练下来，其运动量等同于一场高对抗的比赛，没有良好的体能是绝对无法完成的。也正是因为这一点，它能够有效地强健体魄，达到强身健体之效。另外，现如今依然广受民众喜爱的陕北大秧歌，除在一些节庆场合表演外，常常被人们用来作为健身的主要手段。不管是清晨还是傍晚，延河边上、街区广场等总能看到那雀跃的身躯，听到那欢快乐曲阵阵响起。传统体育项目的健身作用已经被群众所认识，并深深地融入到生活中的每一个角落。

四　陕西传统体育项目开展现状及制约因素

通过对陕西三地区传统体育项目的发掘与整理，我们发现历史上流传于陕西的传统体育项目非常之多。然而，随着社会历史的变迁，许多传统体育项目由于其社会功能和价值的相对减弱，渐渐退出了历史舞台。到目前为止，依然备受人们喜爱，且发挥着重要社会功能的项目不足四分之一，而且这些项目在各地区的开展程度也各不相同，对陕北延安和榆林两市县的调查结果显示，开展程度由大到小依次为：扭秧歌、打腰鼓、跳绳、踢毽子等。许多传统体育项目已经远离了我们的生活，正在慢慢地消失。分析其原因，制约陕西地域传统体育项目发展的因素主要有以下几点：

（一）无组织化自由式发展

从目前传统体育项目的组织形式看，基本是一种因地制宜、自娱自乐的体育形式。尽管在特定时期有一定的组织表演，但大多从内容上趋于简单化，形式上自发化。在对制约陕西传统体育项目开展的原因调查中发现，"缺乏组织"与"宣传倡导不够"排在前两位。说明在现代娱乐休闲方式与现代体育项目对传统体育项目严重的冲击下地方政府及相关部门的工作力度还不够，缺乏有力组织及保护，使得大部分传统项目缺乏传承人而在历史的车轮中慢慢地消失。传统体育没能深入人心，获得认同，已经严重影响了传统体育文化的发展。

（二）多元文化的冲击

从调查中可看出，开展广泛的扭秧歌、跳绳、踢毽子等传统体育项目的参与者年龄层次上两极分化较严重。扭秧歌在全省范围开展广泛，但主要由40岁以上年龄段的人组成；跳绳、踢毽子主要由接受义务教育的小学生或中学生年龄段的人组成。16—35 岁年龄段的人在对传统体育项目的参与中少之又少。在对陕北地区的大量 80 后进行的实地调查中发现，大部分对本地区的传统体育只是了解一些，并表示很少或不愿参加。问及原因，大多人认为不刺激，没有新鲜感。而对于外来的街舞、跆拳道、健美操、瑜伽等非常热衷。他们是城市追求时尚现代生活方式的年轻一代，是在多元文化冲击下成长起来的现代人，其思想、意识、审美观也在悄悄地发生着变化。轻视和不了解传统体育文化，使得许多传统体育项目后继无人，直接影响和制约了传统体育项目的传承发展。多元文化的冲击带来的更是对传统文化传承与发展的思考。

（三）经济意识的冲击

随着国家"西部大开发"相关政策的实施，西部经济得到了较大发展，尤其是广大民族地区的经济水平得到了飞速提高。中国从计划经济到市场经济的转变，使人们的经济意识逐渐增强，也使得人们的行为意识有所改变，即行为活动的经济化。在这种意识的带动下，传统体育项目发展中缺少的是传统体育与经济行为的结合，导致那些传统体育热衷者无奈而另择他路。这些都成为传统体育项目发展的制约因素。

五　陕西传统体育项目发展的历史机遇

（一）陕甘宁边区时期对陕北传统体育项目的发展促进

1935 年 10 月，中国工农红军长征到达陕北，并在陕甘宁边区建立了中国革命的中心根据地。在陕甘宁边区，不论是政治、经济，还是文化建设都服从抗战大局，体育也不例外。在抗日战争这个大的历史背景下，体育不是为体育而体育，而是为了锻炼好身体，以强健的体魄服务于民族解放战争。1942 年，秧歌运动在延安和陕甘宁边区兴起，安塞腰鼓发展成为亿万军民欢庆胜利、庆祝解放的一种象征，并被赋予"胜利腰鼓"的美称，该活动一时遍及中华大地，载入了革命文艺运动的光辉史册。

边区群众体育项目丰富多彩且大众化、传统化，如篮球、象棋、武术、摔跤、赛马等。各县各乡各村都有自己的秧歌队、社火队，凡逢节日、庆典，男女老少齐上阵，社火队走街串巷，舞龙灯、耍狮子、跑旱船、踩高跷……构成了边区群众体育一道亮丽的风景线。

（二）西部大开发、2008 年北京奥运会为陕西传统体育带来的机遇

随着改革开放的深入，西部大开发战略的实施，陕西中心城市经济发展迅速。随着经济的发展，体育本身所蕴含的巨大经济功能与价值越来越被人们认同。2008 年北京奥运会的举办，为向世界展示中国文化提供了平台。在陕西的"祥云小屋"中皮影、马勺脸谱、凤翔泥塑及完整的造纸工艺向世人展示了陕西厚重的历史资源和丰富的文化资源，让世人认识了陕西，记住了陕西。凝聚韩城、潼关等四个陕西非物质文化遗产元素的"天地社火"走进了奥运会开幕式舞台，陕西赢得了世界的目光。早在 1986 年，安塞腰鼓就荣膺首届中国民间舞蹈大赛最高荣誉大奖，先后在第 11 届亚运会开幕式、香港回归庆典等大型活动中表演，并赴日本进行表演。1996 年，安塞县被国家文化部命名为"中国腰鼓之乡"。2006 年月 20 日，安塞腰鼓被列入第一批国家级非物质文化遗产名录。透过安塞腰鼓的金色光环，不由得把人们的视线聚焦到了这块贫瘠却带有传奇色彩的黄土地上。2009 年 10 月 1 日，世界众多的目光关注天安门广场的国庆盛典。11时 30 分，这是一个摄人心魄的时刻：扎起白毛巾、舞动红绸带、敲响红腰鼓……群众游行队伍中唯一的京外队伍——安塞腰鼓方阵在呐喊声中首先走来。1000 余人的安塞腰鼓队伍可真是有气派，场面大气壮观，精彩时刻，荣耀陕西。这么多人一起打腰鼓是安塞腰鼓表演历史上人数最多的一次，可以说史无前例。乡亲们用豪迈粗犷的动作、热情奔放的舞姿，表现了黄土高原农民淳朴而刚毅的性格，表达了老区人民对祖国无限深情和真挚祝福，展示了新时期中国农民朝气蓬勃、与时俱进的风采。1020 名农民组成的安塞腰鼓方阵，可以用"三个唯一"来概括特点。他们是唯一一支来自北京地区以外的地方表演队伍，是唯一以农民为主体的表演队伍，也是唯一一支来自具有光荣传统的革命老区的表演队伍。这样一群生龙活虎的陕北后生，在天安门前舞起来时，那种气势，是黄土地汉子的风采，打出了中国人的自信和精神。

（三）关中—天水经济区以及"西·咸一体化"都市体育圈的构建带来新的发展契机

"关中—天水经济区"是《国家西部大开发"十一五"规划》中提出的三个重点发展经济区之一，规划范围包括陕西省西安、铜川、宝鸡、咸阳、渭南、杨凌、商洛部分县和甘肃省天水所辖行政区域，面积7.98万平方千米。直接辐射区域包括陕西省陕南的汉中、安康，陕北的延安、榆林，甘肃省的平凉、庆阳和陇南地区。关中—天水经济区的战略定位除了"全国内陆型经济开发开放战略高地"外，还将打造成为全国先进制造业重要基地、全国现代农业高技术产业基地和彰显华夏文明的历史文化基地。"西·咸一体化"是陕西省政府落实"关中—天水经济区"规划，建设西安国际化大都市的里程碑。借助"西·咸一体化"国际大都市圈的建立，通过整合传统体育项目资源，优化传统体育的推广模式，构建全面健身路径，整合关中地区间的体育文化凝聚力，构建"西·咸一体化"都市体育圈。在满足群众的休闲健身的物质文化需要的同时，以体育旅游为依托促进关中地区传统项目和体育文化的市场化、效益化、产业化，辐射带动陕西其他区域的体育文化需求与活力。

六 陕西地域体育文化发展战略与模式构建

如何使地域体育文化发展与城市现代化发展相协调，有效地对陕西传统体育发展进行长远战略性规划，构建符合陕西地域体育文化生存及可持续发展模式，对于陕西传统体育项目的可持续性发展乃至整个陕西"一圈二线三岸"地域体育发展模式的构建具有重要的理论价值和深远意义。

（一）陕西地域体育文化发展布局规划的指导思想与目标

坚持以"科学发展观"为指导思想，配合陕西省政府"西·咸一体化"都市圈发展战略，借助陕西著名的"人文旅游点"在世界的影响力，大力推广、发展区域特色传统体育项目，形成以旅游带项目，以项目带文化，以文化带经济的陕西地域体育文化发展至"一圈两线三岸"陕西整体地域体育的发展。

重点发展特色项目，有效利用现有资源，全方位合作，充分发挥资源的优势，向世界推广。形成陕西"一圈两线三岸"地域体育发展产业链，提高体育带来的经济效益，努力实现西部体育强省的目标。

（二）陕西地域体育文化发展布局与规划

地域体育文化发展应与城市经济发展相协调一致。有关城市发展的理论，讨论较多的是城市一定区域的中心城区与非中心城区之间相互影响作用，即城市发展的增长及概念或聚效应理论。随着城市化进程的不断加快，区域空间一体化已成为城市发展的方向。

2002年12月28日西安、咸阳两市签署了《西安·咸阳经济一体化协议书》，2004年7月12日两市共同出台了《西安·咸阳实施经济一体化战略规划纲要》。西安、咸阳两市合作是具有典型性和示范性的一体化发展战略工程。按照城市发展规律，将陕西地域体育文化发展按照"一圈二线三岸"辐射模式进行布局规划，以中心城区带动相邻城区，通过交通通道向边缘城区辐射，加快对周边城市的拉动；以地方主要特色项目带动辅助项目发展，突出重点，完善辅助，实现陕西地域体育文化整体发展。

1. 基于不同地域特色传统项目的发展布局

根据对陕北、关中、陕南三地区特色传统项目的分析，以及三地区显现的体育文化特征设置三个集化区，即陕北红色传统体育集化区、关中传统竞技体育集化区、陕南休闲娱乐体育集化区。在三个集化区中设置"点"市区，以"点"带"面"，以"面"护"点"；沿"轴"发展，辐射至"圈"，最终形成一体。

（1）陕北红色传统体育集化区

陕北是中国的革命圣地，下有延安、榆林两个市区。从1935年到1948年，延安就是中共中央的所在地，党中央和毛主席等老一辈无产阶级革命家在这里生活战斗过13年，留下了一大批宝贵的革命文物、革命纪念地和丰富的精神财富——陕北革命精神。从那时起，世界就认识了延安。在抗战时期，为了激励鼓舞民众战斗的激情，秧歌和腰鼓等民族特色活动得到较好开展，其中以延安市区下属安塞县的"安塞腰鼓"最为有名。1996年，安塞县被国家文化部命名为"中国腰鼓之乡"。2006年，安塞腰鼓被列入第一批国家级非物质文化遗产名录。2009年10月1日的国庆庆典上，上千人的安塞腰鼓方阵那壮观的场面、雄伟的气势再一次吸引了世人的目光。

基于以上原因把陕北作为红色传统体育集化区，发展过程中要借"红色"之影响力重点发展传统秧歌、腰鼓等传统体育项目。把延安市区作为该集化区的"一级点"市区，以秧歌、腰鼓为主要发展传统项目，辅助赛马、骑射、狩猎等草原项目进行扩展。将下属区县宝塔区、延长县、延川县、子长县、安塞县、志丹县、吴起县、甘泉县、富县、洛川县、宜川县、黄龙县、黄陵县作为"二级点"，点点相连，以西榆高速为"轴"，先带动榆林市区及下属区县，形成整个陕北集化区发展。再利用西榆高速向关中、陕南地区"轴"辐射最后形成整个陕西"圈"内一体和谐发展。

（2）关中传统竞技体育集化区

关中地区是整个陕西经济发展的中心，也是整个陕西经济辐射的中心，拥有十三朝古都、世界四大文明古都、西部核心城市西安，还有咸阳、宝鸡、渭南、铜川四个地级城市，是陕西主要城市群。世界第八大奇迹秦兵马俑所在地西安，每年吸引着世界各地的外国游客不计其数，有着良好的外界影响，是将我们民族传统项目推向世界的一个良好平台。另，借助现有的精品赛事（如F1摩托艇世锦赛、西安城墙国际马拉松赛等）将传统与现代竞技体育相结合，故把关中作为我国传统竞技体育集化区。

顺应陕西省"西·咸一体化"大都市圈发展规划建立"西·咸一体化"大都市体育圈，以西安、咸阳市区作为该集化区的"一级点"，以传统武术为主要发展传统项目，辅助闹社火、踩高跷等地方特色表演项目，结合品牌精品赛事进行推广扩展。将下属区县作为"二级点"，以西榆高速、西汉高速为"轴"，带动宝鸡、渭南、铜川地级市区及下属区县，形成关中集化区发展。再向陕北、陕南地区"轴"辐射进行覆盖。

（3）陕南休闲娱乐体育集化区

陕南地区是我国南水北调的重要水源地，是我国南北的绿色生态走廊。山川秀丽，水资源丰富，拥有陕西境内流量最大的河流——汉江。将陕南地区的"划龙舟"作为主推传统项目，借现有"中国安康龙舟节"配合登山、游泳等辅助项目，将龙舟节扩展为集竞技、观赏、娱乐、休闲为一体的休闲娱乐链。把陕南地区作为主推休闲娱乐体育项目的集化区，依托山水，多元发展。

以汉中、安康为两个中心"点"城区，以高速路为"轴"，汉江、丹江为发展带，带动商洛及下属区县，形成陕南集化区，突出生态功能，以绿色休闲、娱乐为发展主线。再依托高速公路向关中、陕北地区进行辐射。

2. 陕西地域体育文化发展规划

（1）陕西地域体育文化发展时序与空间布局规划

根据对陕西地域体育文化发展的空间布局，将该布局规划时间、阶段拟定为三个阶段（见表6-5）。

表6-5　　　　陕西地域体育文化发展空间布局时序规划

阶段	时间区间	战略目标
独立规划聚集发展（第一阶段）	2010—2013 年	陕北、关中、陕南三地区各自独立规划，突出特色，同时发展。齐头并进，保持各集化区之间发展的平衡
点轴推进轴带覆盖（第二阶段）	2014—2016 年	以"线"聚"点"，以"点"带"面"，扩散覆盖。加强省内区域间体育文化交流、学习和促进
和谐一体稳定发展（第三阶段）	2017—2020 年	三集化区和谐一体，形成"一圈二线三岸"的陕西地域体育文化整体稳定发展

独立规划、聚集发展阶段：2010—2013 年，陕北、关中、陕南三地区各自独立规划，突出特色，同时发展。齐头并进，保持各集化

区之间发展的平衡。通过同时推动三集化区的发展，来实现陕西整体特色体育文化的发展。

点轴推进、轴带覆盖阶段：2014—2016 年，采取以"线"聚"点"，以"点"带"面"，依托西汉高速、西榆高速，轴带汉江、渭河、延河沿岸进行全省覆盖。加强省内区域间体育文化交流、学习和促进。

和谐一体、稳定发展阶段：2017—2020 年，目标形成三集化区和谐一体，以"西·咸一体化"大都市体育圈；西安到榆林高速公路沿线的 5 市 19 县、西安到汉中的高速公路沿线 9 县；汉江、渭河、延河沿岸多个县市暨"一圈二线三岸"的陕西地域体育文化整体稳定发展。

（2）关中、陕南、陕北传统体育项目集化区发展规划

关中、陕南、陕北地域体育文化集化区不同特色传统体育项目发展进行的时序规划见表 6 - 6。

表 6 - 6 　　　　　　　　　三集化区项目发展时序规划

地区	主推项目	宣传亮点及平台	辅带项目
关中	武术	品牌精品赛事	踩高跷、咸阳牛拉鼓等社火表演类项目
陕南	龙舟、探险	绿色生态	游泳、登山等
陕北	秧歌、腰鼓	红色革命精神	胸鼓、放风筝、赛马、狩猎等

关中传统竞技体育文化集化区：以武术竞技为主推项目，加大精品赛事的举办，带动踩高跷、咸阳牛拉鼓等社火表演类项目的推广。

陕南休闲娱乐体育文化集化区：以划龙舟、探险为主推项目，借绿色生态有利资源为平台，带动游泳、登山等休闲类传统项目的发展。

陕北红色传统体育文化集化区：以宣传红色精神发展秧歌、腰鼓为主推项目，带动骑射、赛马、狩猎草原项目的发展。

七　陕西地域体育文化发展战略措施

（一）注重地域体育文化发展的根基

传统体育项目是我国民族体育文化的资源宝库，是地域民间风俗文化的标志之一，是地域体育文化发展的根基。对传统体育项目进行必要有利的保护，保证其传承的原生态性，才能保证地域体育文化的完全发展。它作为一种独具特色的文化形态和宝贵的文化遗产，在其保护与发展形式上应采取多种手段和措施，使其能够在全民健身活动中和建设小康社会的新农村建设中发挥其应有的作用。

（二）注重地域体育文化的生存环境

一定地域的体育文化及其所形成的价值观念、审美情趣等区域文化确实在很大程度上受到所处地域的影响。陕西传统体育文化的内容，从一个侧面反映了这一地区的生产、生活方式和社会风尚。特殊的地理及人文环境是传统体育文化得以存在的重要基础和条件。传统体育文化也只有以此为土壤，才能得以发扬光大。传统体育文化这种地域的特殊性，既为传统体育文化在本地区的发展创造了良好的地理、人文、社会与心理环境，同时又为传统体育文化在更大范围内推广带来了困难。因此，区域传统体育文化只在这个狭小的范围内发展，将会导致它的自生自灭。各地方的优秀文化无法实现交流，也就无法实现在更大范围内发展的目标。倘若不考虑传统体育文化的地域性特色，一味在全国范围内干预，则会因为缺乏区域的特性而丧失存在的依据。对于区域性体育文化，政府既要给予积极的扶持、指导与干预，在全国范围内推广，又要考虑其对地理环境的依赖性，使传统体育在全民健身运动中既能充分发挥作用，又不至于使其固有人文特色丧失，这应是一个要慎重考虑的问题。

（三）注重地域体育文化发展的可持续性

由农业社会到工业社会再到现代的信息社会，人们的生活方式和价值观念发生了较大的变化，世界文化的快速交流、碰撞也成为新的时代特征。地域体育文化的发展是西部大开发中的重要组成部分，是地区经济开发所带来的地域传统体育发展上的战略思考。地域体育文化的发展必须要在经济开发的同时保证地域传统体育合理地发展，使传统体育与地区的经济发展保持和谐互动，其发展策略必须要保证可持续发展性，符合科学的发展观。注重农村地区体育文化的建设，在其建设中，我们要从各地实际出发，按照党的文化发展的方针、政策，建设既具有民族地域特色又具时代先进性的地域体育文化。

（四）树立新的区域体育发展观

统一思想，树立人文旅游、全民健身、体育旅游、市场、产品联动发展观，挖掘地域体育文化内涵，优化区域旅游环境，整合现有资源，扩大对外影响，健全相关体系，努力实现体育与区域城乡、社会、文化与经济的协调发展。

（五）政府主导，政策引导，结合全民健身工程建设，走陕西特色传统项目发展道路

地方政府是传统体育项目开展的政策职能部门，在我国当前市场经济体制推进的初级阶段，地方政府的导向作用非常重要。充分发挥政府的主导作用，颁布相关奖励政策，鼓励各级企事业单位大力开展形式多样民间传统体育活动，鼓励企业单位主办或承办传统体育形式的比赛。强化各行业部门之间的通力合作，确保发展方向明确，发展定位准确，资源整合合理，紧密结合全民健身，推动陕西传统体育项目、地域体育文化进一步发展。

（六）大胆尝试传统体育商业化运作模式，探索传统体育的现代形式

传统体育发展中的一个最为关键的制约因素，就是与现代市场经济环境不太融合，需要我们大胆尝试传统体育运作的商业化机制，使其成为一种市场环境下的商品来流通。探索传统体育的现代形式，适当地对传统体育中一些与现代社会不相适应的部分加以摒弃，对传统体育中的核心价值部分在不改变其内涵的基础上，以现代人认知观念、价值取向为迎合点，适当对其活动形式进行"包装"，增添其现代魅力。

（七）强化体育与旅游职能部门的合作，做好宣传与推介工作，开发特色体育旅游资源

体育文化作为文化的重要组成部分，其产生和发展离不开大文化

环境的影响和制约。陕西丰富的历史文化吸引着来自各地的旅游者，借助现有"人文旅游点"的影响力，宣传、推介特色传统体育项目。开发特色体育旅游，不仅可以使旅客欣赏还可使其参与，有利于陕西地域体育文化的继承和传播，带动陕西经济的发展。

开发新型体育旅游产品必须要有体育部门与旅游部门的通力合作，而这种长期的合作需要政府的支持与协调。

（八）加强体育文化设施建设，开展体育文化活动

对地区农村的"老、少、边、穷"体育文化建设还要给予政策扶持，继续搞好"体育三下乡"工作，通过"体育三下乡"活动的引导，加强地区体育文化工程建设。加强农村体育设施建设是传承和保护传统体育项目的重要保障。必要的体育设施是开展农民体育健身工程的前提，它既是硬件基础，也是活动的平台，更是吸引广大群众参与体育锻炼的重要条件。充分调动和发挥农民体育协会、民委、各民间体育协会的积极性和优势，利用传统节假日组织形式多样的传统体育活动和比赛。这样既能达到传承和保护传统体育项目的目的，又能带动和促进地区农村体育的快速发展。举办突出地方特色的传统体育节会活动，如安塞腰鼓、社火大会、龙舟节等。将陕西省丰富多彩、形式多样、独具特色的民族体育文化瑰宝与精神文明创建活动相结合，建设既有地方特色又富时代朝气的农村地域体育文化新风尚。

（九）加强对传统体育项目传承人的保护及培养、培训工作，解决传统体育项目后继乏人的问题

随着对传统体育项目的挖掘发展，传统体育项目后继乏人的问题日趋凸显，严重制约着地域体育的发展。在加强对现有传统体育项目传承人给予政策性保护的同时，还应注重培养、培训新的项目传承人。

（十）制定相关法规和规划

地方政府应根据本区域传统体育发展需要，将特色传统体育项目列入地方性保护文化法规或政府规章的保护范围之内，使陕西传统体育的传承、发展有法可依、有规可循，为陕西传统体育项目的传承和发展提供最有力的保证。加强对传统体育文化生态环境的维护。特定的区域文化生态环境尤其是农村民俗是陕西传统体育生存和发展的土壤，因此必须维护原住民地的文化生态环境，减少原生态乡土传统体育文化元素的流失。

小结

陕西地域传统体育项目内容丰富，它们是陕西民族文化的原始积淀，是陕西人民智慧的结晶，涵盖了竞技、娱乐、民族、地域及艺术观赏性、趣味性等多个方面，反映了各地区不同的生存区域与生存环境、生产劳动与生活方式、文化积累与传播。

武术、游泳、放风筝、闹社火、踏青、登高、丢方、斗鸡等项目在三地区均有开展，虽个别项目规则不同，但具有很大共性。另外三地区又因各自特殊的地理环境具有不同的特色项目。总之，陕西三地区之间挖掘的传统体育项目既有共性又不乏特性；陕西地域传统体育项目具有健身娱乐功能、民族精神凝聚与激励功能和文化传承与教化功能。其价值体现在历史文化、审美及健身三方面。

陕西地域体育文化整体具有宗教性、节令性、民族性、地域性、民俗性和历史传承性的特征。关中"风气刚劲、崇尚武节"，陕北"热情奔放、悍勇威猛、豪迈粗犷"，陕南"兼容并蓄，博采众长"。

地域体育文化发展与城市现代化发展相协调，积极构建符合陕西地域体育文化生存及可持续发展的、有效的长远战略性规划及模式。从布局规划而言，将陕西布局为三个大的集化区，即陕北红色传统体育集化区、关中传统竞技体育集化区、陕南休闲娱乐体育集化区。三集化区传统体育项目发展顺序及宣传亮点：陕北主打秧歌、腰鼓，宣传亮点为红色革命精神，扩展项目为胸鼓、放风筝、赛马、狩猎等；关中主打武术，宣传亮点为品牌精品赛事，扩展项目为踩高跷、咸阳牛拉鼓等社火表演类项目；陕南主打龙舟，宣传亮点为绿色生态，扩展项目为游泳、登山等。在集化区内实行"点、轴和圈"发展模式，三集化区为三个核心区，同时发展，采取"三核联动"发展模式，带动陕西地域体育文化的发展。

陕西传统体育项目及地域体育文化发展时序整体规划为2010—

2020 年，分三个阶段进行：第一阶段（2010—2013 年）为独立规划、聚集发展阶段；第二阶段（2014—2016 年）为点轴推进、轴带覆盖阶段；第三阶段（2017—2020 年）为和谐一体、稳定发展阶段。

陕西地域体育文化发展战略要注重三大要素：第一，注重地域体育文化发展的根基，即对民间传统体育项目的传承与保护；第二，注重地域体育文化发展的生存环境；第三，注重地域体育文化发展的可持续性。

第七章　发展模式最终目标:依托 "一圈二线三岸"模式 建设西部体育强省

第一节　地域体育竞争力研究现状与概念界定

改革开放以来,我国的经济社会发展取得了令世人瞩目的成就,与此同时,我国的体育事业也得到了快速发展,并表现出强劲的发展势头。我国西部地区地处中国大陆西南、西北,幅员辽阔,自然资源多样,历史人文资源丰富,但是环境相对脆弱,相对东中部地区来说,西部地区经济发展水平滞后,资金、人才、技术等要素比较缺乏。[①]

东、西部地区由于经济发展水平差异,造成了地域体育发展不平衡,如果这种差距不断加大,将不利于我国整体社会与经济的平衡发展;不利于最大限度地满足国民对体育的需求;不利于国民身体素质的整体提高;不利于维护和保障人人享有参与体育的权利;不利于竞技体育保持平稳快速发展;不利于全民健身活动的整体推进。只有协调发展才能真正实现体育与国民经济和社会事业的协调发展,全面提高中华民族的整体身体素质和健康水平。

地域经济发展水平是制约地域体育发展的根本因素,同时地域体育的发展可以促进本地域政治、经济、文化和社会的协调发展,提高

---

① 谭志云:《西部地区文化竞争力比较研究》,《青海社会科学》2009 年第 2 期。

全民身体健康素质。西部地区和东部地区在体育竞争力综合发展水平的差距在哪里，有哪些方面的不足以及如何提高西部地区体育竞争力综合发展水平等都是亟须解决的问题，而这方面的研究却近乎是空白。因此，我们尝试运用在世界经济论坛、瑞士洛桑管理开发学院所建立的国际竞争力评价方法，同时借鉴国内学者对竞争力方面的研究成果，初步建立我国地域体育竞争力评价指标体系。寻求影响我国西部地域体育竞争力综合发展水平的各种因素，揭示西部地域体育内部自身的发展规律。

"知己知彼，百战不殆。""一圈二线三岸"地域体育发展模式构建与创新的根本目的是把陕西建设成为西部体育强省，依据系统论的观点和社会工程学的研究方法，结合陕西三地（关中、陕南、陕北）形成的"一圈二线三岸"地域体育发展新模式，把陕西地域体育发展研究看作一个整体和大的社会系统。因此，在探讨陕西建立西部体育强省战略过程中，应把陕西作为一个整体放到西部省份这个大系统中进行研究。本研究通过地域体育竞争力指标体系的建立，进一步分析西部地域各省市的体育竞争实力，寻求影响地域体育竞争力的主要因素，发掘提高竞争实力的实现途径。在此基础上明确陕西地域体育竞争的优势与劣势、机遇与挑战，根据陕西的实际情况，结合"一圈二线三岸"地域体育发展模式，确立西部体育强省的发展战略目标，制定发展战略的具体实施途径。促进陕西体育快速、持续、稳步发展，挖掘地域体育发展特色，建立良性循环和可持续发展机制。为实现西部体育强省提供理论指导，积极推进陕西"一圈二线三岸"地域体育发展模式的建设进程。

一　研究对象与方法

（一）研究对象

本研究按照中国经济地理和国家统计局目前通行的区域划分办法，西部地域包括陕西、宁夏、青海、甘肃、新疆、四川、重庆、云南、贵州、西藏、广西、内蒙古 12 个省（市）、自治区。

（二）研究方法

1. 文献资料法

通过各类图书馆、CNKI 期刊网、统计年鉴、期刊、电子资料以及相关政府文件，查阅了大量文献资料。

2. 问卷调查法

2009 年 7 月，通过见面或邮寄的方式对体育学、社会学、统计学等方面的专家以及体育行政管理部门相关领导共 15 位发放里克特式 5 级体育竞争力指标体系调查问卷，所发问卷全部收回并有效。

3. 数理统计

综合运用了描述性统计、方差分析、相关分析、因素分析、聚类分析、回归分析等统计学方法，力求在定量数据分析的基础上结合相关基本理论进行逻辑分析得出比较合理的结论。数据资料采用 SPSS 16.0 软件进行统计处理。

（三）数据来源

数据的准确性、真实性是确保研究内容客观性的基本前提，本文数据均来源于权威部门与官方网站，主要来源于 2008 年《中国统计年鉴》、2008 年《体育事业统计年鉴》（国家体育总局体育经济司，内部资料）、第十一届全运会官方网站（http：//shandong2009. cn/gfyw/200910/）、国家社科基金办官方网站（http：//www. npopss – cn. gov. cn/）。

（四）竞争力研究现状与概念界定

1. 竞争力相关研究综述

近年来我国在各个领域关于竞争力的研究日益增多，主要涉及的研究领域包括：国家竞争力，如《我国国际竞争力的动态分析与提升战略》主要从我国参与国际经贸合作竞争优势与劣势进行了分析，并提出了相应的发展战略；[1] 文化竞争力，如《西部地区文化竞争力比较研究》从区域文化竞争力指标体系建构入手，对西部 12 个省

---

① 我国国际竞争力研究课题组：《我国国际竞争力的动态分析与提升战略》，《Finance & Trade Economics》2009 年第 2 期。

（市）、自治区的文化竞争力状况进行了分析;① 旅游竞争力，如
《"十五"我国省域旅游业竞争力的时空分异解析》结合省域旅游业
竞争力实际情况，选择34个能够全面反映省域旅游业竞争力水平的
指标，运用主成分分析法、系统聚类法及变异系数法，对"十五"
期间我国31个省、市、自治区旅游业竞争力的时间变化进行了量化
分析,② 《红色旅游核心竞争力评价体系研究》以价值链分析工具结
合红色旅游的特点提出红色旅游评价指标设计依据，运用AHP（层
次分析法）模型测算指标权重，构建AHP评价模型;③ 城市竞争力，
如《城市竞争力问题研究综述》从城市竞争力的研究现状和理论基
础，城市竞争力指标体系的设定和相关要素分析等方面进行了阐
述。④ 体育竞争力相关研究，还不是很多，也不全面。这些研究主要
包括：《中国体育用品业国际竞争力的理论与实证研究》，研究借鉴
了迈克尔·波特的钻石理论，从生产要素、需求条件、相关和支持产
业、企业战略和同业竞争结构、政府和机遇等方面，对中国体育用品
业国际竞争力状况及影响因素进行了分析和探讨;⑤ 《中国都市体育
竞争力研究》，研究运用德尔菲法、层次分析法等研究方法，从竞技
体育、群众体育与体育产业3个维度对北京、上海和天津的体育竞争
力问题进行了系统研究。设计了都市体育竞争力的评价指标体系，对
3个都市的体育竞争力状况进行了实证分析，研究认为体育竞争力基
本呈上升态势，竞争格局基本稳定，都市与都市体育目标定位与竞争
力之间呈现出作用与反作用关系，竞技体育与体育事业经费量相关性
极强等;⑥ 《广西地级市少数民族体育旅游竞争力分析》，构建了广西
14个地级市少数民族体育旅游竞争力评价指标体系，评估了广西14

---

① 谭志云：《西部地区文化竞争力比较研究》，《青海社会科学》2009年第2期。

② 柴斐娜等：《"十五"我国省域旅游业竞争力的时空分异解析》，《江西农业学报》
2009年第3期。

③ 张河清：《红色旅游核心竞争力评价体系研究》，《经济地理》2009年第3期。

④ 王行伟等：《城市竞争力问题研究综述》，《党政干部学刊》2003年第7期。

⑤ 何冰等：《中国体育用品业国际竞争力的理论与实证研究》，《体育科学》2007年
第7期。

⑥ 张春萍：《中国都市体育竞争力研究》，《天津体育学院学报》2006年第4期。

个地级市的少数民族体育旅游竞争力水平;① 《体育产业国际竞争力
评价理论与方法》，文章在世界经济论坛、瑞士洛桑管理开发学院所
建立的国际竞争力评价方法，以及国内外众多研究产业竞争力的学者
建立的产业竞争力指标评价体系的基础上，对我国体育产业竞争力的
基本定义、评价准则、评价指标体系作了初步的探索。②

2. 竞争力与地域体育竞争力概念辨析

（1）竞争力

国外最早提到"竞争力"（competitiveness）的是哈佛大学商学
院教授迈克尔·波特（Michael Porte），但他并没有对竞争力概念作
界定。1990 年普拉哈拉德和哈默把核心竞争能力界定为"组织中的
积累性学识，特别是关于如何协调不同生产技能和有机结合各种技术
流的学识"。③ 近年来，"竞争力"的表述在社会与经济发展及研究中
的应用越来越广泛，受到世界各国学者的普遍关注，成为研究的热点
问题之一。但是直到目前为止，对"竞争力"这个基本概念，学术
界尚没有一个为人们所普遍接受的定义。④ 当前，国际上竞争力研究
的权威机构主要是世界经济论坛（简称 WEF，总部设在日内瓦）和
瑞士洛桑国际管理发展学院（简称 IMD）。WEF 认为竞争力是一国经
济增长对提高国民财富的能力，即各国未来的潜力。WEF 在计算竞
争力排名时，软指标占有很大的比重，其研究成果《全球竞争报告》
中常将那些经济总体实力并不是最强但是制度灵活、经济活跃的国家
（地区）排在前面，如新加坡、中国香港、瑞士等。IMD 则注重一个
国家（地区）的自然资源、人力资源和经济实力即各国目前创造财
富的能力，并将其作为竞争力的主要衡量标准。其指标体系中硬指标

---

① 钟学思：《广西地级市少数民族体育旅游竞争力分析》，《体育学刊》2008 年第 11
期。

② 毕进杰：《体育产业国际竞争力评价理论与方法》，《天津体育学院学报》2002 年
第 3 期。

③ C. K. Prahalad and Gary Hamel, "The Core Competency of the Corporation", *Harvard
Business Review*, Vol. 13, No. 8, June 1990.

④ 邱瑛等：《区域旅游竞争力基本理论与评价体系研究》，《当代经济管理》2009 年
第 5 期。

占更大的比重，最终评价结果《世界竞争力年鉴》大多是美、日、西欧等经济实力最强的国家（地区）排在前面。① 以上这两种观点是针对国家竞争力而提出的，反映了当前众多研究中对竞争力内涵本质的分歧。邱瑛认为："竞争力是竞争关系中各主体获得能够发展其竞争实力所需资源的能力，并通过主体的策略行为得以实现，主要表现为竞争主体发展目标的实现和整体实力的增长。"有些学者将竞争力认定为未来增长的潜力和占有资源的能力。简言之，竞争力是对象在竞争中所体现出来的综合能力与实力。

（2）地域体育竞争力

地域竞争力是不同地域为主体来界定的竞争力概念，指地域经济主体与其他地域主体在其所从属的更大区域范围内争夺发展资源的能力，表现为区域发展目标的实现和总体经济实力的增长并通过创造、发挥区域竞争优势实现。② 竞争力理论的核心概念是竞争力，依据研究的主体和对象不同，竞争力可以派生出不同概念。其中体育竞争力就是竞争力研究的一个方向。体育竞争力是指在社会、政治、经济、文化与制度政策等多因素综合作用下，体育资源优化配置的能力，从而所表现出来的体育实力。

地域体育竞争力是具体到体育这样特定领域的竞争力。作为竞争力研究的一个分支，有关体育竞争力的相关研究还很有限，现有研究的视觉多从体育产业、体育旅游、都市体育等角度出发。但是对于地域体育竞争力，还没有一个确切的界定和相对完整的评价体系。地域体育竞争力全方位的研究还是一个崭新的课题，从理论到实践尚处于探索阶段。体育竞争力所涉及的内容也是多方面的，是一个较庞大的体系，其中主要包含竞技体育、群众体育、体育文化、体育产业、体育人力资源与体育管理水平等。参考国内外学者对竞争理论、地域竞争力界定和诠释，结合体育领域自身发展特性，我们将地域体育竞争

---

① 张广海等：《国内外旅游竞争力研究综论》，《中国海洋大学学报》（社会科学版）2006 年第 5 期。

② 邱瑛等：《区域旅游竞争力基本理论与评价体系研究》，《当代经济管理》2009 年第 5 期。

力探讨性地界定为：我国各地域以及地域内的各个省市为了实现体育事业的持续发展，依托本地域社会、政治、经济、文化与制度政策，实现地域体育资源在竞技体育、群众体育、体育产业、体育文化、体育人力资源、体育管理水平等多方面优化配置的能力与体育实力。

（五）数据来源

数据的准确性、真实性是确保研究内容客观性的基本前提。本文数据均来源于权威部门与官方网站，主要来源于 2008 年《中国统计年鉴》、2008 年《体育事业统计年鉴》（国家体育总局体育经济司，内部资料）、第十一届全运会官方网站（http：//shandong2009. cn/gfyw/200910/）、国家社科基金办官方网站（http：//www. npopss – cn. gov. cn/）。

第二节　地域体育竞争力评价指标体系构建

一　评价指标初选

指标的选取是建立评价体系的基本前提。我们充分考虑当前我国社会发展的实际情况，根据地域体育竞争力的界定，结合所能获得相关准确数据的可行性，并注意比较全面地反映地域体育竞争力的客观实际。遵循科学性、系统性、可行性、全面性的原则，同时考虑到数据选取的重要性、权威性和数据获取的难易程度。

参阅相关文献，采用分析法，对所能获得的数据项目进行认真的分析与梳理，根据地域体育竞争力的界定，寻求最能直接反映地域体育竞争力的数据项目，并将度量对象与度量项目划分为若干子系统，然后逐步细分为可以直接反映体育竞争力具体数据项目的指标。初步选取了 40 项能够比较全面反映我国地域体育竞争力的指标，即体育局系统从业人员（C01）、体育局系统行政机关从业人员（C02）、体育局系统行政机构数（C03）、体育场馆职工人数（C04）、一二三线运动员人数（C05）、一二三线在聘专职教练员人数（C06）、年度体育事业经费收入（C07）、年度体育事业经费支出（C08）、举办运动会或比赛情况（C09）、举办全民健身活动情况（C10）、所属体育场地个数（C11）、体育场地开发使用个数（C12）、运动队教职工人数（C13）、在队运动员人数（C14）、在队优秀运动员人数（C15）、在聘专职教练员本科人数（C16）、在聘专职教练员专科人数（C17）、在聘专职教练员高级职称人数（C18）、在聘专职教练员中级职称人数（C19）、体育运动学校教职工人数（C20）、体育运动学校学生人数（C21）、体育运动学校在聘专职教练人数（C22）、少年儿童业余体校教职工人数（C23）、少年儿童业余体校在训学生人数（C24）、少年儿童业余体校在聘专职教练员人数（C25）、二级以上运动员人数（C26）、二级以上裁判员人数（C27）、公益性社会体育指导员人数（C28）、全民健身活动设施个数（C29）、全民健身活动设施占地面积（C30）、全民健身活动设施投资金额（C31）、各省（市）、自治区生产总值（C32）、各省（市）、自治区最终消费支出（C33）、各省（市）、自治区财政收入（C34）、各省（市）、自治区人口数（C35）、各省（市）、自治区旅游收入（C36）、全运会各省（市）、自治区总分（C37）、各省（市）、自治区国家社科基金项目体育立项数（C38）、各省（市）、自治区事业单位职工人数（C39）、各省（市）、自治区在校学生人数（C40）。

二　专家问卷对指标内容修正

在初步选定指标的基础上设计里克特式5级专家调查问卷。借鉴李法伟（2009）对指标的设计与计算方法，通过15位专家对指标重要程度选择计算出指标重要程度的分值。各指标按照"重要"、"较重要"、"一般"、"较不重要"、"不重要"分别给予5、4、3、2、1的分值，请专家按重要程度对各指标打分。如设指标体系中有 M 个指标，请 n 位专家评议，假设 X_{ij} 表示第 i 个专家，第 j 个指标的打分，重要程度计算公式如下：

$$M_j = \frac{1}{n}\sum_{i=1}^{n} X_{ij}$$

式中，M_j 表示重要程度，即第 j 个指标专家意见集中程度，它反映了指标重要程度的大小。[①] 最后将重要程度 <6.0 的指标删除，这

[①] 李法伟等：《陕西省居民体育消费统计指标体系及相关指标体系研究》，《体育科学》2009年第2期。

些指标包括：在聘专职教练员专科人数（C17）、体育运动学校教职工人数（C20）、二级以上运动员人数（C26）、二级以上裁判员人数（C27）、各省（市）、自治区人口数（C35）、各省（市）、自治区旅游收入（C36）、各省（市）、自治区事业单位职工人数（C39）、各省（市）、自治区在校学生人数（C40）。因此通过专家修正后，体育竞争力评价指标保留为：C01、C02、C03、C04、C05、C06、C07、C08、C09、C10、C11、C12、C13、C14、C15、C16、C18、C19、C21、C22、C23、C24、C25、C28、C29、C30、C31、C32、C33、C34、C37、C38。

三　地域体育竞争力评价指标体系构建

评价体系的建立是地域体育竞争力分析的基础。为建立比较完整、系统、可信的体育竞争力评价体系。采用因素分析的主要目的是从竞争力指标体系中找出彼此有关的变量，转化成少数有概念化意义，彼此独立性大的因素形成具有三级评价指标体系的一级指标。我们在专家确定的32项指标的基础上对31个省（市）、自治区的数据利用因素分析——主成分分析法进一步对体育竞争力指标体系进行检验，最终形成比较科学的地域体育竞争力指标体系。

（一）地域体育竞争力评价体系因素分析条件（32 个指标）

1. KMO 及 Bartlett's 检验（见表 7 - 1）

KMO 是 Kaiser – Meyer – Olkin 的取样适当性量数，当 KMO 值越大时，表示变量间的共性因素越多，越适合进行因素分析，根据学者 Kaiser（1974）的观点，如果 KMO 的值小于 0.5 时，则不宜进行因素分析。[①] 此处的 KMO 值为 0.813，表示适合进行因素分析；从 Bartlett's 球形检验的 χ^2 值为 1001.05（自由度为 241）达到显著（见表 7 - 1），说明体育竞争力指标数据的相关矩阵有共同因素存在，进一步验证指标数据适合进行因素分析。

---

① 吴明隆：《SPSS 统计应用实务》，中国铁道出版社 2000 年版，第 36 页。

表7－1 KMO and Bartlett's Test （KMO 及 artlett's 检验）

（$n = 31$）

Bartlett's Test of Sphericity		Kaiser – Meyer – Olkin Measure of Sampling Adequacy
Approx. Chi – Square	1001. 05	
Df	241	0. 813
Sig.	0. 000	

2. 地域体育竞争力指标体系因素量的确定

依据陡坡图（见图7－1）可以看出从第五个因素以后，陡坡线变得甚为平坦，因而我们认为对地域体育竞争力评价指标体系保留3—5 个因素比较适宜。

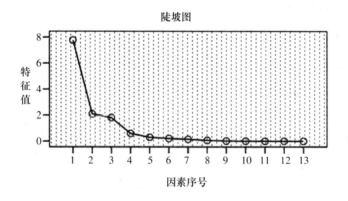

图7－1 地域体育竞争力评价指标体系因素分析陡坡图 （$n = 31$）

（二）地域体育竞争力评价体系因素抽取

在不限定因素层面的情况下，以主成分分析法并配合最大变异法（varimax）进行正交转轴（orthogonal rotation），保留特征值大于 1 的因素。转轴后的因素矩阵见表7－2。

表 7 - 2   Rotated Component Matrix^a（转轴后的因素矩阵）

（ n = 31 ）

竞争力指标	编号	Component（共同因素）						
		1	2	3	4	5	6	7
一二三线在聘专职教练员人数	C06	0.879	0.148	0.065	0.244	0.148	0.069	- 0.040
一二三线运动员人数	C05	0.835	0.284	0.118	0.020	0.258	0.073	- 0.040
体育运动学校学生人数	C21	0.812	0.389	0.242	0.063	0.118	0.017	0.096
少年儿童业余体校在训学生人数	C24	0.807	0.439	0.133	0.007	0.169	0.071	0.229
在聘专职教练员高级职称人数	C18	0.777	0.262	0.233	0.012	0.299	- 0.089	0.163
在聘专职教练员本科人数	C16	0.733	0.242	0.342	0.251	0.035	0.195	- 0.038
在聘专职教练员中级职称人数	C19	0.702	0.180	- 0.017	0.446	0.134	0.173	- 0.035
运动队教职工人数	C13	0.685	0.372	0.300	0.291	0.214	- 0.023	- 0.044
在队优秀运动员人数	C15	0.675	0.250	0.440	0.296	- 0.101	0.179	0.026
体育运动学校在聘专职教练人数	C22	0.668	0.202	0.417	0.420	0.360	- 0.015	0.027
少年儿童业余体校在聘专职教练员人数	C25	0.610	0.132	0.549	0.366	0.272	- 0.093	- 0.062
在队运动员人数	C14	0.581	0.516	0.370	0.301	0.332	- 0.007	0.041
举办运动会或比赛情况	C09	0.520	0.272	0.485	- 0.006	0.464	- 0.031	- 0.014
各省市生产总值	C32	0.444	0.905	0.066	0.037	0.298	0.052	- 0.033
年度体育事业经费支出	C08	0.383	0.870	0.253	0.097	0.110	0.011	0.019
各省市最终消费支出	C33	0.460	0.808	0.216	0.154	0.093	0.103	0.019
各省市财政收入	C34	0.494	0.707	0.249	- 0.024	0.117	0.015	- 0.009
年度体育事业经费收入	C07	0.385	0.666	0.206	0.136	0.509	0.126	- 0.069
全民健身活动设施投资金额	C31	0.431	0.641	0.174	0.174	0.511	0.109	- 0.031
体育局系统从业人员	C01	0.284	0.303	0.864	0.017	- 0.063	0.049	- 0.007

竞争力指标	编号	Component（共同因素）						
		1	2	3	4	5	6	7
体育局系统行政机构数	C03	0.093	-0.097	0.741	0.242	0.379	-0.023	0.133
体育局系统行政机关从业人员	C02	0.380	0.349	0.697	0.092	0.068	0.082	0.070
全民健身活动设施占地面积	C30	0.177	0.231	0.354	0.849	0.173	0.187	-0.174
体育场地开发使用个数	C12	0.310	0.289	0.105	0.703	0.525	-0.185	0.214
所属体育场地个数	C11	0.398	0.239	0.022	0.678	0.559	-0.089	0.228
全民健身活动设施个数	C29	0.370	0.314	-0.018	0.575	0.433	0.079	0.358
各省市国家社科项目体育立项数	C38	0.196	0.053	0.058	0.128	0.915	0.011	-0.062
公益性社会体育指导员人数	C28	0.229	0.075	0.105	0.066	0.890	0.108	-0.020
举办全民健身活动情况	C10	0.008	-0.001	0.293	0.111	0.813	0.128	0.101
全运会各省市总分	C37	0.070	0.196	0.023	0.109	0.809	0.293	0.134
体育场馆职工人数	C04	0.070	0.196	0.023	0.293	0.109	0.713	0.134
少年儿童业余体校教职工人数	C23	0.030	-0.023	0.082	0.032	0.020	0.065	0.785

Extraction Method（抽取方法）：Principal Component Analysis（主成分分析法）.

Rotation Method（旋转方法）：Varimax with Kaiser Normalization（最大变异法正交转轴）.

表7-2中各指标在其所属因素层面顺序，是按照因素负荷量的高低排列的。从表7-2中可以看出，特征值大于1的因素共有7个。第1个因素包括13个指标（C06、C05、C21、C24、C18、C16、C19、C13、C15、C22、C25、C14、C09），根据这些指标的内容把第1个因素命名为：竞技体育资源；第2个因素包括6个指标（C32、C08、C33、C34、C07、C31），根据指标的内容把第2个因素命名为：经济发展水平及体育投入；第3个因素包括3个指标（C01、C03、C02），根据指标的内容把第3个因素命名为：体育管理水平；

第4个因素包括4个指标（C30、C12、C11、C29），根据指标的内容把第4个因素命名为：体育硬件条件；第5个因素包括4个指标（C38、C28、C10、C37），根据指标的内容把第5个因素命名为：体育软实力；第6、7个因素C04、C23分别包括1个问题，因层面所涵盖的指标内容太少，将之删除比较适宜。

（三）地域体育竞争力评价指标体系建立

根据以上抽取的7个因素，从地域体育竞争力概念出发，结合我国地域体育发展的实际情况，我们确立了地域体育竞争力指标体系，见表7-3。

第三节 我国西部地域体育竞争力解析

一 因素分析法解析西部各省（市）、自治区地域体育竞争力综合发展水平

地域体育竞争力指标体系的建立是为了更好、更准确地对西部地域各省（市）、自治区体育发展水平进行评价。为了将评价体系中的众多指标以一种量化的方式综合地表现出来，对西部地域12个省（市）、自治区体育竞争力进行排序，我们选择了表7-2中的因素负荷量大于0.8的13项（C06、C05、C21、C24、C32、C08、C33、C01、C30、C38、C28、C10、C37）主要指标通过因素分析计算因子得分，利用因子得分对12个省（市）、自治区进行排名。

根据原有变量的相关系数矩阵及其检验，大部分的相关系数都较高，KMO值为0.891，13项指标变量呈较强的线性关系，适合进行因素分析。表7-4显示了13项指标因素分析的因子负荷矩阵，根据因子负荷矩阵表得出如下因子分析模型：

年度体育事业经费支出 $= 0.979 F_1 - 0.047 F_2 - 0.119 F_3$

体育局系统从业人员 $= 0.979 F_1 - 0.034 F_2 - 0.074 F_3$

……

体育运动学校人数 $= 0.035 F_1 - 0.002 F_2 + 0.909 F_3$

举办全民健身活动次数 $= 0.117 F_1 + 0.190 F_2 + 0.835 F_3$

表 7 – 3　　　**体育竞争力指标体系一览表**　　（$n = 31$）

一级指标	二级指标	三级指标
竞技体育资源	C06 一二三线在聘专职教练员人数	一线教练员、二线教练员、三线教练员人数
	C05 一二三线运动员人数	一线运动员、二线运动员、三线运动员人数
	C21 体育运动学校学生人数	各级运动学校在册学生人数
	C24 少年儿童业余体校在训学生数	各级少年儿童业余体校在训学生人数
	C18 在聘专职教练员高级职称人数	各运动项目在聘专职教练员高级职称总人数
	C16 在聘专职教练员本科人数	各运动项目在聘专职教练员学历为本科总人数
	C19 在聘专职教练员中级职称人数	各运动项目在聘专职教练员中级职称总人数
	C13 运动队教职工人数	教练员、科研人员、医务人员、文化教师、管理人员、其他人员
	C15 在队优秀运动员人数	国家级、一级、二级运动员
	C22 体育运动学校在聘专职教练数	体育运动学校各运动项目在聘专职教练总人数
	C25 少年儿童业余体校在聘专职教练员人数	少年儿童业余体校各运动项目在聘专职教练总人数
	C14 在队运动员人数	各省（市）、自治区一线、二线、三线运动员总数
	C09 举办运动会或比赛情况	举办综合运动会次数、举办单项比赛次数
体育硬件条件	C30 全民健身活动设施占地面积	室外全民健身公园与广场、室内全民健身中心、青少年俱乐部
	C12 体育场地开发使用个数	省级、地级、县级体育场地开发使用总数
	C11 所属体育场地个数	省级、地级、县级拥有体育场地总数
	C29 全民健身活动设施个数	室外全民健身公园与广场、室内全民健身中心、青少年俱乐部

续表

一级指标	二级指标	三级指标
体育软实力	C38 各省（市）、自治区国家社科项目体育立项数	1997—2008 年各省（市）、自治区国家社科项目体育立项数
	C28 公益性社会体育指导员人数	国家级、高级、中级、初级社会体育指导员
	C10 举办全民健身活动情况	举办全民健身活动次数、参加活动人数
	C37 全运会各省（市）、自治区总分	第 11 届全运会各省（市）、自治区总分
体育管理水平	C01 体育局系统从业人员	行政机关、运动队、体育运动学校、业余体校、体育场馆、训练基地、其他事业单位
	C03 体育局系统行政机构数	省级、地级、县级体育行政机构
	C02 体育局系统行政机关从业人员	公务员、管理人员、其他人员
经济发展水平及体育投入	C32 各省（市）、自治区生产总值	第一产业、第二产业、第三产业
	C08 年度体育事业经费支出	行政事业性支出、事业单位经营支出、基本建设支出、附属单位补助支出、弥补收支差额
	C33 各省（市）、自治区最终消费支出	居民消费支出、政府消费支出
	C34 各省（市）、自治区财政收入	增值税、营业税、企业所得税、个人所得税、资源税
	C07 年度体育事业经费收入	财政拨款、财政补足、事业收入、事业单位经营收入、附属单位上缴收入、其他收入
	C31 全民健身活动设施投资金额	国家投入、省投入、地级投入、县投入经费

　　从表 7-4 可看出，13 个变量在第 1 个因子上的负荷都很高，表明它们与第 1 个因子的相关程度高。采用主成分分析法进行方差极大法旋转后，表 7-5 显示了因子得分矩阵，根据该表可得到下面的因子得分函数：

表 7 - 4　　　　Component Matrix^a（因子负荷矩阵）（$n = 12$）

竞争力指标	Component（共同因子）		
	1	2	3
年度体育事业经费支出	0.979	- 0.047	- 0.119
体育局系统从业人员	0.979	- 0.034	- 0.074
一二三线运动员人数	0.970	0.001	- 0.102
少年儿童业余体校在训学生人数	0.962	- 0.049	- 0.214
公益性社会体育指导员人数	0.947	- 0.011	- 0.018
第十一届全运会分数	0.916	0.153	0.184
国家社科体育立项数	0.914	- 0.169	- 0.170
一二三线在聘专职教练员人数	0.886	0.106	0.204
全民健身活动设施占地面积	0.757	- 0.324	0.275
各省（市）、自治区生产总值	0.163	0.978	- 0.006
各省（市）、自治区最终消费支出	0.124	0.964	- 0.165
体育运动学校学生人数	0.035	- 0.002	0.909
举办全民健身活动次数	0.117	0.190	0.835

Extraction Method（抽取方法）：Principal Component Analysis（主成分分析法）.

a. 3 components extracted（抽取 3 个因子）.

$F_1 = 0.105 \times$ 年度体育事业经费支出 $+ 0.131 \times$ 体育局系统从业人员 $+ 0.102 \times$ 一二三线在聘专职教练员人数 $+ 0.127 \times$ 一二三线运动员人数 $- 0.019 \times$ 举办全民健身活动次数 $- 0.024 \times$ 体育运动学校学生人数 $+ 0.132 \times$ 少年儿童业余体校在训学生人数 $+ 0.122 \times$ 公益性社会体育指导员人数 $+ 0.101 \times$ 全民健身活动设施占地面积 $- 0.019 \times$ 各省（市）、自治区生产总值 $- 0.018 \times$ 各省（市）、自治区最终消费支出 $+ 0.129 \times$ 第十一届全运会分数 $+ 0.129 \times$ 国家社科体育立项数

$F_2 = 0.071 \times$ 年度体育事业经费支出 $- 0.006 \times$ 体育局系统从业人员 $+ 0.048 \times$ 一二三线在聘专职教练员人数 $+ 0.016 \times$ 一二三线运动员人数 $+ 0.045 \times$ 举办全民健身活动次数 $- 0.051 \times$ 体育运动学校学生人数 $- 0.001 \times$ 少年儿童业余体校在训学生人数 $+ 0.006 \times$ 公益性社会体

育指导员人数 $-0.161 \times$ 全民健身活动设施占地面积 $+0.465 \times$ 各省（市）、自治区生产总值 $+0.466 \times$ 各省（市）、自治区最终消费支出 $-0.002 \times$ 第十一届全运会分数 $-0.061 \times$ 国家社科体育立项数

表 7 - 5　　　　　Component Score Coefficient Matrix

（因子得分矩阵系数）（$n = 12$）

竞争力指标	Component（共同因子）		
	1	2	3
年度体育事业经费支出	0.105	0.071	0.116
体育局系统从业人员	0.131	- 0.006	- 0.059
一二三线在聘专职教练员人数	0.102	0.048	0.124
一二三线运动员人数	0.127	0.016	- 0.048
举办全民健身活动次数	- 0.019	0.045	0.469
体育运动学校学生人数	- 0.024	- 0.051	0.500
少年儿童业余体校在训学生人数	0.132	- 0.001	- 0.112
公益性社会体育指导员人数	0.122	0.006	- 0.002
全民健身活动设施占地面积	0.101	- 0.161	0.143
各省（市）、自治区生产总值	- 0.019	0.465	0.043
各省（市）、自治区最终消费支出	- 0.018	0.466	- 0.046
第十一届全运会分数	0.129	- 0.002	- 0.034
国家社科体育立项数	0.129	- 0.061	- 0.093

Extraction Method（抽取方法）：Principal Component Analysis（主成分分析法）.

Rotation Method（旋转方法）：Varimax with Kaiser Normalization（最大变异法正交转轴）.

$F_3 = 0.116 \times$ 年度体育事业经费支出 $-0.059 \times$ 体育局系统从业人员 $+0.124 \times$ 一二三线在聘专职教练员人数 $-0.048 \times$ 一二三线运动员人数 $+0.469 \times$ 举办全民健身活动次数 $+0.500 \times$ 体育运动学校学生人数 $-0.112 \times$ 少年儿童业余体校在训学生人数 $-0.002 \times$ 公益性社会体育指导员人数 $+0.143 \times$ 全民健身活动设施占地面积 $+0.043 \times$ 各省

310

（市）、自治区生产总值 $-0.046 \times$ 各省（市）、自治区最终消费支出 $-0.034 \times$ 第十一届全运会分数 $-0.093 \times$ 国家社科体育立项数

根据这 3 个因子得分函数计算西部 12 个省市的 3 个因子得分，计算结果见表 7 - 6。

表 7 - 6　　西部 12 个省（市）、自治区因子得分表（$n = 12$）

省（市）、自治区	F_1（因子得分）	F_2（因子得分）	F_3（因子得分）
四川	2.82131194	- 0.081985199	- 0.737961763
陕西	0.435491003	0.338549723	0.184392629
广西	0.399024688	0.805088618	- 0.304551769
内蒙古	- 0.159011282	0.440136856	2.615216378
甘肃	0.134492349	- 0.593741885	0.820750609
新疆	- 0.093971847	- 0.04901737	0.469703983
贵州	- 0.638923318	2.286849672	- 0.553748838
云南	- 0.182281018	- 0.123897245	- 0.26885672
重庆	- 0.19921001	- 1.504109908	0.295372187
西藏	- 0.99321573	0.462130023	- 0.920968229
宁夏	- 0.688813404	- 1.008616423	- 0.82919742
青海	- 0.834893371	- 0.971386861	- 0.770151048

由此，根据上述分析结果对 12 个省（市）、自治区地域体育竞争力发展水平进行综合排序。首先，根据 3 个因子的方差贡献率确定权重（见表 7 - 7），由于 3 个因子在较大程度上反映了原变量的大部分信息，其累计贡献率达 89.792%，因此可用因子的方差贡献率作为体育竞争力综合评价的权重，于是 3 个因子按各自的方差贡献率加权相加为综合评价得分，其计算公式为：

表7-7   Total Variance Explained（总方差解释贡献率）（$n = 12$）

Comp-onent	Initial Eigenvalues			Extraction Sums of Squared Loadings			Rotation Sums of Squared Loadings		
	Total	% of Variance	Cumul-ative %	Total	% of Variance	Cumul-ative %	Total	% of Variance	Cumul-ative %
1	7.771	59.774	59.774	7.771	59.774	59.774	7.709	59.297	59.297
2	2.096	16.123	75.896	2.096	16.123	75.896	2.130	16.381	75.677
3	1.806	13.895	89.792	1.806	13.895	89.792	1.835	14.114	89.792
4	0.589	4.528	94.320						
5	0.300	2.306	96.625						
6	0.204	1.569	98.195						
7	0.148	1.142	99.337						
8	0.064	0.489	99.826						
9	0.017	0.128	99.955						
10	0.005	0.039	99.994						
11	0.001	0.006	100.000						
12	1.648 E-16	1.268 E-15	100.000						
13	-2.084 E-16	-1.603 E-15	100.000						

Extraction Method（抽取方法）：Principal Component Analysis（主成分分析法）.

$$F = 0.60 F_1 + 0.16 F_2 + 0.14 F_3$$

然后由综合评价得分值的大小对12省（市）、自治区体育竞争力进行排序（见表7-8），进一步分析西部各省（市）、自治区体育竞争力的综合发展水平。

从表7-8的排名来看，西部地区体育竞争力综合发展水平排在前3位的省（市）、自治区分别为四川、陕西、内蒙古，并同第十一届全运会总分排名相一致；地域体育竞争力综合发展水平排在后3位

的分别是西藏、宁夏、青海；4 到 9 位分别是甘肃、贵州、广西、云
南、新疆、重庆。另外除个别省（市）、自治区外，其余所有省
（市）、自治区地域体育竞争力综合排名同第十一届全运会总分排名
变动基本控制在 3 名以内，我们初步认为全运会总分排名也能够反映
一个省（市）体育竞争力综合发展水平的基本面。

表 7 - 8　　　　　　西部各省（市）、自治区体育竞争力
综合得分排名　　（$n = 12$）

省（市）、自治区	F（综合因子得分）	竞争力综合排名
四川	1.583734503	1
陕西	0.339433599	2
内蒙古	0.328637262	3
甘肃	0.314993257	4
贵州	0.092394287	5
广西	-0.00316437	6
云南	-0.089445392	7
新疆	-0.164143544	8
重庆	-0.321785207	9
西藏	-0.641714504	10
宁夏	-0.682462334	11
青海	-0.756477557	12

综合因子得分是一个省（市）、自治区地域体育发展水平的综合表
现，得分越高，表明这个省（市）、自治区地域体育竞争力综合发展水
平越好。从西部地域体育竞争力综合发展水平排名来看，陕西排名第
2，同排名第 1 的四川相比，综合因子得分相差较大，陕西要实现西部
体育强省的战略目标，成为西部地域体育竞争力的领头羊，就必须提高
地域体育综合发展水平的能力，依托"一圈二线三岸"地域体育发展
模式把体育产业做大、做强；全民健身稳步推进，构建多元化的全面健

身服务体系；大力促进传承传统体育项目，加强关中、陕南、陕北区域内的体育文化交流；充分利用关中历史文化旅游资源，陕南山水自然旅游资源，陕北红色旅游资源，以"一圈"为中心，"二线三岸"进行辐射，加快体育旅游业的发展，从而实现西部体育强省的战略目标。

二　西部地域各省（市）、自治区体育竞争力综合发展水平提升路径

聚类分析是一种建立分类的多元统计方法，它能够将一批样本或变量数据根据其诸多特征，按照在性质上的亲疏程度在没有先验知识的情况下进行自动分类，类内部个体特征具有相似性，不同类之间个体特征的差异性较大。① 我们建立分类的主要目的是通过分类结合各类特征寻求西部各省（市）、自治区体育竞争力新的分类以及不同类体育竞争力的提升路径，且进一步验证因素分析对西部各省市的排名。根据 13 项主要指标数据情况我们采用层次聚类的 Q 型聚类对 12 个省市自治区进行聚类分析。其中，个体距离采用平方欧式距离，类间距离采用平均组间连锁距离。生成的聚类分析树形图如图 7-2 所示，其他结果略去。由图 7-2 可知，青海、宁夏的相似性较高，较早聚成了一类；重庆、云南的相似性较高，较早聚成了一类；新疆、广西的相似性较高，较早聚成了一类；贵州、甘肃的相似性较高，较早聚成了一类；内蒙古、陕西的相似性较高，较早聚成了一类；四川自成一类。通过聚类碎石图，结合各省（市）、自治区排名，最终确定西部各省（市）、自治区体育竞争力类别聚成 3 类，虽然四川独立成为一类，结合因素分析排名（见表 7-8），四川应该归为一类地区，因此 1 类地区包括四川、陕西、内蒙古、甘肃、贵州 5 个省（市）、自治区；二类地区包括广西、新疆、云南、重庆 4 个省（市）、自治区；三类地区包括西藏、青海、宁夏 3 个省（市）、自治区。聚类分析结果同各省市自治区排名基本吻合，进一步验证了我们对西部各省市自治区排名的可靠性。

---

① 薛薇：《基于 SPSS 的数据分析》，中国人民大学出版社 2007 年版，第 328 页。

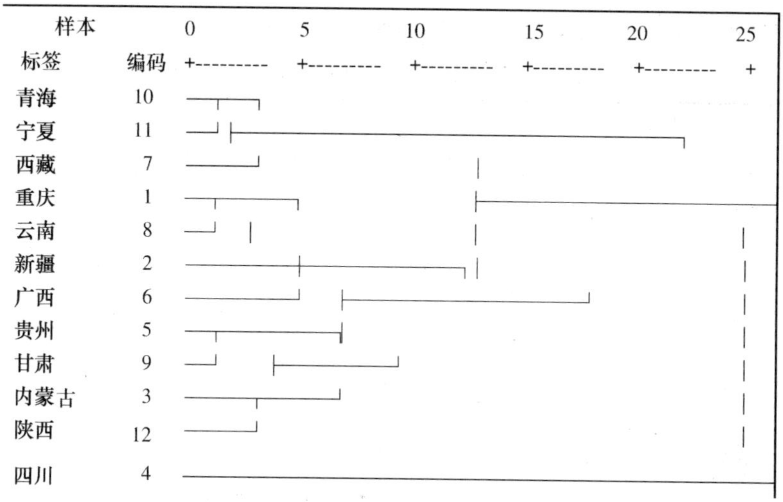

样本		0	5	10	15	20	25
标签	编码	+---------	+---------	+---------	+---------	+---------	+

青海　　10

宁夏　　11

西藏　　7

重庆　　1

云南　　8

新疆　　2

广西　　6

贵州　　5

甘肃　　9

内蒙古　3

陕西　　12

四川　　4

图 7 - 2　西部地域体育竞争力主要指标层次聚类分析结果图（n = 12）

　　为了证明以上新划分的 3 个不同地域体育竞争力综合发展水平的合理性，我们对主要的 13 项地域体育竞争力指标按照新三类地区采用计算平均数的方法［见表 7 - 9（a）、表 7 - 9（b）］，从指标平均数来看，新划分的三类地区除公益性社会体育指导员人数二类地区略高于一类地区外，其他所有指标均表现出一类地区好于二类地区，二类地区好于三类地区，且二类地区指标的平均数均低于总体水平的平均数。因此，从侧面印证了我们所划分的地域体育竞争力强弱区域基本可靠。

　　对于我国西部地区体育事业发展而言，地区内部各省（市）、自治区的区域竞争不是主要目的，研究地域体育竞争力是为了寻求西部各省（市）、自治区的发展差距，找出存在的问题，促进各省（市）、自治区体育事业平衡发展，缩小东、西部地区之间的差距。在此基础上，进一步探寻陕西西部体育强省发展战略路径，提高陕西地域体育竞争力发展水平，在全民健身工程建设的基础上推动"一圈二线三岸"地域体育发展模式进一步实施。

表7-9（a）　　聚类分析后3个不同地域13项主要指标
平均值统计表　（n = 12）

地区类别		体育局系统从业人员	一二三线运动员人数	一二三线在聘专职教练员人数	年度体育事业经费支出（万元）	举办全民健身活动次数	体育运动学校学生人数	少年儿童业余体校在训学生人数
1	Mean（均值）	3972.20	15621.60	641.80	45162.00	8512.00	1682.40	13524.00
	N（样本量）	5	5	5	5	5	5	5
2	Mean（均值）	2853.25	9382.25	501.50	28468.50	2660.75	1446.25	7592.75
	N（样本量）	4	4	4	4	4	4	4
3	Mean（均值）	846.00	1822.67	122.67	11433.00	311.67	271.00	1557.00
	N（样本量）	3	3	3	3	3	3	3
总计	Mean（均值）	2817.67	10092.08	465.25	31165.25	4511.50	1250.83	8555.17
	N（样本量）	12	12	12	12	12	12	12

　　体育事业发展一般有两种基本路径：一种是缓慢的发展；另一种是跨越式的发展。[1] 适宜的发展路径选择与创新是地域体育事业均衡发展的基本途径，是地域体育竞争力弱势地区或西部各省（市）、自治区提升的基本手段，基于这种发展思想与地域体育竞争力理念，我

---

① 程文广：《我国体育管理体制刚性及其创新路径选择》，《武汉体育学院学报》2009年第9期。

们把地域体育竞争力新三类地区看作一个整体，它们在发展过程中相互影响、相互促进。因此，提升路径采用优势地区与弱势地区来表述，这样应该更加客观一些。优势地区包括一类地区与二类地区的部分省（市）、自治区，弱势地区包括三类地区与二类地区的部分省（市）、自治区。

表 7 - 9 （b）　　聚类分析后 3 个不同地域 13 项主要指标

平均值统计表　　（ n = 12 ）

地区类别		公益性社会体育指导员人数	全民健身活动设施占地面积	第十一届全运会分数（分）	1997—2008 年国家社科立项数	各省（市）、自治区生产总值（万元）	各省（市）、自治区最终消费支出（万元）
1	Mean（均值）	23018.80	996045.20	610.6500	7.80	47442600.00	24454820.00
	N（样本量）	5	5	5	5	5	5
2	Mean（均值）	23459.00	640478.00	343.8750	3.50	26116950.00	15906225.00
	N（样本量）	4	4	4	4	4	4
3	Mean（均值）	2680.00	114761.00	101.7500	2.00	17863533.33	11676233.33
	N（样本量）	3	3	3	3	3	3
总计	Mean（均值）	18080.83	657201.75	394.5000	4.92	32939283.33	18410641.67
	N（样本量）	12	12	12	12	12	12

优势地区发展路径：要为体育事业的发展起到带头与示范作用，保

持现有优势，继续加大投入，做到稳步推进、可持续发展。同时为促进社会稳定与和谐发展，应承担更多的社会责任，要从人力、物力、财力、技术、管理、人才培养等方面大力支援体育竞争力的弱势地域。陕西作为优势地域一类，从地域体育发展模式上应为西部地域体育的发展起到带头示范作用，把"一圈二线三岸"地域体育发展模式全面实施与稳步推进，并从全民健身服务体系构建、体育产业发展、体育文化传承和交流等方面形成比较成熟的发展模式，可供西部其他省份根据实际情况借鉴和利用，促进西部地域体育综合发展水平全面提升，逐步缩短东西部地区地域体育发展水平的差距。

弱势地区提升路径：在保持全民健身活动开展较好的基础上，根据本地区特点与实际，充分利用国家对弱势地区的优惠政策，如西部大开发。提高对体育与体育功能的认识，加大体育的投入力度。提高管理水平，着力培养体育人才，加强体育文化与制度建设，寻求跨越式的发展模式，尽快缩短同优势地区的差距，提升西部地域体育竞争力的能力与水平，促进西部地区和我国体育事业区域平衡发展。

三　西部地区各省（市）、自治区地域体育竞争力预测方程建立

全运会是中国体坛的一次盛会，是对全国体育工作的一次检阅，是各省市自治区体育竞争实力的一次较量。全运会奖牌数以及总分数是地域体育竞争力最直接的体现。表 7 - 10 是西部 12 个省（市）、自治区第十一届全运会总分排名和地域体育竞争力综合实力排名，从排名来看二者基本一致，除个别省（市）、自治区外，其他省（市）、自治区排名变动范围基本控制在 3 名以内，且前 3 名都分别为四川、陕西、内蒙古。说明全运会总分能够反映地域体育竞争力的基本面。进一步通过第十一届全运会总分排名与体育竞争力综合排名进行相关分析，分析结果（见表 7 - 11）表明 Pearson 相关系数为 0.846，概率 P 值近似为 0，说明两者存在显著正相关。因此，我们利用第十一届全运会总分作为因变量，其他 12 项主要指标作为自变量建立回归预测方程。

归预测方程。

方程一：全运会总分 = − 79.852 + 0.015 × 年度体育事业经费支出。

方程二：全运会总分 = − 32.680 + 0.009 × 年度体育事业经费支出 + 0.015 × 一二三线运动员人数。

方程三：全运会总分 = − 8.966 + 0.012 × 年度体育事业经费支出 + 0.015 × 一二三线运动员人数 + 0.011 × 全民健身活动设施占地面积。

表7 – 13 Coefficients^a（回归系数）表

Model（模型）		Unstandardized Coefficients（非标准化系数）		Standardized Coefficients（标准化系数）	t（t 值）	Sig.（显著性水平）
		B	Std. Error	Beta		
1	（Constant）	− 79.852	34.980		− 2.283	0.046
	年度体育事业经费支出	0.015	0.001	0.984	17.224	0.000
2	（Constant）	− 32.680	26.813		− 1.219	0.254
	年度体育事业经费支出	0.009	0.002	0.565	4.661	0.001
	一二三线运动员人数	0.015	0.004	0.441	3.636	0.005
3	（Constant）	− 8.966	23.565		− 0.380	0.713
	年度体育事业经费支出	0.012	0.002	0.759	6.060	0.000
	一二三线运动员人数	0.015	0.003	0.526	4.443	0.002
	全民健身活动设施占地面积	0.011	0.002	0.432	2.452	0.040

注：a. Dependent Variable（因变量）：第十一届全运会分数。

经费投入是一切事业发展的基础，年度体育事业经费支出主要反映各省（市）、自治区每年用于体育事业经费的多少，直接影响各省（市）、自治区体育事业发展水平与发展规模；一二三线运动员人数主要反映竞技体育方面优秀运动员人才的储备，优秀运动员的多少是表现竞技体育发展水平高低的决定因素，是竞技体育竞争实力的直接体现；全民健身活动设施占地面积背后反映了两个基本面，第一是经费的投入，第二是全民健身发展的水平。总之，影响西部各省（市）、自治区体育竞争力因素是综合的、多方面的，不仅是指体育发展的某一方面，但是我们可以通过预测方程的建立寻找影响体育竞争力综合发展水平的主要矛盾，抓住纲领，寻求发展，提升竞争力。

方程一意味着年度体育事业经费支出每增加 1 个单位会使全运会总分平均增加 0.015 个单位。因此，根据方程三的 Beta 值的大小来看，影响全运会总分较大的因素依次为年度体育事业经费支出、一二三线运动员人数多少、全民健身综合发展水平的高低。

全运会总分与体育竞争力综合水平高度相关，所以这 3 个方程也同样能够反映地域体育竞争力综合发展水平，因此西部各省市自治区在今后提高体育发展水平与地域体育竞争力的实力必须着力解决以下几个方面的问题。首先要加大体育经费预算和投入的力度，作为一项公益性的事业政府要保证经费的投入与使用，同时通过政策积极鼓励其他社会资金进入体育资本市场；其次要提高竞技体育发展水平，尤其是优秀运动员人才的储备；再次要加大全民健身场地设施建设以及全面健身活动的组织实施。地域体育竞争力预测方程建立的主要目的是寻求"一圈二线三岸"地域体育发展模式的主要矛盾，预测方程表明"一圈二线三岸"地域体育发展模式在实施和发展过程中主要增加体育经费的投入，提高竞技体育的发展水平，加大全民健身实施的力度。因此，把握好这三个方面就抓住了陕西地域体育发展的主要矛盾，对促进西部各省（市）、自治区体育事业的发展，提升地域体育竞争力综合发展水平，缩短东、西部地区地域体育竞争力实力差距，加快我国体育事业均衡发展起到良好的推动作用。

第四节　陕西西部体育强省战略目标确立及实现途径

一　陕西西部体育强省战略目标分析

陕西社会与经济发展正处在重要的战略机遇期，经济发展和社会进步对体育工作提出了更高要求。各级政府把加强体育工作作为实施西部大开发战略，努力建设西部经济强省的重要任务，充分明确建设西部体育强省的战略意义。

改革开放以来，陕西省体育事业取得了显著进展，全民健身事业快速发展，群众体育健身设施得到明显改善，竞技体育走在了西部省区前列，在第二十七届奥运会上实现了金牌"零"的突破，在第十一届全运会上取得了9金、6银、5铜共20枚奖牌的好成绩，在全国排名第18位，西部排名第2。但是陕西体育工作还存在许多不足：一些政府部门领导对体育在经济社会发展中的重要作用认识不足；农村体育健身设施滞后，体育经费投入严重不足；城乡之间全民健身工程建设与服务体系建设差距较大，青少年体育和农村体育相对薄弱；竞技体育发展不均衡，优势项目较少，后备人才缺乏；体育法制建设步伐缓慢。①

为了进一步寻找陕西体育西部强省战略存在的差距，我们通过地域体育竞争力综合发展水平主要指标对12个省（市）、自治区主要指标平均值以及陕西、四川2省进行比较分析，由表7－14（a）、表7－14（b）可知，陕西、四川2省地域体育竞争力综合发展水平13项主要指标都高于平均值，符合我们对西部地域体育竞争力综合发展水平的排名。就陕西、四川2省比较而言，四川除生产总值与体育运动学校学生人数2项指标低于陕西外，其他11项指标均高于陕西，因指标的单位不完全相同，所以我们采用四川与陕西2省之间每项数据的倍数表示差距的大小，倍数越大表示两省之间的差距越大。从表7－14（a）、表7－14（b）可以看出，陕西同四川在主要指标上都存在一定的差异，最大为3.6倍，差异较为明显，且差异最大的3项依次是举办全民健身活动的次数（3.6倍）、全民健身活动设施占地面积（3.4倍）、年度体育事业经费支出（3.0倍），最小是反映本省经济发展水平的最终消费支出（1.1倍）。

---

① 资料来源：国家体育总局网，http://www.sport.gov.cn/n16/n1092/n16909/n852801/860005.html。

表7-14（a）　　　　　西部省市主要指标平均值及陕西、

四川数据表（$n=12$）

主要指标	体育局系统从业人员	一二三线运动员人数	一二三线在聘专职教练员人数	年度体育事业经费支出（万元）	举办全民健身活动次数	体育运动学校学生人数	少年儿童业余体校在训学生人数
Mean（均值）	2817.67	10092.08	465.25	31165.25	4511.50	1250.83	8555.17
陕西	4561	14827	819	35416	1144	1734	12819
四川	6051	42935	1047	105530	4134	284	41889
四川/陕西	1.3	2.9	1.3	3.0	3.6	0.2	3.3

表7-14（b）　　　　西部省市主要指标平均值及陕西、

四川数据表（$n=12$）

主要指标	公益性社会体育指导员人数	全民健身活动设施占地面积	第十一届全运会分数	1997—2008年国家社科立项数	各省（市）、自治区生产总值（万元）	各省（市）、自治区最终消费支出（万元）
Mean（均值）	18080.83	657201.75	394.5000	4.92	32939283.33	18410641.67
陕西	19516	583205	537	7	4.52374E7	1.87151E7
四川	54742	1998138	1563.5	20	3.49157E7	2.04698E7
四川/陕西	2.8	3.4	2.9	2.9	0.8	1.1

　　通过聚类分析，陕西地域体育竞争力综合发展水平虽然划分在一类地区，但是因素分析表明陕西在西部各省（市）、自治区排名中并不是"龙头老大"，落后于四川排在了第2名。从体育事业经费投入来看，陕西体育事业经费支出排西部第4位（35416.0万元），前3位分别是四川（105530.0万元）、广西（38861.0万元）、云南（35545.0万元）；在国家级高水平科研项目方面，1997年至2008年陕西国家社科基金项目课题总数陕西排第3（7项），落后于甘肃（8

项），远远落后于四川（20 项）。陕西要充分发挥高校数量多、人才集中、科研实力强，以及西安体育学院与陕西师范大学体育学院专业院校优势，同时体育行政主管部门要通过政策引导，调动积极性，加大科研的投入力度，培养体育科研人才梯队，力争更多高级别、高水平、高质量的科研项目，尤其是国家自然科学基金项目和国家社科基金项，依托科研提升竞争的实力；虽然陕西在第十一届全运会上以 537 分的总分排在了西部省（市）、自治区的第 2 位，但是同第 1 名四川的 1563.5 分的总分相差近 3 倍，这种差距是非常大的。全运会总分是竞技体育竞争能力的直接体现，竞技体育的发展水平是地域体育竞争力主要内容之一，也是陕西体育西部强省战略的重中之重。体育事业经费投入的多少以及体育科研水平的高低决定了竞技体育发展水平。根据年度举办全民健身活动次数及全民健身活动设施占地面积指标的情况，陕西和四川相比分别相差 3.6 倍和 3.4 倍。总之，陕西不管是在年度体育事业经费投入，还是在全民健身、竞技体育、体育科研等方方面面都落后于四川，并且有些方面的差距还很大。陕西要超过四川，成为西部体育发展的"龙头"，实现西部体育强省的战略目标任重而道远。

二 陕西西部体育强省战略目标实现途径

明确差距，找出存在的主要问题是陕西制定西部体育强省战略提升途径的依据所在，为全面贯彻落实《中共中央国务院关于进一步加强和改进新时期体育工作的意见》（中发〔2002〕8 号）精神以及《中共陕西省委、陕西省人民政府关于进一步加强体育工作，努力建设西部体育强省的意见》（陕发〔2003〕6 号），促进陕西体育可持续、健康发展，实现西部体育强省的战略目标，提高陕西地域体育竞争力综合发展水平，积极寻求有利于陕西实现西部体育强省目标切实可行的战略途径。

（一）进一步加大体育事业经费的预算和投入力度

经费是一切事业可持续、健康发展的根本保证。各级政府应依照《中华人民共和国体育法》和《陕西省全民健身条例》的规定，将体育事业经费、体育设施建设资金列入本级财政预算和基本建设投资计划，并随着国民经济发展逐步增加体育投入，每年体育事业经费要随着财政收入的增长而适当增加。

（二）以"全运战略"促进"奥运战略"，坚持体教结合，进一步加大优秀后备人才培养力度

"全运战略"与"奥运战略"是相辅相成的，奥运会和全运会是对各省（市）、自治区体育工作的一次检阅，是体育竞争实力的一次较量。努力建设西部体育强省，必须全面提高竞技体育整体实力。陕西要面向 2012 年第三十届伦敦奥运会和 2013 年第十二届辽宁全运会，适当地调整项目布局，突破优势项目（跳水、田径、射击、跆拳道等），保证重点项目（赛艇、武术、射箭等），抓好基础项目（田径、游泳等），发展潜力项目（体操、重竞技、皮划艇等），拓展新型项目（蹦床、女子摔跤、女子散打等），积极推进社会化项目（篮球、足球、网球、乒乓球等）。通过规模效益和群体优势，填补陕西空缺的部分大项和小项，培育新的金牌增长点。保持陕西在下届全运会上金牌总数和总分超过四川，位于西部省区前列，成为西部省（市）、自治区竞技体育的"龙头"。

加强体育后备人才队伍建设是建设西部体育强省的重要任务。体育传统项目学校是体教结合的典范，继续加大陕西省 523 所体育传统项目学校建设与投入的力度，形成梯队式竞技体育人才优势。同时，要根据陕西省重点项目布局和各地实际，切实加强省、市、县三级体育传统项目学校建设，进一步扩大科学选才基础。各级政府领导要增强责任意识，积极支持各级各类体育运动学校健康有序发展，相关部门要结合实际制定切实可行的相关政策，把县区少儿体校列入九年义务教育序列，通过同级财政预算对少儿体校的各项经费予以保证，加强教练员岗位建设，提高教练员的积极性，促进后备人才有序流动，防止外流。进一步加强现有少儿体校建设，未办少儿体校的县区应依托当地中小学积极开展业余训练。

充分发挥陕西省教育资源优势，积极探索新的办学模式，体育部门要利用高校人才、科研、场地设施等各种优势资源共建高校高水平运动队与运动训练专业运动队，把优秀运动员的日常训练融入到高校教学、管理中去；试点二三线运动员同陕西高级别的体育传统项目学校联办模式；积极建立小学—中学—大学"一条龙"的人才输送体系和运行模式，逐步实现运动员身份学生化和管理学籍化。

（三）大力推进全民健身计划，努力构建多元化全民健身服务体系

党的十六大确立的全面建设小康社会的目标对我国国民素质提出了更高要求，努力提高全省人民身体健康素质，积极贯彻落实《全民健身计划纲要》，大力推进全民健身计划实施是建设西部体育强省的首要任务。多元化全民健身服务体系是全民健身发展的高级阶段，也是全民健身顺利实施的根本保证，没有完善的全民健身服务体系，全民健身将缺少一翼。因此，陕西体育事业的发展应依托全民健身，要以亲民、便民、利民为宗旨，坚持活动与建设并举、重在建设的原则，以"西·咸一体化"都市体育圈与"二线三岸"全民健身服务体系的构建为重点，努力形成比较完善的多元化全民健身体系，促进全民健身工作在广度和深度上实现新的突破。要突出抓好青少年体育、农村体育和城市社区体育，深入持久地开展青少年、职工、农民、妇女、老年人等"五个百万人群"健身活动，积极挖掘和推广具有地方特色的传统体育健身项目，努力做到群众性体育活动经常化、普遍化、制度化、多样化。

全民健身工程要坚持政府支持和社会兴办相结合，各级政府部门要切实加强对全民健身工作的协调指导，成立以各级政府领导牵头的全民健身工作领导小组，落实专人负责全民健身工作。政府要加大公益性的体育场地设施建设、群众性体育组织建设以及全民健身活动站点建设，大力开展全民健身活动，积极推行"国家体育锻炼标准、国民体质监测、社会体育指导员"三项制度，努力为广大群众提供全方位、多形式的全民健身服务。

各级政府要高度重视全民健身场地设施建设，继续加大城市社区与农村乡镇的健身场地设施建设，特别是农村乡镇的体育场地设施建设，使广大人民群众能够真正享受到身边的场地、身边的活动、身边的组织所形成的"三边工程"带来的健身实惠。进一步落实公共体育场馆、企事业单位体育设施和学校体育设施面向社会开放，努力实现公共体育资源社会化。

进一步完善陕西的国民体质监测体系，加大监测人群的数量，并提供监测后的服务指导工作，指导被监测群众科学健身，加强国民体质监测的相关研究，对监测数据进行科学系统的分析，从而指导陕西全民健身活动的开展与实施，逐步健全陕西农村地区国民体质监测系统，在各市、县、区建立起比较完善的国民体质监测站（点），定期举办基层国民体质监测骨干培训班，每年有计划、有目标地为农民群众进行体质监测，逐年扩大检测数量。同时建立常规的国民体质监测站（点），城市同社区相结合，农村如果暂时没有条件可以依托新型农村医疗站（点），做到国民体质监测常规化，监测与服务一体化。

逐步实现陕西社会体育指导员队伍科学化、规范化管理，充分利用国家体育总局群体司组织研发的《社会体育指导员管理系统》对陕西社会体育指导员进行全面的信息管理；进一步加强社会体育指导员培训力度，培养一支业务素质高、具有敬业精神的社会体育指导员队伍；从农村中小学体育教师入手，大力发展农村社会体育指导员。从基层入手，继续深入社区与农村乡（镇）开展多种形式的健身指导活动，逐步提高社会体育指导员的指导率。

加强乡（镇）文体站建设，整合乡（镇）文化体育资源，将全省乡（镇）一级"文化工作站"更名为"文体工作站"，并赋予指导当地农民群众开展全民健身的工作职能，为下一步建立村级体育指导站或文体站奠定基础。

（四）根据关中、陕南、陕北三地不同地域形成不同的体育产业发展模式，提升体育产业发展水平

体育产业是社会效益和经济效益相结合的第三产业，体育产业增加值在国内生产总值中所占的比重不断提高，城镇居民人均体育消费不断增加，陕西各级政府要提高对发展体育产业重要性的认识，加强宏观管理，完善促进体育产业发展的相关制度，借助

"西·咸一体化"、"关中—天水经济区"和"二线三岸"地域体育产业发展布局，初步建成符合陕西区域经济发展要求，并与大众消费水平相适应，结构合理、规范发展的体育产业体系，构建以城市为重点、民营化、外向型的体育产业发展模式，形成多种所有制并存、全社会共同参与的地域体育产业格局。充分发挥体育产业在拉动消费、优化产业结构、扩大就业中的作用，使体育产业融入到陕西国民经济总体发展中来。大力发展体育健身休闲娱乐业、体育旅游业、体育竞赛表演业、体育文化产业，同时采用政府引导方式扶植体育用品制造业，稳步提升体育彩票的发行量。在"一圈二线三岸"地域体育发展模式的统领下，使陕西三大不同地域体育产业发展形成地域优势，各具特色。关中集体育用品制造业、体育产品营销、体育旅游、体育文化、体育竞赛表演与培训等形成多元化品牌战略的体育产业发展模式；陕南依托山水自然风光发展绿色体育产业；陕北融红色旅游、黄土风情、民俗体育文化和传统的体育项目为一体，形成"红色"体育产业发展模式。

（五）加强体育法制建设，进一步完善全民健身条例

《陕西省全民健身条例》于2007年9月27日经陕西省第十届人民代表大会常务委员会第三十三次会议通过并予公布，自2007年12月1日起施行。《陕西省全民健身条例》是继1998年《陕西省体育场馆条例》之后，陕西省人大颁布实施的第二个地方性体育法规，是陕西省积极适应全民健身工作发展的新要求，进一步加强全民健身工作，努力提高群众身体素质和生活质量，使全民健身工作走上法制化道路的重要举措。

《陕西省全民健身条例》是以《中华人民共和国体育法》《公共文化体育设施条例》《学校体育工作条例》等法律法规为依据，以《中共中央、国务院关于进一步加强和改进新时期体育工作的意见》《全民健身计划纲要》以及《中共陕西省委、陕西省人民政府关于进一步加强体育工作努力建设西部体育强省的意见》等文件为重要立法参考，基本具有综合性、可操作性、责任明确、兼顾各方利益的特点，体现了立法的全面性、规范性和前瞻性。

《陕西省全民健身条例》共分六章 46 条，内容涉及全民健身的领导体制、经费投入、设施建设、法律责任、开展活动和指导服务等诸多方面。该条例不但明确了政府及有关部门的职责分工、组织领导体制、经费筹措原则等，还从健身活动的工作机制、全民健身设施的规划建设、全民健身的服务指导以及法律责任等几个方面进行了规定和阐述。同时也对各级政府以及国家机关、企事业单位和公民个人在全民健身中的权利义务与责任都做了较为详尽的规定。同时该条例规定，每年 6 月 10 日为陕西省的全民健康日，6 月 10 日所在周为陕西省全民健康宣传周。

《陕西省全民健身条例》的颁布实施，保障公民参加体育健身活动的合法权益，促进全民健身活动开展，更加丰富了陕西省全民健身服务体系的内容，在很大程度上化解了人民群众体育健身需求日益增长和社会体育资源相对不足、公共服务供给相对有限的矛盾。

条例在实施过程中还存在一些不足及问题，需进一步修改完善。首先是该条例在立法技术上存在一定的缺陷，如该条例应结合国务院《全民健身条例》，完善"指导服务"条款；其次是该条例还不能完全适应陕西省全民健身发展的新形势、新任务、新目标，条例应明确规定各级政府在全民健身实施过程中的主导作用；再次该条例未能充分体现在全省开展农村全民健身的紧迫性、重要性及特殊性，应单独增设一章"乡村居民健身"，有力地推动全民健身活动在全省乡村地区蓬勃开展；最后该条例不能很好地和 2009 年 8 月 19 日国务院第 77 次常务会议通过并自 2009 年 10 月 1 日起在全国范围施行的《全民健身条例》相衔接，个别条款甚至和上位法《全民健身条例》相抵触。

更好地完善《陕西省全民健身条例》，从法律的层面引导、规范陕西省全民健身可持续、均衡发展。通过《陕西省全民健身条例》对全民健身权利、义务、责任与行为进行规范，加强政府部门的正确引导力度，调动广大人民群众积极参与热情，陕西省全民健身将会在法制的基础上有序发展，人民群众的身体素质、健康水平以及精神文化生活必将得到更大的提高，从而维护社会和谐及稳定，助推"一圈二线三岸"地域体育发展模式的建设与实施，为陕西实现西部体育强省战略保驾护航。

（六）发挥科教优势，加大经费投入，形成人才梯队，培育高水平的科研项目

陕西的高等教育与科技实力在全国名列前茅，努力发挥科教资源的现实优势与潜在优势，是陕西省实施西部体育强省战略的重要举措。陕西省要借助现实与潜在的科研人力资源，加大体育科研的投入力度，提高体育科学研究水平与研究质量。因此，陕西教育厅专项科研经费要适当向体育倾斜，并单独设立体育学科；另外陕西省体育局应改变现有局管课题的管理模式，把"以奖代补"直接转换为课题经费资助，加大资助的额度，注重课题的研究质量，并设立重点课题、一般课题、青年课题，通过分级别、分层次的科学研究解决陕西体育发展的重大实际问题，培育青年优秀科研人才脱颖而出，形成人才梯队。

着力引进和培养高水平的体育科研人才，提升体育科研的能力与水平，力争更多高水平的科研课题，如国家自然科学基金、国家社科基金项目，充分利用体育自然科学研究成果指导我省运动训练和比赛，提高竞技体育发展水平，体育人文社会科学研究要同陕西省体育社会实际相结合，形成理论，引导管理，创建高效体育管理模式。

高水平的教育实力可以为科技进步、经济发展奠定人才基础，进行知识储备，要充分发挥西安体育学院与陕西师范大学体育学院等高等院校的研究条件与人才优势，体育行政主管部门要主动出击，通过政策引导，调动积极性。

科学研究是形成理论的先导，理论又是实践的基础，研究成果是科学研究的最终形式，体育行政管理部门要高度关注体育科研成果，把研究成果同体育发展实践结合起来，促进陕西体育西部强省战略实施。

（七）大力推进"一圈二线三岸"地域体育发展模式建设进程

陕西省体育事业及全民健身取得了较快的发展，但是体育实践创新同沿海开放省（市）、自治区以及西部的兄弟省（市）、自治区相比还有一定差距，这种滞后既有经济因素，也有理论研究缺乏等因素。如青海实施的"环青海湖民族体育圈"地域体育发展模式极大地促进了青海省体育事业的发展，通过体育平台带动环青海湖的体育旅游，拉动地区的经济增长等已经取得了一定的成效。陕西省作为西部大开发的"龙头"，在新时期，探索陕西省体育事业如何以一种更好、更快、可持续的方式发展，并通过实践形成区域体育发展模式，促进陕西省体育事业发展，推动全民健身更上一层楼，同时能够为其他西部省（市）、自治区提供借鉴，为西部大开发的体育事业做出应有的贡献，实现西部体育强省战略。因此，从西部大开发的角度与陕西省政治、经济和社会发展的需要出发，进一步推进陕西省"一圈二线三岸"地域体育发展模式建设进程势在必行。

"一圈"是依据"都市体育圈"框架体系，以体育文化为基础，全民健身为平台，体育休闲、娱乐、旅游为纽带，精品赛事（如西安城墙国际马拉松赛等）为品牌构筑"西·咸一体化"的都市体育圈，它是"西·咸一体化"发展战略与陕西省西部体育强省战略必不可少的重要组成部分。

"二线"是指西安到榆林高速公路与西安到汉中高速公路沿线，"西榆高速"途经西安、咸阳、铜川、延安、榆林 5 市 19 个县（区）；"西汉高速"途经户县、宁陕、石泉、佛坪、洋县、城固、南郑、汉台、勉县 9 县（区）。

"三岸"是指汉江、渭河、延河沿岸。汉江在陕南境内流经汉中、城固、洋县、石泉、紫阳、安康、旬阳、白河等县市；渭河流经陕西关中地区的宝鸡、杨凌、咸阳、西安、渭南 5 市（区），502 公里；延河由西北向东南流经陕北的志丹、安塞、宝塔、延长 4 县区。

"二线三岸"主要是通过交通网络建立快速的体育通道，依托山水打造绿色时尚体育健身，借助地域传统体育文化发掘推广地域特色的体育项目，由此形成各具特点的辐射陕西省关中、陕北、陕南的所有地区的局部地域体育发展网络。

"一圈二线三岸"是以西安为中心，借助"西·咸一体化"形成的都市体育圈与"二线三岸"为辐射的地域体育发展的空间布局构架；是以体育文化为基点，地域特色传统体育项目发掘整理为线索，体育旅游产业为依托，全民健身为契机构建陕西省发展战略实施路径，推动体育可持续、快速发展，努力建设西部体育强省。

小结

地域经济发展水平是制约地域体育发展的根本因素，同时地域体育的发展可以促进本地域政治、经济、文化和社会的协调发展，提高全民身体健康素质。我们尝试运用在世界经济论坛、瑞士洛桑管理开发学院所建立的国际竞争力评价方法，同时借鉴国内学者对竞争力方面的研究成果，初步建立我国地域体育竞争力评价指标体系。寻求影响我国西部地域体育竞争力综合发展水平的各种因素，揭示西部地域体育内部自身的发展规律。

研究表明，我国西部地域体育竞争力现有综合发展水平分为 3 类，四川、陕西、内蒙古、甘肃、贵州 5 个省（市）、自治区为一类地域；广西、新疆、云南、重庆 4 个省（市）、自治区为二类地域；西藏、青海、宁夏 3 个省市为三类地域。另外从排名来看，前 3 位的省（市）、自治区分别为四川、陕西、内蒙古；排在后 3 位的分别是西藏、宁夏、青海；4 到 9 位分别是甘肃、贵州、广西、云南、新疆、重庆。通过建立回归方程及地区分类与省（市）、自治区排名，结合各省（市）、自治区的实际，因此西部各省（市）、自治区提高体育发展水平与竞争力的实力今后必须着力解决以下几个方面的问题：首先要加大体育经费预算和投入的力度；其次要提高竞技体育发展水平，尤其是优秀运动员人才的储备；最后要加大全民健身场地设施建设以及全面健身活动的组织实施。

西部地域体育综合发展水平的提高有赖于西部社会、经济、文化的发展，需要国家扶持，东部地区省份对口支援，西部省份发挥自身人力与自然资源优势，结合地域特色，寻求西部地域跨越式的发展模式，努力缩短东、西地区的差距。同时，国家必须进一步加大西部大开发的力度，通过国家政策引导及资金扶持逐步减小东、西部地区的差距。作为落后的西部地区应该认识到体育对社会、经济、文化发展的促进作用以及体育竞争力对整个西部地区发展的提升功能，加大体育的投入力度，通过体育竞争力的提高促进劳动者素质及健康水平，减轻社会的经济负担，促进西部社会可持续的和谐发展，提升地域体育竞争力的能力。

陕西作为西部大开发的"龙头"，经济社会发展正处于重要的战略机遇期，经济发展和社会进步对体育工作提出了新的更高要求。"知己知彼，百战不殆。""一圈二线三岸"地域体育发展模式构建与创新的根本目的是把陕西建设成为西部体育强省，依据系统论的观点和社会工程学的研究方法，结合陕西三地（关中、陕南、陕北）形成的"一圈二线三岸"地域体育发展新模式，把陕西地域体育发展研究看作一个整体和大的社会系统。因此，依托地域体育竞争力指标体系，进一步分析西部地域各省市的体育竞争实力，寻求影响地域体育竞争力的主要因素，发掘提高竞争实力的实现途径。在此基础上明确陕西地域体育竞争的优势与劣势、机遇与挑战，根据陕西的实际情况，结合"一圈二线三岸"地域体育发展模式，确立西部体育强省的发展战略目标，制定发展战略的具体实施途径。促进陕西体育快速、持续、稳步发展，挖掘地域体育发展特色，建立良性循环和可持续发展机制。为实现西部体育强省提供理论指导，积极推进陕西"一圈二线三岸"地域体育发展模式的建设进程。

第八章 总结

　　陕西地域体育发展模式是陕西社会、政治、经济、文化发展中的一个重大战略问题，陕西地域内部特殊的空间结构和社会特征决定了陕西地域体育发展模式的特殊性、层次性和多样性，地域体育发展问题不可能用一个单一的规律来阐述，也不可能用一个绝对统一的模式去实施。在现阶段，"一圈二线三岸"体育发展模式是陕西体育发展模式最佳的必然选择。

　　"一圈二线三岸"地域体育发展模式是以科学发展观统领陕西地域体育发展全局，以实施西部体育强省战略为主线，体育文化为基点，地域特色传统体育项目发掘整理为线索，体育旅游促进体育产业大发展为依托，全民健身为契机，抓住"西·咸经济一体化"与"关中—天水经济区"所带来的发展战略机遇。依据地域空间结构特征，遵循系统发展、集中优势、重点突破、联动互动的基本原则。结合陕西政治、经济、文化和社会发展的实际，首先分析了"一圈二线三岸"地域体育发展模式构建机遇与实践基础。在地域体育发展模式构建基本理论指导下，探讨了"一圈二线三岸"地域体育发展模式的空间结构、发展时序及特征；依据科学发展的指导思想，提出依托"一圈二线三岸"地域体育发展模式，建设西部体育强省总的战略目标；围绕实现总的战略目标，对"一圈二线三岸"地域体育发展模式战略布局及内涵进行了全面的剖析；最后就"一圈二线三岸"地域体育发展模式战略目标实施提出了完整的战略规划对策。

一 发展模式中心点：西·咸一体化都市体育圈的构建

构建"西·咸都市体育圈"是陕西省实施《全民健身计划纲要工程》和实施西部体育强市、西部体育强省的重要战略步骤。两市体育部门迅速成立相关部门，共同调研，联合制定西安国际化都市体育圈建设规划纲要，把构建西安都市体育圈纳入到"西·咸一体化"的建设内容当中，同时作为"十二五体育事业发展规划"中的重要内容。首先，两市应该建立长效合作机制，建立制度化、经常化的定期和不定期会议协商机制，减少中间环节的耗费，提高解决问题的能力和效率。其次，积极借鉴国际国内著名的都市体育圈的成功经验，结合西安和咸阳历史文化、人文、自然等资源禀赋，构建西安都市体育圈，形成一体化的体育竞赛市场、体育旅游市场。再次，促进体育事业发展的市场化、专业化和产业化。从而为陕西省"一圈二线三岸"体育发展模式奠定坚实的基础。

二 发展模式契机："一圈二线三岸"全民健身服务体系的构建

全民健身的发展状况已经成为地域体育发展的"晴雨表"，全民健身服务体系的建立是全民健身发展的高级阶段，也是全民健身顺利实施的根本保证，没有完善的全民健身服务体系，全民健身将缺少一翼。从现代服务新概念出发，结合陕西实际，总结其他省（市）、自治区的经验；从"三边工程"到"三个环节"，本着"亲民、便民、利民"的原则，为满足广大人民群众健身需求，构建适合陕西多元化的"一圈二线三岸"地域体育发展全民健身服务体系：健身场地设施建设体系是实施全民健身服务的物质载体，是构成全民健身服务体系的重要物质保证，为群众体育的发展奠定了物质基础；宣传体系可以强化大众的健康与体育健身意识，有效地调动与激发广大群众参与到体育健身实践中来；体质监测体系是通过体质测试，及时地了解、掌握大众的体质状况，科学客观地评价锻炼效果，有利于科学指导，保证健身活动朝正确的方向发展；组织管理体系是影响活动经常化的基本因素，管理者、组织者是联系群众体育各要素的纽带，有效的组织管理利于全民健身活动持续健康地开展，对全民健身的发展起导向和保障作用。

全民健身路径工程、全民健身活动中心、雪炭工程、全民健身活动基地、全国优秀体育公园、农民体育建设工程等，这些工程的建设已形成陕西"一圈二线三岸"地域内的全民健身工程的基本模式。

《陕西省全民健身条例》的颁布实施为全民服务体系保驾护航，保障公民参加体育健身活动的合法权益，促进全民健身活动开展，更加丰富了陕西省全民健身服务体系的内容，在很大程度上化解了人民群众体育健身需求日益增长和社会体育资源相对不足、公共服务供给相对有限的矛盾，有力推动了陕西"一圈二线三岸"地域体育发展，并从制度上保证了"一圈二线三岸"地域体育可持续发展。

三 发展模式依托：地域体育产业发展模式结构布局与规划

充分把握陕西体育产业发展的软环境，结合新一轮经济发展规划与体育产业发展的契机。从多个层面系统研究了陕西省体育产业发展规划与"一圈二线三岸"地域体育产业发展模式。单核发展模式、成长三角发展模式和点—轴发展模式形成"一圈二线三岸"地域体育产业空间发展模式。

陕西体育产业时间发展规划主要指 2010 年至 2020 年，划分为 4 个阶段，即独立规划发展阶段、聚集化阶段、点轴扩散化阶段和成熟一体化阶段。

陕西省地域体育产业发展布局与发展规划主要体现在陕西省体育产业地理分布、地域体育产业规模和吸纳就业人才、体育产业的所有制分布，以及陕西省体育产业经营类别分析，研究表明陕西体育产业分布较为集中，陕南和陕北地区体育产业明显与经济发展不匹配；体育产业规模较小；所有制形式比较单调；经营类别较窄。这几点突出体现了陕西省体育产业发展较为落后，针对现实的情况，提出陕西体育产业分类发展模式和基于集群的发展模式。

基于产业分类发展，主要把体育产业分为两类：一类体育核心产业，一类体育周边产业。体育核心产业又分为以竞技表演为核心的体育产业和以体育产品制造、销售为核心的体育产业，对这类体育产业要实行分别引导、扶持和监管，以及政策倾斜、优惠支持的发展模式；体育周边产业又分为以全民运动为核心的体育锻炼及普及产业和以体育服务、宣传和培训为核心的体育产业，周边体育产业要以政府牵头、实施和推进，以及政府引导、推进的发展模式。最后，针对具体的模式又提出若干发展对策。

对于陕西体育产业发展软环境主要从地理、气候、经济发展、历史文化等 7 方面，分析了体育产业发展的禀赋，归为自然资源禀赋、人文资源禀赋、技术资源禀赋和制度供给禀赋 4 个方面，并分析了其体育产业发展的不足的 11 点要素以及体育产业发展可以借鉴的 4 个机遇，机遇包括西安国际化大都市发展规划发展机遇、西安—咸阳大都市圈发展规划发展机遇、关中—水经济区发展规划发展机遇，以及其他机遇。这些机遇的形成为体育产业发展带来更多的契机，即形成"两高"著名体育赛事基地、形成两个体育产业的集化区、构建体育产业"渭南—西安—咸阳—宝鸡"集化带以及体育制造业为主的体育产业发展集群，并对外形成辐射区。基于规划发展的提出 5 点规划发展对策和 8 条发展建议，从远景规划到发展软环境全面提出体育产业发展战略。

四　发展模式加速器：地域体育旅游发展定位选择与战略提升

陕西体育旅游资源丰富，消费人群广大，消费需求层次多元化。优越的区位、生态、交通、人文历史条件为发展体育旅游产业提供了良好的发展基础。但陕西的体育旅游还处于发展的初级阶段，政府主导性不强、缺乏监管部门、人才资源匮乏，体育与旅游相互交融与渗透不多，造成体育资源、旅游资源得不到有效的开发和利用。因此，"一圈二线三岸"地域体育旅游发展需要体育部门与旅游部门的大力协作，开展以体育为吸引力的旅游消费活动，通过招商引资及其他经济活动相结合，使旅游业和体育产业双赢。同时要淡化行政区域，实施组合大旅游空间战略："向农村挺进"，农村包围城市战略；"中部崛起"战略；实施品牌带动战略；精品赛事带动战略；人才战略。

陕西体育旅游应积极发挥政府部门的主导作用，制定发展规划；加快重大基础设施建设；加快形成旅游产业体系；加强体育与旅游部门的合作；突破发展观念；创新体育旅游产品；创新管理机制。联合各地区、各行业，共同打破行业、地域的限制和束缚，积极整合陕西体育旅游资源，互相联手打造陕西省体育旅游产业的发展平台，促进体育消费新热点和经济发展新增长点的形成，体育、人文、山水完美结合，实现陕西"一圈二线三岸"地域体育产业大发展，促进陕西整个体育产业乃至陕西经济的快速发展。

五 发展模式文化内涵：传统体育项目发掘整理及地域体育文化传承与发展

陕西地域传统体育项目内容丰富，它们是陕西民族文化的原始积淀，是陕西人民智慧的结晶，涵盖了竞技、娱乐、民族、地域及艺术观赏性、趣味性，反映了各地区不同的生存区域与生存环境、生产劳动与生活方式、文化积累与传播。

陕西三地区之间挖掘的传统体育项目既有共性又不乏特性；陕西地域传统体育项目具有健身娱乐功能、民族精神凝聚与激励功能和文化传承与教化功能。其价值体现在历史文化、审美及健身三方面。

陕西地域体育文化整体具有宗教性、节令性、民族性、地域性、民俗性和历史传承性的特征。关中"风气刚劲、崇尚武节"，陕北"热情奔放、悍勇威猛、豪迈粗犷"，陕南"兼容并蓄，博采众长"。

地域体育文化发展与城市现代化发展相协调，积极构建符合陕西地域体育文化生存及可持续发展的、有效的长远战略性规划及模式。从布局规划而言，将陕西布局为三个大的集化区，即陕北红色传统体育集化区、关中传统竞技体育集化区、陕南休闲娱乐体育集化区。三集化区传统体育项目发展顺序及宣传亮点：陕北主打秧歌、腰鼓，宣传亮点为红色革命精神，扩展项目为胸鼓、放风筝、赛马、狩猎等；关中主打武术，宣传亮点为品牌精品赛事，扩展项目为踩高跷、咸阳牛拉鼓等社火表演类项目；陕南主打龙舟，宣传亮点为绿色生态，扩展项目为游泳、登山等。在集化区内实行"点、轴和圈"发展模式，三集化区为三个核心区，同时发展，采取"三核联动"发展模式，带动陕西地域体育文化的发展。

陕西传统体育项目及地域体育文化发展时序整体规划为2010—2020年，分三个阶段进行：第一阶段（2010—2013年）为独立规划、聚集发展阶段；第二阶段（2014—2016年）为点轴推进、轴带覆盖阶段；第三阶段（2017—2020年）为和谐一体、稳定发展阶段。

陕西地域体育文化发展战略要注重三大要素：第一，注重地域体育文化发展的根基，即对民间传统体育项目的传承与保护；第二，注重地域体育文化发展的生存环境；第三，注重地域体育文化发展的可持续性。

六 发展模式最终目标：依托"一圈二线三岸"建设西部体育强省

陕西作为西部大开发的"龙头"，经济社会发展正处于重要的战略机遇期，经济发展和社会进步对体育工作提出了新的更高要求。"知己知彼，百战不殆。""一圈二线三岸"地域体育发展模式构建与创新的根本目的是把陕西建设成为西部体育强省，依据系统论的观点和社会工程学的研究方法，结合陕西三地（关中、陕南、陕北）形成的"一圈二线三岸"地域体育发展新模式，把陕西地域体育发展研究看作一个整体和大的社会系统。因此，依托地域体育竞争力指标体系，进一步分析西部地域各省市的体育竞争实力，寻求影响地域体育竞争力的主要因素，发掘提高竞争实力的实现途径。在此基础上明确陕西地域体育竞争的优势与劣势、机遇与挑战，根据陕西的实际情况，结合"一圈二线三岸"地域体育发展模式，确立西部体育强省的发展战略目标，制定发展战略的具体实施途径。促进陕西体育快速、持续、稳步发展，挖掘地域体育发展特色，建立良性循环和可持续发展机制。为实现西部体育强省提供理论指导，积极推进陕西"一圈二线三岸"地域体育发展模式的建设进程。

参考文献

袁方：《社会研究方法教程》，北京大学出版社 2000 年版。

吴明隆：《统计应用实务》，中国铁道出版社 2001 年版。

王洪波：《社会工程研究引论》，中国社会科学出版社 2007 年版。

梁雪松：《区域旅游合作开发战略研究》，科学出版社 2009 年版。

陈宁：《全民健身概论》，四川教育出版社 2004 年版。

吴明隆：《SPSS 统计应用实务》，中国铁道出版社 2000 年版。

丛湖平：《体育产业理论与实践》，人民体育出版社 2006 年版。

张敦富等：《中国区域经济差异与协调发展》，中国轻工业出版社 2001 年版。

［美］特劳特、［美］里夫金：《重新定位》，谢伟山等译，机械工业出版社 2010 年版。

马耀峰等：《旅游资源开发》，科学出版社 2005 年版。

王德刚等：《旅游区开发与管理》，清华大学出版社 2009 年版。

童昭岗等：《人文体育——体育演绎的文化》，中国海关出版社 2002 年版。

谈俊琪：《安康文化概览》，陕西人民出版社 1997 年版。

薛薇：《基于 SPSS 的数据分析》，中国人民大学出版社 2007 年版。

谭荣波等：《SPSS 统计分析实用教程》，科学出版社 2007 年版。

附件1
全民健身服务体系构成因素调查问卷

尊敬的各位同人：

　　以下列出的是我省全民健身服务体系方面一些有关问题的陈述，请您逐条阅读并确定您是否同意这些说法以及重要的程度如何：如果您认为非常重要，选4；如果不重要，选1；如果您觉得介于两者之间，请在1到4之间选择适合您的任一数字。请在您选择的数字上画"○"。

　　此问卷的调查结果仅作为研究所用，请您务必按照自己的想法如实填写，谢谢合作！

内　　容	不重要		非常重要	
A1. 政府投资修建全民健身场地设施	1	2	3	4
A2. 全民健身场地设施数量多少	1	2	3	4
A3. 社会投资修建全民健身场地设施	1	2	3	4
A4. 体育彩票公益金投资修建全民健身场地设施	1	2	3	4
A5. 全民健身场地设施的质量	1	2	3	4
A6. 全民健身场地设施的环境	1	2	3	4
A7. 全民健身场地设施管理与维护	1	2	3	4
A8. 机关、学校、企事业单位场地设施对社会开放	1	2	3	4
A9. 全民健身相关的科学研究	1	2	3	4
A10. 成立各级政府全民健身工作领导组织	1	2	3	4
A11. 各级各类全民健身社会组织的建立	1	2	3	4

内　　容	不重要		非常重要	
A12. 建立健全机关、企事业单位、学校、乡镇全民健身组织	1	2	3	4
A13. 社会体育指导员队伍组织体系的建设	1	2	3	4
A14. 国民体质监测体系的建立（省、市、县、乡镇四级）	1	2	3	4
A15. 各级各类全民健身协会的建立	1	2	3	4
A16. 全省每年举行一次以上全民健身运动会	1	2	3	4
A17. 全民健身信息网络的建设	1	2	3	4
A18. 各级地方性全民健身大型活动的开展	1	2	3	4
A19. 社区、乡镇经常性地开展全民健身活动	1	2	3	4
A20. 全民健身文化与活动的宣传报道	1	2	3	4
A21. 全民健身方法宣传	1	2	3	4
A22. 全民健身相关政策与法规宣传	1	2	3	4

附件 2
陕西体育产业与健身发展抽样调查问卷

调查问卷编号　□□□□□□□□

表号：TYCY – 1
制表者：
"一圈二线三岸"地域体育
发展模式研究——课题组
有效期至 2009 年 12 月 31 日

被访者地址：

陕西省_____市（区）_____区（县）
_____ 街道（乡、镇）

访问时间：2009 年_____月___日___时_____分
　　　　　　　　　　　　　　至___时_____分

访问员签名：_____

现场监督员：_____ （签名）时间：___月___日___时
审　核　员：_____ （签名）时间：___月___日___时
录　入　员：_____ （签名）时间：___月___日___时

国家社科基金项目课题组
2008 年 12 月制

尊敬的女士/先生：

您好！这是一份学术调研问卷，主要目的是为了研究陕西地区体育产业与发展概况、产业需求，进而提出地域体育经济与健身发展模式、产业规划和政策导向开发的策略和建议。本问卷不记名，所有的数据只用于学术研究，不会影响您的工作和生活，敬请放心。

请您认真阅读指导语，按照指定的方式填答。请您务必不要遗漏题目，因为只有回答完整的问卷才是有效的。

请把您选择的数字填写在 ☐☐ 内。

【导语】首先，我们想了解一下您的基本情况，根据《统计法》的规定，我们会为您的信息保密。

第一部分　基本情况

A01. 您所在地区＿＿＿＿＿＿＿【填空】（填写所在市区，如：西安）　☐☐

A02. 您的居住地属于：【单选】　☐
　　①城市　　　②边缘社区（城乡接合区）　　　③农村

A03. 您的性别：【单选】　☐
　　①男　　　　②女

A04. 您的年龄是＿＿＿＿＿＿＿周岁【填空】　☐☐

A05. 您的受教育程度（包括同等学力）：【单选】　☐
　　①研究生及以上　②大学（含大专）　③高中（含中专）
　　④初中　　　　　⑤小学（含私塾）　⑥没有上过学或识字不多

A06. 您的职业：【单选】　☐

①国家机关公务员　　②事业单位员工　　③企业员工

④商业服务业人员　　⑤农民　　　　　　⑥无职业

⑦军人　　　　　　　⑧学生　　　　　　⑨其他

A07. 过去一年里个人总收入（含奖金和其他收入）是____元【填空】

A08. 您平常的闲暇活动有哪些？【限选排序】

①看电脑、听广播　②玩电脑　　　　③读书、看报

④聊天　　　　　　⑤打牌、下棋　　⑥体育锻炼

⑦园艺和养宠物　　⑧逛街　　　　　⑨周末郊游

⑩其他

A09. 您参加过体质测量和评价吗？【单选】

①从未参加　　　②准备参加

③曾经参加过　　④每年1次以上

【导语】其次，我们想了解一下您对体育健身的基本情况。

第二部分　基本情况

B01. 您对体育锻炼重视程度：【单选】

①非常重视　　②比较重视　　③一般

④不太重视　　⑤很不重视

B02. 您拥有1—2种球拍或球类器材吗？【单选】

①是　　　　　　　②否

B03. 您的家庭拥有1—2种多功能综合体育健身器材吗？【单选】

①有　　　　　　　②无

B04. 您认为专业的体育健身器材有必要吗?【单选】　　　　□

　　①是　　　　　　　　②否

B05. 您比较专业地学过 1—2 种体育健身方法吗?【单选】　□

　　①是　　　　　　　　②否

B06. 您觉得开展必要的体育健身培训需要吗?【单选】　　　□

　　①非常需要　②比较需要　③一般　④不需要　⑤很不
需要

B07. 您觉得目前针对普通群众体育健身指导是否充分?【单选】

　　　　　　　　　　　　　　　　　　　　　　　　　□

　　①非常充分　②比较充分　③一般　④不充分　⑤很不
充分

【导语】接下来,我们想了解一下过去一年您体育健身的情况。

第三部分　体育健身情况

C01. 在过去一年中您是否参加过体育锻炼?【单选】　　　□

　　①是　　　　　　　② 否(跳至 C15)

【导语】如果你选择②,请跳过 C02—C14,直接转至 C15 题;
如果选择①,请接着下题依次进行回答。

C02. 您参加体育健身的动机:【限选排序】　　　□□□

　　①增强体质　　②调节心理　　③社交的方式
　　④健美、减肥　⑤防病治病　　⑥消遣娱乐
　　⑦说不清楚　　⑧其他

C03. 您参加体育锻炼的频度是:【单选】　　　　　　□

①平均每月不足 1 次　　②平均每月 1 次以上，但每周不足
1 次

③平均每周 1—2 次　　　④平均每周 3—4 次

⑤平均每周 5 次及以上

C04. 平均每次体育锻炼的时间是：【单选】

①不足 30 分钟　　　②30—60 分钟　　　⑤60 分钟及以上

C05. 您经常参加体育锻炼的项目是：【多选不排序】

①走（健步等各种走）　　　②跑步　　　③登山

④小球类运动项目（羽毛球、乒乓球、网球等）

⑤大球类运动项目（篮球、排球、足球）

⑥武术（武术套路、太极拳、剑等）

⑦格斗类（跆拳道、柔道、摔跤等）

⑧气功（瑜伽、八段锦、五禽戏等）

⑨保龄球、地掷球、门球

⑩健身路径　　　⑪游泳　　　⑫体操、舞蹈

⑬跳绳、踢毽子　　　⑭骑车　　　⑮其他

C06. 您经常去的体育锻炼场所离您的直线距离：【单选】

①小于 1 千米　　　②1—2 千米

③2—3 千米　　　④3 千米以上

C07. 您在体育锻炼中接受过什么样的指导？【单选】

①没有指导　　　②社会体育指导员　　　③体育教师与教练

④其他相关人员　　　⑤自己学习

C08. 您掌握运动技能的主要途径：【单选】

①在学校获得　　　②相关体育报刊、书籍

③电视、互联网等　　　④从事过专业训练

⑤社会上的短期培训　　⑥自学

C09. 您体育锻炼的场地选择：【限选排序】

①健身会所（健身俱乐部、健身房）　②公共体育场馆

③单位或小区的体育场所　④全民健身开放公园

⑤学校体育场馆　⑥家庭健身器材

⑦公路、街道边　⑧住宅小区空地

⑨其他（请说明）

C10. 您选择健身场馆基本上是：【单选】　☐

①收费场馆　②免费场地（跳至C15）

【导语】如果你选择②，请跳过 C11—C14，直接转至 C15 题；如果选择 ①，请接着下题依次进行回答。

C11. 您对所在场馆的满意程度：【单选】　☐

①非常满意　②比较满意　③一般

④不太满意　⑤很不满意

C12. 您选择体育健身俱乐部考虑的主要因素是：【限选排序】　☐☐☐

①距居住地点的距离　②俱乐部健身指导员的素质

③俱乐部的服务因素　④俱乐部的价格因素

⑤俱乐部的经营项目　⑥其他

C13. 您觉得体育健身俱乐部应建在什么地方比较合适：【单选】　☐

①商业区　②居民住宅小区　③公园内或附近

④其他

C14. 您认为目前体育健身俱乐部还存在哪些问题？【多选不排序】　☐☐☐☐☐

①规模不大　②管理还不够完善　③价格过高

④缺少指导人员　⑤服务有待加强

⑥体育健身项目较为单调　⑦其他

C15. 您认为影响体育场馆发展的因素有：【多选不排序】

①政府政策支持　　　　②资金的支持

③体育场地设施的改变　④增加体育社会指导员

⑤加大宣传力度　　　　⑥积极承办大型比赛

⑦进行商业化活动　　　⑧积极开展日常性社区体育活动

C16. 影响您体育锻炼的原因：【多选不选排序】

①无场地设施　　②缺乏组织　　　　③缺乏锻炼知识或
指导

④收入少　　　　⑤认为没有必要　　⑥缺少时间

⑦价格偏高　　　⑧其他

【导语】接下来，我们想了解一下过去一年您体育消费金额的状况，包括您不消费的状况。

第四部分　体育消费

D01. 您体育用品每年消费总额：【单选】

①0元（跳至E01）②500元及以下　　③501—1000元

④1001—2000元　⑤2001—3000元　　⑥3001—5000元

⑦5001—8000元　⑧8001—10000元以上⑨10000元以上

【导语】如果你选择①，请跳过 D02—D06，直接转至 E01 题；如果选择②—⑨，请接着下题依次进行回答。

D02. .您个人/年购买运动服装鞋帽消费支出：【单选】

①0元　　　　　②100元及以下　　③101—300元

④301—500元　⑤501—1000元　　⑥1001—2000元

⑦2001—3000 元　⑧3000 元以上

D03. 您个人/年购买健身器材系列消费支出：【单选】　☐

　　①0 元　　　　　②500 元及以下　　　③501—1000 元

　　④1001—2000 元　⑤2001—3000 元　　⑥3001—4000 元

　　⑦4001—5000 元　⑧5000 元以上

D04. 您个人/年订阅体育报刊、购买体育图书消费支出：【单选】　☐

　　①0 元　　　　　②100 元及以下　　　③101—300 元

　　④301—500 元　⑤501—1000 元　　　⑥1001—2000 元

　　⑦2001—3000 元　⑧3000 元以上

D05. 您个人/年到体育场馆参加健身娱乐活动的消费金额：【单选】　☐

　　①0 元　　　　　②500 元及以下　　　③501—1000 元

　　④1001—2000 元　⑤2001—3000 元　　⑥3001—4000 元

　　⑦4001—5000 元　⑧5000 元以上

D06. 您个人/年观看体育门票的消费金额：【单选】　☐

　　①0 元　　　　　②100 元及以下　　　③101—300 元

　　④301—500 元　⑤501—1000 元　　　⑥1001—2000 元

　　⑦2001—3000 元　⑧3000 元以上

【导语】最后，我们想了解一下您对体育旅游的基本情况。

第五部分　参与体育旅游情况

E01. 你知道什么是体育旅游吗？【单选】　☐

　　①知道　　②有一点概念　　　③听说过　　　④不知道

E02. 在过去 3 年中您是否参加过体育旅游活动？【单选】

（注：体育旅游是指旅游者在旅游中所从事各种体育健身、娱乐、竞技、探险和观赏体育比赛等活动）

①是　　　　　②否（跳至 E08）

【导语】如果你选择②，请跳过 E03—E07，直接转至 E08 题；如果选择①，请接着下题依次进行回答。

E03. 您参加体育旅游主要目的是：【多选不排序】

①消遣娱乐休闲　　②增强体质　　③调节精神、减轻压力

④冒险猎奇、寻求刺激　　⑤寻求新的生活方式

⑥保健康复　　　　⑦减肥健美

⑧体育文化交流　　⑨增长知识、陶冶情操

⑩说不清楚　　　　⑪其他

E04. 你获取体育旅游信息的渠道：【限选排序】

①网络　　　②电视　　　③报纸杂志　　④广播

⑤户外广告　⑥朋友介绍　⑦街上的传单或手册

E05. 你参加体育旅游的方式：【单选】

①跟团旅游　　　②与朋友结伴旅游

③家庭结伴旅游　④个人旅游

E06. 您觉得你参加体育旅游的时间最合适的长度为：【单选】

①1 天　　　　②3 天以下　　③1 周以内

④10 天以内　　⑤1 个月以内　⑥1 个月以上

E07. 您进行体育旅游消费时主要考虑的是：【限选排序】

①旅游地开展体育项目　　②举行活动与比赛规模

③自然地理风光　　　　　④气候状况

⑤人文环境　　　　　　⑥基础设施状况

⑦价格因素　　　　　　⑧其他

E08. 您认为影响您参加体育旅游活动的主要因素是：【多选不排序】

① 缺乏资源　　　② 缺乏组织宣传　　　③ 缺乏专业指导

④ 缺乏余暇时间　⑤ 经济实力不足　　　⑥ 体弱不宜参加

⑦ 其他

E09. 如果有机会，您愿意参加以下哪些体育旅游活动？【限选排序】

① 秧歌　　　② 腰鼓　　　③ 越野、露营　　　④ 游泳、漂流

⑤ 胸鼓　　　⑥ 赛龙舟　　⑦ 划船、冲浪　　　⑧ 登山、攀岩

⑨ 鳖鼓　　　⑩ 森林探险　⑪ 滑翔伞、热气球

⑫ 其他

E10. 您认为本地区有哪些资源适合开展体育旅游活动？【多选不排序】

① 红色旅游资源　　② 历史文化资源　　③ 山水资源

④ 人文资源　　　　⑤ 节庆活动　　　　⑥ 革命教育基地

⑦ 城市基础建设　　⑧ 自然景观　　　　⑨ 其他

E11. 您认为影响本地区体育旅游发展的因素：【多选不排序】

① 地区经济发展　　　　② 居民收入状况

③ 参加体育旅游项目的价格　④ 体育旅游的开发程度

⑤ 旅游者消费观念　　　⑥ 体育旅游项目的宣传促销

⑦ 体育旅游价值的认可　⑧ 地区基础设施

⑨ 体育旅游社会化程度　⑩ 地方政策法规

⑪ 人文环境　　　　　　⑫ 其他

E12. 您认为本地区发展体育旅游亟须解决问题是：【限选排序】

①体育旅游资源开发　　②体育旅游产品推广
③体育旅游市场定位　　④体育旅游宣传
⑤体育旅游人才培养　　⑥体育旅游基础设施
⑦体育旅游市场研究　　⑧政策法规建设　　⑨政府引导

请您不要遗漏题目。
访问到此结束。
谢谢合作！！！